老龄化背景下长期护理保险社商融合模式研究

李 丽◎著

湘潭大学出版社
XIANGTAN UNIVERSITY PRESS

图书在版编目（CIP）数据

老龄化背景下长期护理保险社商融合模式研究 / 李丽著. -- 湘潭 : 湘潭大学出版社, 2025. 4. -- ISBN 978-7-5687-1651-2
Ⅰ. F842.684
中国国家版本馆 CIP 数据核字第 2024FW5611 号

老龄化背景下长期护理保险社商融合模式研究

LAOLINGHUA BEIJING XIA CHANGQI HULI BAOXIAN SHESHANG RONGHE MOSHI YANJIU

李丽 著

策划编辑：王利剑
责任编辑：王利剑
封面设计：王　宇
出版发行：湘潭大学出版社
社　　址：湖南省湘潭大学工程训练大楼
电　　话：0731-58298960 0731-58298966（传真）
邮　　编：411105
网　　址：http://press.xtu.edu.cn/
印　　刷：长沙创峰印务有限公司
经　　销：湖南省新华书店
开　　本：710 mm×1000 mm 1/16
印　　张：17
字　　数：290 千字
版　　次：2025 年 4 月第 1 版
印　　次：2025 年 4 月第 1 次印刷
书　　号：ISBN 978-7-5687-1651-2
定　　价：88.00 元

前　言

国家统计局发布数据显示，2024 年，我国 60 岁及以上人口 31 031 万人，占全国人口的 22.0%，其中 65 岁及以上人口 22 023 万人，占全国人口的 15.6%。中国老龄科学研究中心发布的《中国老龄产业发展报告（2021—2022）》指出，截至 2022 年末，我国 60 岁及以上老年人达到 2.8 亿，其中失能、半失能老人大约 4 400 万，占老年人口比重超 15%。随着我国人口老龄化步伐加快，失能老人的长期护理已成为亟待解决的社会痛点。除此之外，还有失智、功能损伤等特殊老年人群体，这必然形成数量庞大的治疗、康复和护理服务需求，所需负担的医疗服务费用可能会对家庭带来财务风险，但由于目前家庭的核心化与小型化，家庭风险又转为社会风险。

党的二十大报告提出，健全覆盖全民、统筹城乡、公平统一、安全规范、可持续的多层次社会保障体系。建立长期护理保险制度，积极发展商业医疗保险。

大力推进长期护理保险制度建设是我国积极应对人口老龄化的紧迫任务，是改善民生、实现共同富裕的必然选择，我国从 2016 年开始启动长期护理保险制度试点工作，到 2020 年底，试点已覆盖 49 个城市。但目前我国还没有形成规范统一的评价体系，对试点地区的实施经验总结不足。

社会长期护理保险和商业长期护理保险的深度融合是实现“健康中国”目标的有力保障，如何推动社商的深度融合是全社会需要思考和探索的关键问题。本书在社商合作视角下，对试点城市长期护理保险制度的运行效果进行了分析，对商业保险公司参与长期护理保险经办模式进行了总结梳理，提出了长期护理保险制度社商合作优化的政策建议，明确了社商融合视角下商业长期护理保险创新发展思路，探索了商业长期护理保险和其他险种的结合，并探索人寿保险与长期护理保险的责任转换业务。

本书是2023年保险职业学院重点资助课题“老龄化背景下长期护理保险社商融合模式研究”（202301A），2025年湖南省医疗保障局课题“老龄化背景下长期护理保险社商融合模式研究”（307B0201），2019年度湖南省社会科学成果评审委员会课题“完善湖南‘医养保’一体化养老体系研究”（项目编号：XSP19YBC313）的研究成果。本书在撰写过程中，受作者水平和掌握的资料所限，难免存在疏漏和不足之处，恳请读者指正。

目　录

第一章　老龄化社会概述 …… 1

第一节　人口老龄化的相关概念界定 …… 1

第二节　老龄化背景下的医疗护理需求变化 …… 21

第三节　老龄化对社会保险制度的影响 …… 25

第四节　老龄化社会的挑战与机遇 …… 29

第二章　长期护理保险的基础理论 …… 32

第一节　护理保险的概述 …… 32

第二节　长期护理保险理论基础 …… 40

第三节　我国长期护理保险风险分析 …… 44

第四节　我国长期护理保险政策环境 …… 45

第三章　国外长期护理保险的发展 …… 52

第一节　日本长期护理保险的发展 …… 53

第二节　德国长期护理保险的发展 …… 66

第三节　美国长期护理保险的发展 …… 80

第四节　荷兰长期护理保险的发展 …………………………………… 90
第五节　国外长期护理保险对我国的启示 ……………………………… 98

第四章　社会保险与商业保险的融合发展 ……………………………… 102

第一节　社会保险与商业保险的关系 ………………………………… 102
第二节　社商合作的理论依据 ………………………………………… 110
第三节　医疗保险社商合作的起源发展与效应分析 …………………… 117
第四节　长期护理保险社商合作必要性与可行性分析 ………………… 130

第五章　商业保险公司参与基本医保经办管理的实践探索 ……………… 135

第一节　我国大病保险社商合作实践探索 ……………………………… 135
第二节　湖南“意外医疗费用支付管理”社商合作实践探索 …… 148
第三节　我国基本医疗保险社商合作实践探索总结 …………………… 154

第六章　我国长期护理保险社商合作实践探索典型案例 ………………… 161

第一节　政府委托商业保险公司独家承办的模式实践 ………………… 162
第二节　政府委托商业保险公司片区共保模式实践 …………………… 173
第三节　政府完全委托模式的实践探索 ……………………………… 184

第七章　商业保险公司参与长期护理保险经办模式分析 ………………… 188

第一节　我国长期护理保险发展现状 ………………………………… 188
第二节　我国长期护理保险经办模式总结 ……………………………… 194
第三节　商业保险公司参与长期护理保险经办成效 …………………… 199
第四节　商业保险机构参与长期护理保险经办问题分析 ……………… 202
第五节　商业保险公司参与长期护理保险经办的机遇与挑战 ………… 206

第八章　长期护理保险制度社商合作优化的设计与路径 …………………… 213

第一节　长期护理保险社商合作的优化思路 …………………………… 213

第二节　长期护理保险社商合作的对策建议 …………………………… 215

第九章　社商融合视角下商业长期护理保险发展思路 …………………… 224

第一节　商业长期护理保险发展及问题 …………………………………… 224

第二节　探索建立多层次护理保险体系 …………………………………… 230

第三节　人寿保险与商业长期护理保险责任转换业务探索 ………… 233

第四节　生存护理年金产品探索 …………………………………………… 240

第十章　结论与展望 ……………………………………………………………… 249

参考文献 …………………………………………………………………………… 252

附　录 ……………………………………………………………………………… 256

第一章　老龄化社会概述

老龄化是一个涉及多学科的广泛概念，从不同学科各自的研究侧重点出发，可以得到对老龄化的不同概念界定。从生物学的角度来说，老龄化主要是指人体的老化，主要表现在细胞的老化和脏器功能的衰弱。从心理学的角度来看，老龄化主要是指个人心理年龄的变化。个体开始逐渐认清自己社会地位的变化，并接受这一变化的行为方式过程即为老化。最常用的老龄化定义主要源自社会科学视角，即用社会中各个年龄阶段的变迁所带来的人口年龄结构的变化来界定老化。本章主要对我国人口老龄化及成因进行介绍。

第一节　人口老龄化的相关概念界定

老龄化一词在20世纪以前鲜少被提及。二战结束后，随着社会环境的安定、经济水平的提升和医疗卫生事业的发展，人们的预期寿命不断延长，老龄化开始在工业化率先起步的西方发达国家出现。

老年人，一般是指由于年事过高导致身体素质变差而不得不退出生产劳动领域，需要受社会照顾的人。由于生产水平的差异，老年人在不同时代和不同国家有不同的划分标准。国际专家学者对老龄化问题的研究由来已久，早在1982年，联合国就已经召开了第一次老龄问题世界大会，并将这一年定为“老人年”。现如今，联合国对老年人口和老龄化已经有了明确的界定。按照国际标准，60岁及其以上的人生阶段为“老年”阶段。当一个国家或地区60岁及以上人口占总人口10%，或65岁及以上人口占总人口7%，即该国家或地区进入老龄化社会。据世界卫生组织估计，到 2025 年，全球 60 岁及以上老年人数量将超 12 亿，这表明老龄化已经成为世界性的严峻问题。

人口老龄化是随着社会生产力提高而出现的人类社会发展的必然趋势，是人类社会进步的突出表现，是不可避免的社会发展规律。1864 年，法国正式成为老龄化国家，这是全球第一个宣布进入老龄化社会的国家。从那时起，越来越多的国家相继步入老龄化行列。时至今日，面对全球老龄化进程不断推进的现实背景，我们必须要明晰老龄化所具有的两面性，既抓住机遇，又直面挑战，推动人类社会的进一步发展。

一、人口老龄化及相关概念

（一）人口老龄化

人口老龄化概念是本课题研究的最为重要的核心概念。人口老龄化程度与医疗费用、护理费用存在着内在逻辑关系。清晰界定人口老龄化概念是论文研究的逻辑起点。

根据 1956 年联合国《人口老龄化及其社会经济后果》确定的划分标准，当一个国家或地区 65 岁及以上老年人口数量占总人口比例超过 7%时，则意味着这个国家或地区进入老龄化。1982 年在维也纳老龄问题世界大会确定，60 岁及以上老年人口占总人口比例超过 10%，意味着这个国家或地区进入严重老龄化。

人口老龄化（population aging）是指老年人口在总人口中所占比重逐渐增加的过程。按照国际惯例，老年人口通常指 60 岁及以上或 65 岁及以上人口。如果在一个国家或地区内，60 岁及以上人口比重超过 10%，或者 65 岁及以上人口比重超过 7%，则这个国家或地区进入老龄化社会。

人口老龄化主要包含两个方面的含义，即每个个体的老龄化和整个人口的老龄化。个体的老龄化主要是指个体从出生开始，随着年龄增长由幼年变为老年的过程。老龄化是个体随着时间演变的趋势，是沿着一个方向进行的不可逆转的现象。人口群体的老化也以年龄老化为主要标志，它是指一个国家或地区的人口年龄结构发生变化，出现老年人规模不断扩大，其人口比重不断上升，达到一定高度的一种人口现象。《多种文字人口学词典》中定义老龄化为，当老年人在人口中的比例增大时，称之为人口老龄化。*Population Handbook* 中人口老龄化是这样定义的：所谓“人口老龄化”是指一个人口总体中，老年人口所占比例不断增加，或青少儿人口所占比例不断递减这样一种渐进过程。

通常而言，人口老龄化可以用人口老龄化指数、老年负担系数和人口老龄化系数等多种不同的指标来衡量。其中，人口老龄化指数是指老年人口数量与少年人口数量的比值，可以用来观测老年人口和少年人口同时发生改变时两者之间的联系，因此被称为老少比。老年负担系数则由老年人口与劳动年龄人口的比值度量，可以反映一个国家或地区的人口年龄结构，也被称为老年人口抚养比，属于综合性较强的指标。人口老龄化系数则是指老年人口占总人口的比重，可以更加直观地反映人口老龄化的绝对程度，也是目前国际上最通用的衡量人口老龄化的指标。按照联合国对人口年龄结构类型的划分标准，当人口老龄化系数低于 4%时，人口年龄结构为年轻型；当人口老龄化系数在 4%—7%之间时，人口年龄结构为成年型；当人口老龄化系数超过 7%，标志着这个国家或地区进入了老龄化社会。就老龄化的具体年龄标准而言，1956 年联合国人口司和 1975 年美国人口咨询局都采用 65 岁作为划分标准，我国目前也是以 65 岁作为老龄化人口的界定依据。

人口老龄化是一个转变性的概念，是具有高生育率和低预期寿命的人口结构向着低生育率和低死亡率人口结构转变的过程。联合国把 0—14 岁分为青年被抚养组，15—64 岁分为经济生产年龄组，65 岁和 65 岁以上归类为老年被抚养组。

（二）人口老龄化相关指标

人口老龄化可以采取诸多指标进行定量分析，主要有少儿人口系数、老年人口系数、老少比、人口抚养系数、年龄中位数、平均年龄等。

老年人口系数是 65 岁及以上人口占总人口的比例，用百分数表示，是衡量人口老龄化的重要指标。计算公式如下：

$$老年人口系数 = \frac{65\ 岁及以上老年人口数}{总人口数} \times 100\%$$

老少比也称老化指数，是指老年人口与少儿人口的比例，主要用来比较老年人口与少儿人口的规模。计算公式如下：

$$老少比 = \frac{65\ 岁及以上老年人口数}{0—14\ 岁少儿人口数} \times 100\%$$

人口抚养系数是指非劳动年龄人口数与劳动年龄人口数之比，该系数主要反映劳动年龄人口的抚养负担，具体可分为总抚养系数、少儿人口抚养系数与老年人口抚养系数。计算公式如下：

$$总抚养系数 = \frac{0—14\ 岁少儿人口数 + 65\ 岁及以上老年人口数}{15—64\ 岁劳动年龄人口数} \times 100\%$$

$$少儿抚养系数 = \frac{0—14\ 岁少儿人口数}{15—64\ 岁劳动年龄人口数} \times 100\%$$

$$老年人口抚养系数 = \frac{65\ 岁及以上老年人口数}{15—64\ 岁劳动年龄人口数} \times 100\%$$

（三）人口年龄结构类型划分

1956 年，联合国对人口年龄结构类型进行了划分，规定 65 岁及以上的人口所占比重超过 7%的国家或地区为老年型社会，4%—7%为成年型社会，低于 4%为年轻型社会（表 1. 1）。

表 1. 1　人口年龄结构类型常用标准

人口年龄结构类型	年轻型	成年型	老年型
老年人口系数（65 岁及以上）	4%以下	4%—7%	7%以上
少儿抚养系数（0—14 岁）	40%以下	30%—40%	30%以下
老少比	15%以下	15%—30%	30%以上

二、我国人口老龄化的现状及特点

（一）我国人口老龄化起步晚，但发展速度快

我国人口老龄化起步于 20 世纪 60 年代中期。1964 年，65 岁及以上老

年人口在总人口中所占比重仅为 3.6%。自 20 世纪 70 年代我国实行计划生育政策以来，人口生育率和死亡率同时下降，人口年龄结构类型也由年轻型向成年型转变。1982 年，我国 65 岁及以上老年人口在总人口中所占的比重上升到 4.9%。20 世纪 90 年代以后，由于生育水平的持续下降，我国老年人口所占的比重继续稳步上升，到 2000 年时 65 岁及以上老年人口已高达 8 821万人，占总人口的 7.0%，标志着我国正式进入老龄化社会。

国家统计局每年公布的数据显示：2000 年（第五次全国人口普查），我国 65 岁及以上的老年人口有 8 821 万人，占总人口的 7.0%；2010 年（第六次全国人口普查），我国 65 岁及以上人口有 11 894 万人，占比为 8.9%，比 2000 年时上升了 1.9 个百分点；2020 年（第七次全国人口普查），我国 65 岁及以上人口为 19 064 万人，占总人口的 13.5%，比 2010 年时上升 4.6 个百分点，如表 1.2 所示。将 2022 年与 2010 年的数据进行比较，发现我国 65 岁及以上人口所占比例从 2000 年的 7.0%上升到 2020 年的 13.5%，65 岁及以上人口所占比例在 20 年内提高了 6.5 个百分点。由此可见，我国进入老龄化社会以来，老年人口增长迅速。

表 1.2　2000—2023 年我国人口老龄化状况①

年份	总人口/万人	0—14 岁人口		15—64 岁人口		65 岁及以上人口		总抚养比	少儿抚养比	老年抚养比
		人口/万人	比重	人口/万人	比重	人口/万人	比重			
2000	126 743	29 012	22.9%	88 910	70.1%	8 821	7.0%	42.6%	32.6%	9.9%
2001	127 627	28 716	22.5%	89 849	70.4%	9 062	7.1%	42.0%	32.0%	10.1%
2002	128 453	28 774	22.4%	90 302	70.3%	9 377	7.3%	42.2%	31.9%	10.4%
2003	129 227	28 559	22.1%	90 976	70.4%	9 692	7.5%	42.0%	31.4%	10.7%
2004	129 988	27 947	21.5%	92 184	70.9%	9 857	7.6%	41.0%	30.3%	10.7%
2005	130 756	26 504	20.3%	94 197	72.0%	10 055	7.7%	38.8%	28.1%	10.7%
2006	131 448	25 961	19.8%	95 068	72.3%	10 419	7.9%	38.3%	27.3%	11.0%
2007	132 129	25 660	19.4%	95 833	72.5%	10 636	8.1%	37.9%	26.8%	11.1%

① 本书统计的全国人口均指大陆 31 个省、自治区、直辖市和现役军人的人口，不包括居住在 31 个省、自治区、直辖市的港澳台居民和外籍人员。

续表

年份	总人口/万人	0—14 岁人口		15—64 岁人口		65 岁及以上人口		总抚养比	少儿抚养比	老年抚养比
		人口/万人	比重	人口/万人	比重	人口/万人	比重			
2008	132 802	25 166	19.0%	96 680	72.7%	10 956	8.3%	37.4%	26.0%	11.3%
2009	133 450	24 659	18.5%	97 484	73.0%	11 307	8.5%	36.9%	25.3%	11.6%
2010	134 091	22 259	16.6%	99 938	74.5%	11 894	8.9%	34.2%	22.3%	11.9%
2011	134 916	22 261	16.5%	100 378	74.4%	12 277	9.1%	34.4%	22.1%	12.3%
2012	135 922	22 427	16.5%	100 718	74.1%	12 777	9.4%	34.9%	22.2%	12.7%
2013	136 726	22 423	16.4%	101 041	73.9%	13 262	9.7%	35.3%	22.2%	13.1%
2014	137 646	22 712	16.5%	101 032	73.4%	13 902	10.1%	36.2%	22.5%	13.7%
2015	138 326	22 824	16.5%	100 978	73.0%	14 524	10.5%	37.0%	22.6%	14.3%
2016	139 232	23 252	16.7%	100 943	72.5%	15 037	10.8%	37.9%	22.9%	15.0%
2017	140 011	23 522	16.8%	100 528	71.8%	15 961	11.4%	39.3%	23.4%	15.9%
2018	140 541	23 751	16.9%	100 065	71.2%	16 724	11.9%	40.4%	23.7%	16.8%
2019	141 008	23 689	16.8%	99 552	70.6%	17 767	12.6%	41.5%	23.8%	17.8%
2020	141 212	25 277	17.9%	96 871	68.6%	19 064	13.5%	45.9%	26.2%	19.7%
2021	141 260	24 678	17.5%	96 526	68.3%	20 056	14.2%	46.3%	25.6%	20.8%
2022	141 175	23 908	16.9%	96 289	68.2%	20 978	14.9%	46.6%	24.8%	21.8%
2023	140 967	23 063	16.4%	96 228	68.3%	21 676	15.4%	46.5%	24.0%	22.5%

数据来源：依据历年《中国统计年鉴》整理。

我国人口年龄结构类型在 1953—1964 年属于年轻型社会。这段时期，0—14 岁的少年儿童人口比例上升，同时 65 岁及以上的老年人口比重下降，这意味着该时期是我国人口年轻化阶段，也是老年人口数量缓慢增长且老年人口比重停滞时期。

我国人口年龄结构类型在 1982—1999 年处于成年型社会。这段时期，受20 世纪 70 年代末实施的计划生育政策影响，0—14 岁的少年儿童人口比例持续大幅度下降，同时 65 岁及以上的老年人口比重也在持续上升，人口结构产生了根本性的转变，形成了出生率下降，死亡率较低的成年型社会。

我国人口年龄结构类型在 2000 年之后逐渐向老年型社会过渡。这段时期，0—14 岁的少年儿童人口比例持续小幅度下降，同时 65 岁及以上的老年人口比重在持续上升，且突破 7%。受全面放开二孩政策的影响，在 2020 年 0—14 岁的少年儿童人口比例有所提升，但我国仍处于老年型社会。从 1982 年成年型社会过渡到 2000 年老年型社会，我国只用了 18 年。

根据联合国及世界卫生组织的标准，老龄化程度可以分为以下几类：

① 轻度老龄化（老龄化）：当一个国家或地区 60 岁及以上人口占总人口比重超过 10%，或 65 岁及以上人口比重超过 7%时，表示进入轻度老龄化社会。

② 中度老龄化（深度老龄化）：当一个国家或地区 60 岁及以上人口占总人口比重超过 20%，或 65 岁及以上人口比重超过 14%，表示进入中度老龄化社会。

③ 重度老龄化（超老龄化）：当一个国家或地区 60 岁及以上人口占总人口比重超过 30%，或 65 岁及以上人口比重超过 21%，表示进入重度老龄化社会。

从轻度老龄化到中度老龄化，英国用了 45 年，瑞典用了 85 年，美国用了 72 年，法国用了 115 年（表 1. 3），而我国仅用了 21 年，这个速度比日本的 25 年还快。《中国发展报告 2020：中国人口老龄化的发展趋势和政策》预测，到 2050 年我国 65 岁及以上的老年人口将达 3. 8 亿，将占总人口比例近 30%。

表 1. 3　世界主要国家老龄化速度

国家	65 岁及以上人口比重达 7%的时间	65 岁及以上人口比重达 14%的时间	65 岁及以上人口比重从 7%增长至 14%所需时间
法国	1864 年	1979 年	115 年
瑞典	1887 年	1972 年	85 年
美国	1942 年	2014 年	72 年
加拿大	1945 年	2010 年	65 年
意大利	1927 年	1988 年	61 年

续表

国家	65 岁及以上人口比重达 7%的时间	65 岁及以上人口比重达 14%的时间	65 岁及以上人口比重从 7%增长至 14%所需时间
俄罗斯	1967 年	2017 年	50 年
英国	1930 年	1975 年	45 年
德国	1932 年	1972 年	40 年
芬兰	1956 年	1994 年	38 年
日本	1969 年	1994 年	25 年
中国	2000 年	2021 年	21 年

资料来源：根据世界银行及联合国人口司公布的数据整理。

（二）老年人口规模大

我国是世界上人口最多的国家，同样也是世界上唯一的老年人口超过 2 亿的国家，我国的老年人口总量长期居于世界首位。人口基数大是我国的基本国情，这也意味着进入老龄化社会以后，我国将拥有庞大的老年人口。1964 年，我国 65 岁及以上人口总数为 2 510 万人，到 2000 年时增加到 8 821 万人，2021 年已达 20 056 万人。1964 年至 2022 年的 57 年时间里，老年人口增加了约 1.7 亿人；与此同时，我国 65 岁及以上人口所占比重也从 2000 年的 3.6%上升到 2021 年的 14.2%，提高了 10.6 个百分点。可以看出，我国自 2000 年进入老龄化社会以来就保持着较大规模的老年人口总量，而且未来会以更快的速度不断增加，我国将长期成为世界上老年人口数量最多的国家。

由表 1.4 数据可知：1990 年，我国 65 岁及以上人口为 6 368 万人，占总人口的 5.6%；2020 年，65 岁及以上人口已近 2 亿，占比达到 13.5%，是 1990 年人口数的 3 倍还多；1990 年至 2020 年，65 岁及以上老年人口占比上升 7.9 个百分点。根据全国老龄委在《国家应对人口老龄化战略研究总报告》的预测，2025 年我国老年人口总量将突破 3 亿，2033 年将突破 4 亿，到 2053 年，老年人口将会超过 4.83 亿。全球四分之一的老年人、亚洲五分之二的老年人将来自中国。我国将不可避免地进入老龄化社会加速期，老年人口数量将快速增加，规模将不断扩大。

表 1.4　1990—2020 年我国老年人口增长情况

年份	65 岁及以上人口数/万人	65 岁及以上人口占比
1990	6 368	5.6%
2000	8 821	7.0%
2010	11 894	8.9%
2020	19 064	13.5%

数据来源：依据《中国统计年鉴》。

（三）高龄化趋势显著

高龄老年人通常指的是年龄在 80 岁及以上的老人。在我国这一群体在老年人口中占有一定比例，并且随着人口老龄化的加剧，其数量也在不断增加（表 1.5）。我国人口老龄化过程中显著的高龄化趋势，不但表现为相当快的发展速度，而且高龄老年人口的规模也是非常庞大的。我国在世界老龄化发展进程中也是高龄化发展速度非常快的国家之一，庞大的高龄老年人口将给我国的经济发展和养老保障体制带来沉重的负担和严峻的考验。

2024 年中国人口与发展研究中心数据显示：2020 年我国 80 岁以上高龄老人有 3 570 万人，预计到 2035 年高龄老人将接近 8 000 万，到 2050 年会达到 1.49 亿。根据全国老龄委《中国人口老龄化发展趋势预测研究报告》预测，到 21 世纪下半叶，我国将拥有全球最大的高龄老年人群体，届时高龄人口数相当于发达国家高龄老年人口总和，占世界高龄老年人口总量的1/4，我国高龄老年人口的快速增长是世界各国人口老龄化进程中不多见的。

表 1.5　我国高龄化老人占总人口比例

年龄	2000 年			2010 年			2020 年		
	合计	男	女	合计	男	女	合计	男	女
0—4	5.55%	3.03%	2.52%	5.67%	3.08%	2.59%	5.52%	2.91%	2.62%
5—9	7.26%	3.89%	3.37%	5.32%	2.89%	2.43%	6.40%	3.41%	3.00%
10—14	10.09%	5.26%	4.83%	5.62%	3.02%	2.60%	6.05%	3.24%	2.81%
15—19	8.29%	4.26%	4.04%	7.49%	3.89%	3.60%	5.16%	2.77%	2.39%

续表

年龄	2000年			2010年			2020年		
	合计	男	女	合计	男	女	合计	男	女
20—24	7.61%	3.86%	3.75%	9.56%	4.80%	4.76%	5.32%	2.81%	2.50%
25—29	9.46%	4.85%	4.62%	7.58%	3.81%	3.76%	6.52%	3.42%	3.10%
30—34	10.25%	5.26%	4.99%	7.29%	3.72%	3.57%	8.81%	4.53%	4.28%
35—39	8.78%	4.52%	4.27%	8.86%	4.53%	4.32%	7.02%	3.61%	3.41%
40—44	6.54%	3.40%	3.14%	9.36%	4.77%	4.59%	6.59%	3.38%	3.21%
45—49	6.88%	3.54%	3.35%	7.92%	4.03%	3.89%	8.10%	4.13%	3.97%
50—54	5.09%	2.64%	2.45%	5.91%	3.03%	2.88%	8.59%	4.33%	4.26%
55—59	3.73%	1.94%	1.80%	6.10%	3.08%	3.02%	7.19%	3.60%	3.59%
60—64	3.36%	1.74%	1.61%	4.40%	2.24%	2.16%	5.21%	2.62%	2.59%
65—69	2.80%	1.41%	1.39%	3.08%	1.56%	1.53%	5.25%	2.58%	2.67%
70—74	2.06%	1.00%	1.06%	2.47%	1.23%	1.24%	3.52%	1.71%	1.80%
75—79	1.28%	0.58%	0.70%	1.79%	0.85%	0.94%	2.22%	1.05%	1.17%
80+	0.97%	0.37%	0.60%	1.58%	0.66%	0.92%	2.54%	1.08%	1.46%

注：部分数据因四舍五入的原因，存在总计与分项合计不等的情况。

数据来源：《中国统计年鉴》。

（四）“少子老龄化”将成为常态

自改革开放以来，“人口红利”始终被认为是推动我国经济增长奇迹的关键因素。出口贸易爆发式增长，使我国成为一个外贸依存度较高的出口导向型国家。然而，随着人口自然增长率的周期性降低，我国已然迈入人口老龄化社会，且人口老龄化的加速势头并未得到遏制，“人口红利”效应正不断消失。

在老年人口总量增长的同时，少年儿童人口总量逐步降低是我国人口老龄化的另一特征。如表1.1所示，2000—2020年，0—14岁人口占总人口比例在逐渐下降，从2000年占总人口比例的22.9%，逐渐降至2020年的18.0%。从这一时期的统计数据来看，65岁及以上人口占总人口的比例逐渐增加，少年儿童人口比重则在不断减少。

由于少年儿童人口比重的逐步下降，使得社会总抚养比相对较低。尤其是2010年，我国人口总抚养比达到近30年的最低（34.2%）。之后，随着我国生育政策调整，生育势能的进一步释放，人口出生率开始缓慢上升，少年儿童人口比重开始小幅度上升，而老年人口抚养比则将随着老年人口绝对数量的增加将继续上升，未来我国人口的总抚养也势必上升，社会抚养负担和社会服务的提供能力将成为一个值得重视的问题。

（五）未富先老伴随未备先老

20世纪末，我国已经出现了人口老龄化的趋势，然而，当时我国的人均国内生产总值还不到3 000元人民币。有人戏称我们这是“穷人患了富人病”，“未富先老”这一说法逐渐被大众熟知。人口老龄化意味着一大批老年人离开了生产场所，转而变成了单纯的消费人口，对养老、医疗等社会服务提出了更多的要求，这些都需要经济基础的支撑。然而，在“未富先老”的情况下，我国的经济水平还较低，老年人的个人财富储备还不足，人口老龄化将给国家、社会及家庭带来较大的经济压力。尽管目前我国已经取得了不小的成绩，成为世界第二大经济体，但是贫富差距问题依旧存在，“未富先老”这一现象在我国将长期存在。由于我国各地区经济发展不均衡，我国很多地区在养老保障、医疗卫生、公共资源分配等方面一直存在发展疲软问题。面对突如其来的人口老龄化浪潮，“未备先老”问题突出。进入新时代，面对来势汹汹的人口老龄化，我们要积极应对，迎接挑战，抓住机遇，推动经济发展、社会进步和政治稳定。

按照65岁及以上老年人口比例达到总人口7%进入老龄社会的时间节点来看，我国于2000年进入老龄化社会。我国的老龄化程度超前于现代化程度。世界上部分同样进入老龄化的发展中国家，如乌拉圭在进入老龄化社会时，人均国民生产总值在2 000美元左右[①]，巴西在进入老龄化社会时，人均国民生产总值在3 000美元左右。与之相比，我国2000年的人均国内生产总值只有959美元，我国“未富先老”现象明显。

① 邬沧萍，杜鹏．老龄社会与和谐社会［M］．北京：中国人口出版社，2012.

由表 1.6 可知，2020 年我国人均国内生产总值约合 10 926 美元，不但美国、日本等发达国家在 2020 年的人均国内生产总值远超我国，即使与韩国等亚洲国家相比，我国的人均国内生产总值也处于中等偏低水平，相比较来说，我国应对人口老龄化的经济实力还比较薄弱。

表 1.6　2020 年世界主要国家老龄化程度与人均国内生产总值情况

国家	65 岁及以上所占比例	人均国内生产总值/美元
日本	28.9%	40 146
意大利	23.3%	31 676
德国	21.7%	45 724
法国	20.8%	38 625
英国	18.7%	40 285
加拿大	18.1%	43 242
美国	16.6%	63 544
澳大利亚	16.2%	51 812
韩国	15.7%	31 489
俄罗斯	15.5%	10 127
新加坡	13.4%	59 798
中国	13.5%	10 926

（六）老龄化程度不均衡

我国各地区之间，人口老龄化程度存在明显差异。东部和东北部地区由于城市化较早，工业发展和各项基础较好，人均预期寿命较高，率先进入老龄化社会，老龄化程度也相对较高。然而，近年来我国中西部地区的老龄化速度逐渐加快。依据 2020 年各地区人口年龄结构情况表（表 1.7）可知，2020 年我国人口老龄化程度最高的前 5 个地区分别是：辽宁、重庆、四川、上海、江苏。其中属于东部地区的上海和江苏分别排在第 1 位和第 5 位，属于东北地区的辽宁排在第 1 位，而属于西部地区的重庆和四川则分别排在第 2 位和第 3 位，但总体来看，西部地区的老龄化程度还是比东部地区低，老龄化程度排在最后 6 位的，除海南和广东之外，都是西部省份。

表 1.7　2020 年我国各地区人口年龄构成

区域	地区	比重			
		0—14 岁	15—59 岁	60 岁及以上	其中：65 岁及以上
全国		17.95%	63.35%	18.70%	13.50%
东北部	辽宁	11.12%	63.16%	25.72%	17.42%
	黑龙江	10.32%	66.46%	23.22%	15.61%
	吉林	11.71%	65.23%	23.06%	15.61%
东部	上海	9.80%	66.82%	23.38%	16.28%
	江苏	15.21%	62.95%	21.84%	16.20%
	山东	18.78%	60.32%	20.90%	15.13%
	天津	13.47%	64.87%	21.66%	14.75%
	河北	20.22%	59.92%	19.85%	13.92%
	北京	11.84%	68.53%	19.63%	13.30%
	浙江	13.45%	67.86%	18.70%	13.27%
	福建	19.32%	64.70%	15.98%	11.10%
	海南	19.97%	65.38%	14.65%	10.43%
	广东	18.85%	68.80%	12.35%	8.58%
西部	重庆	15.91%	62.22%	21.87%	17.08%
	四川	16.10%	62.19%	21.71%	16.93%
	陕西	17.33%	63.46%	19.20%	13.32%
	内蒙古	14.04%	66.17%	19.78%	13.05%
	甘肃	19.40%	63.57%	17.03%	12.58%
	广西	23.63%	59.69%	16.69%	12.20%
	贵州	23.97%	60.65%	15.38%	11.56%
	云南	19.57%	65.52%	14.91%	10.75%
	宁夏	20.38%	66.09%	13.52%	9.62%
	青海	20.81%	67.04%	12.14%	8.68%
	新疆	22.46%	66.26%	11.28%	7.76%
	西藏	24.53%	66.95%	8.52%	5.67%
中部	安徽	19.24%	61.96%	18.79%	15.01%
	湖南	19.52%	60.60%	19.88%	14.81%

续表

区域	地区	比重			
		0—14 岁	15—59 岁	60 岁及以上	其中：65 岁及以上
中部	湖北	16. 31%	63. 26%	20. 42%	14. 59%
	河南	23. 14%	58. 79%	18. 08%	13. 49%
	山西	16. 35%	64. 72%	18. 92%	12. 90%
	江西	21. 96%	61. 17%	16. 87%	11. 89%

注：部分数据因四舍五入的原因，存在总计与分项合计不等的情况。

数据来源：第七次全国人口普查公报。

我国人口老龄化程度在城乡之间也存在倒置现象。一般来说，城市地区由于社会和经济发展水平较高，人均预期寿命比同地区的农村要高，加之在我国部分地区的城市实行比农村地区更为严格的生育政策，因此，城市地区应比农村地区更早进入人口老龄化阶段。但近年来，我国城市人口老龄化速度逐渐放慢，而农村地区人口老龄化却在加速。通过比较 2020 年 65 岁及以上人口在城市、镇、乡村间的分布（表 1. 8）可以看出，在 65 岁及以上人口的各年龄组（100 岁及以上组除外，其人数相对很少），均是城市老年人口占比最低，乡村老年人口占比最高。

表 1. 8　2020 年全国城市、镇、乡村的老龄化水平

年龄	城市老年人口/人	占城市总人口比重	镇老年人口/人	占镇总人口比重	乡村老年人口/人	占乡村总人口比重
65—69	24 764 064	4. 31%	14 963 434	4. 61%	34 278 062	6. 72%
70—74	15 504 914	2. 70%	9 989 579	3. 08%	24 095 543	4. 73%
75—79	9 606 840	1. 67%	6 324 210	1. 95%	15 307 799	3. 00%
80—84	6 800 356	1. 18%	4 055 223	1. 25%	9 527 299	1. 87%
85—89	3 687 465	0. 64%	2 111 449	0. 65%	5 027 616	0. 99%
90—94	1 252 811	0. 22%	714 885	0. 22%	1 685 053	0. 33%
95—99	279 430	0. 05%	164 438	0. 05%	375 944	0. 07%
100 岁及以上	40 382	0. 01%	22 924	0. 01%	55 560	0. 01%

数据来源：《2021 年中国人口和就业统计年鉴》。

三、我国人口老龄化的成因

（一）20 世纪 50—70 年代人口自然增长率较高

人口老龄化是经济社会发展的桎梏，也是世界各国普遍存在的难题。我国人口老龄化的形成既有现代化进程等一般普遍性原因，也有属于我国自身的特殊性原因。我国 1949—2023 年人口自然增长率的具体变化如图 1.1 所示。从 1949 年到 1970 年，我国人口由新中国成立时的 5.42 亿人增长到 8.30 亿人，净增 2.88 亿人，增幅超过人口基数的 50%。其中 1963 年我国人口自然增长率高达 33.5‰，是新中国成立以来增长率最高的一年（图 1.1）。新中国成立后的头二十年里人口暴增，也为后续老年人口的显著增长埋下了伏笔。21 世纪初，我国人口结构刚达到老龄化社会的临界点，二十多年过去，我国已逐渐陷入“深度老龄化”的人口困境。截至 2023 年年底，我国 60 岁及以上人口已达 2.97 亿，与 20 世纪 50—60 年代新增人口数量相近。我国进入深度人口老龄化社会的主要原因并不是由于出生率的逐年下降，而是新中国成立初期新生人口激增的“后遗症”。在新中国成立早期，工业体系方兴未艾，整个社会尚处于典型的农业经济形态，形成了依托人口数量提高农业产出和养老保障的底层逻辑，造就了民众“多子多福，养儿防老”的生育观念。相较于人口数量的剧增，社会生产力却未能达到相应的水平。彼时我国正处于“五年计划”的早期阶段，整个社会尚未具备成熟的工业体系，社会生产力低下。无论是人口增速还是绝对增量，都达到了我国现代化进程的最高水平，超过了我国生产体系对基础物质资料的供给能力，形成了巨大的社会负担。而且，庞大的人口数量并未提高社会劳动力的整体素质，难以满足工业社会发展的要求，进而导致我国对生育政策的调整。可以发现，现代化进程的早期，普通民众的生育思想与经济社会的发展趋势存在一定矛盾与滞后。人口政策的制定既要考虑当前社会的需求，也要对未来社会的发展进行充分估计和预判，单纯追求人口数量的增长无法促进经济社会的可持续发展。其着力点应当放在根据未来的社会的需求，合理控制新生人口的增长，确保人口出生率实现平稳过渡。

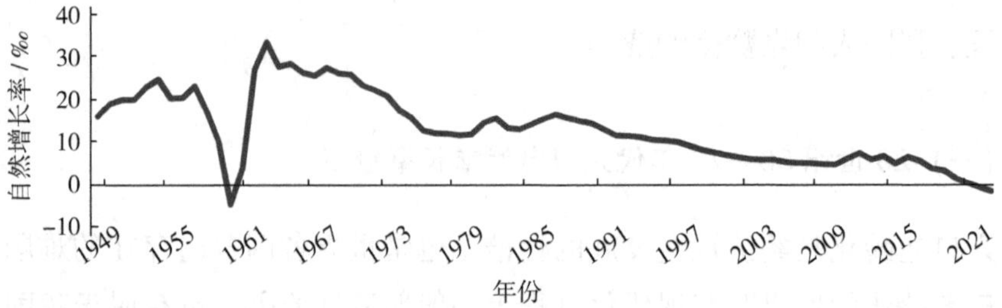

图 1.1 1949—2023 年我国人口自然增长率

数据来源：国家统计局。

（二）计划生育政策加速了出生率下降

我国人口出生率与死亡率的具体变化如图 1.2 和图 1.3 所示。人口转变是一个缓慢发生的自然过程。除了外部影响因素以外，影响人口转变过程的最主要内因是生育率的变化。1971 年 7 月，国务院批转《关于做好计划生育工作的报告》，把控制人口增长的指标首次纳入国民经济发展计划。1982 年 9 月，党的十二大将计划生育确定为基本国策，并于同年 12 月写入宪法。从此我国人口正式进入计划生育实施阶段。也正是由于计划生育政策的强有力控制，我国人口发展仅仅用了 30 年的时间就完成了西方发达国家用了 70—100 年的时间才完成的人口转变历程，加速了人口年龄结构的转变。在不受外力的影响下，人口转变本应当是经济社会发展过程中自主动态调整的客观规律。但由于当时的经济社会发展水平显著落后于人口的增长速度，加剧了物质供给与需求之间的不匹配，从而导致政府主动对生育政策进行调整。

整体而言，我国人口转变大致可分为以下三个阶段：

第一阶段是新中国成立前的高出生率、高死亡率与低增长率阶段。1949 年以前，我国没有全国统一的人口政策，封建社会的“多子多福”“不孝有三，无后为大”等观念深入人心，人们普遍认为生育子女越多越好，家族人丁兴旺是荣耀与福气的象征，这种观念促使家庭倾向于多生育子女。受传统生育观念的影响，经济因素的驱动，医疗条件的限制，我国人口出现高出生率状态。同时，因为战争频繁、自然灾害频发、医疗卫生条件落后，我国人口死亡率较高。尽管出生率较高，但由于死亡率同样居高不下，甚至在某些时期和地区，死亡率超过出生率，导致人口自然增长率很低。高出生率和高死亡率相互作用，使得人口数量难以实现快速增长，长期处于一种相对稳定或缓慢增长的状态。

第二阶段是新中国成立后的高出生率、低死亡率和高增长率阶段。这一时期人口政策处于无计划、高增长状态。新中国成立伊始，人们对人口问题尚未有正确认识，普遍认同“人多力量大”，国家制定了鼓励生育的政策。如医疗卫生层面严禁绝育、人工流产等手术；社会政策层面加大对多子女家庭的补助，实施“低薪酬、广就业”方针。这一阶段人口出生率较高，死亡率随着医疗卫生条件的改善有所下降，但整体下降速度相对较慢，人口数量增长迅速，人口年龄结构呈现出年轻型特征，即少年儿童人口比重大，老年人口比重小。

第三阶段为实施计划生育政策以来的低出生率、低死亡率和低增长率阶段。1973 年 12 月，第一次全国计划生育汇报会提出“晚、稀、少”的政策。1978 年，我国开始全面推行计划生育政策。1980 年 9 月 25 日，党中央发表《关于控制我国人口增长问题致全体共产党员、共青团员的公开信》，提倡“一对夫妇只生育一个孩子”。计划生育政策的作用在于限制新生儿的出生人数，降低出生率，从而人为地控制人口的自然增长。

在计划生育政策的严格执行下，人口增长速度得到明显控制。出生率迅速下降，死亡率继续降低，人口自然增长率显著放缓。人口年龄结构发生重大变化，少年儿童人口比重逐渐下降，老年人口比重相对上升，劳动适龄人口比重增加，为经济发展提供了丰富的劳动力资源，但也使得人口老龄化问题开始凸显。

从计划生育政策的推行结果来看，我国人口出生率显著放缓，取得了非常好的减轻人口压力的效果。从具体变化趋势来看，1964 年我国的人口出生率高达 39. 34‰，这是我国人口出生率的顶峰。而到了 2023 年，人口出生率已经下降到 6. 39‰的低谷，人口自然增长率为−1. 48‰（图 1. 2 和图 1. 3）。放眼世界，我国出生率的下降是尤为明显的。与保持同样生育水平的国家和地区相比，我国的出生率从高出生率国家行列滑落至低出生率国家。

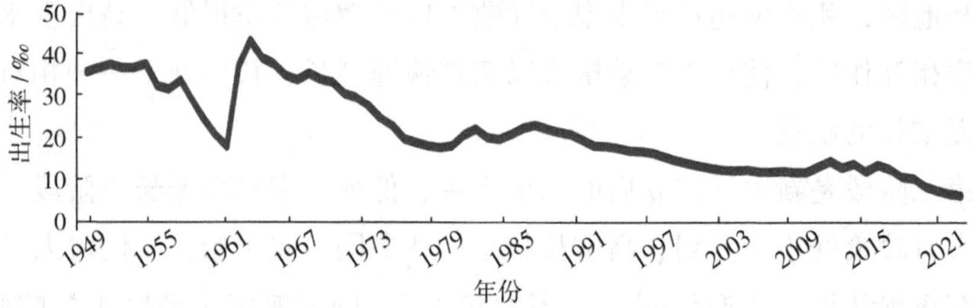

图 1.2　1949—2023 年我国人口出生率

数据来源：国家统计局。

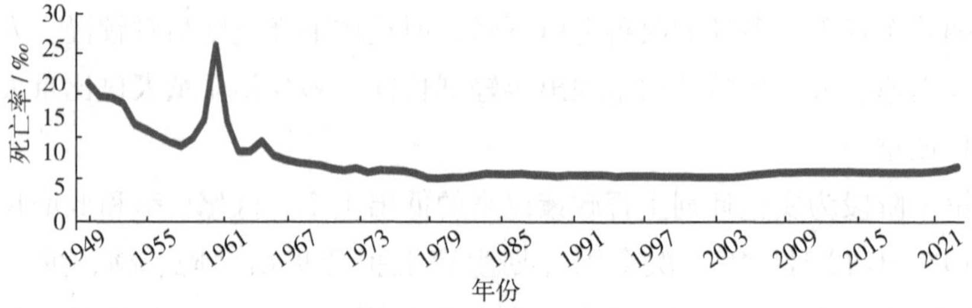

图 1.3　1949—2023 年我国人口死亡率

数据来源：国家统计局。

可见，计划生育政策虽然缓解了人口爆炸的压力，却也对人口出生率产生了一定的负面影响，加速了我国人口结构的转变趋势。这也是我国目前人口老龄化程度较高的深层次原因。当然，除生育政策之外，经济社会的发展、日益增长的工作压力与文化观念的变化也在不断地影响着人们的生育观念，并潜移默化地影响着我国人口结构的转变。

（三）经济快速发展改变了人们的生育意愿

基于人口社会学的视角，家庭生育意愿受到多种条件的影响，包括经济状况、家族传统、文化习俗等。在这些条件中，经济社会的发展与进步是促使家庭生育意愿发生显著变化的最深层次因素。计划生育政策通过人为控制生育率，加快了人口结构的转变。而经济社会的发展则通过改变人们的价值观，将人们的生育观念、生育意愿与经济社会发展水平相适应、相协调。因此，经济社会发展是我国人口老龄化的重要原因之一，因为它影响了家庭的生育意愿。

人力资本理论认为，家庭生育的主动性受孩子所能带来的经济收益和养育成本的双重影响。基于经济收入的视角，家庭人数是劳动力的基本保障，父母倾向于增加孩子数量以扩充家庭劳动力，并最终提高家庭的总体收入水平。从养育经济成本来看，养育孩子不仅需要增加家庭在衣食住行等方面的成本支出，还会消耗家庭成员大量的时间、精力等非物质支出，形成经济与精神上的双重压力。若家庭养育成本或机会成本上升，家庭的生育意愿便会普遍下降。从我国经济发展的实际情况来看，无论在宏观层面还是微观层面，都存在着影响家庭生育意愿的重要因素。

目前，我国正处于产业结构优化升级的重要阶段。尽管第一产业是我国经济结构中的主导产业，但经济发展要求主导产业逐渐向第二、三产业进行调整和优化升级。这一转变也进一步推动了我国劳动力需求的转变，形成了从低技能、数量型劳动力向高技能、质量型劳动力转变的趋势。随着对劳动力技能要求的日益提高，家庭不得不将更多资源投入到人力资本的投资中，这增加了家庭养育成本支出。自从改革开放以来，经济体制日益完善，政府职能不断优化，原本由政府负担的生育福利项目逐渐减少，使得养育成本逐渐从政府转移至家庭。同时，经济社会的进步也促进了劳动生产效率的增长，人们可以从工作中获取更多报酬，增加了劳动力的闲暇成本。因此，家庭养育孩子所付出的时间与精力可能无法与工作带来的收益相抵消，其生育活动也面临着更高的机会成本，从而削弱了家庭的生育意愿。

根据《2021 年中国城乡居民生育意愿和生育行为调查报告》显示，2017 年以来，18—49 岁育龄妇女的理想子女数虽然逐渐降低，但大部分女性仍希望可以拥有 2 个孩子。2021 年，理想子女数为“两孩”的育龄妇女占比达 76. 72%。然而，将“不生育”奉为理想状态的女性目前也越来越多。过去十年间，理想子女数为“0”的育龄妇女占比从 0. 43%增加到 1. 51%。此外，希望生育“三孩”的女性也逐年增加，占比从 2011 年的 3. 21%增长到 2021 年的 7. 62%。

(四) 生存条件的改善延长了寿命

在新中国成立以前，我国人均寿命大约只有35岁。而根据国家卫生健康委员会发布的数据显示，我国居民人均预期寿命从2010年的74.8岁提高至2021年的78.2岁，十年间增加近了3.4岁。居民预期寿命不断增高，老年人口比例增加，这与我国人民生活条件的改善存在着紧密联系。经济的快速发展为人们创造了更加丰富的物质基础，这不仅保障了人们对衣食住行的基本需求，还通过基础设施建设、自然环境改善、饮食结构优化等措施进一步提高了民众的生活水平。社会福利与养老保障制度的日趋健全，也为老年人在老龄化的社会中提供了生活保障。除此之外，人们越来越注重养生和保健，公园、广场随处可见老年人的锻炼身影。民众的生活条件变得更加优渥，生活方式更加健康，从而促进了平均寿命的延长。从技术进步的角度来看，科学技术的飞速发展不仅改善了人类的生存环境，提高了劳动者的生产力，还为老年人群提供了更好的供养条件。在科学技术尚未发达的时期，高出生率、高死亡率是我国人口的主要特征，而科学技术的进步则为老龄化社会提供了物质保障和医疗条件，显著提高了人类的预期寿命。此外，医疗水平的提升为生命的延续提供了进一步保障，减少了疾病发生与致死的概率，大大提高了人类延长寿命、安全步入老年阶段的可能性。

以往，医疗技术不发达，许多疾病成为人类生命延续的障碍。伴随着医疗技术的不断进步，医疗卫生条件逐步改善，医疗设备呈现智能化、专业化的趋势，威胁人类生命的疾病得到有效控制和治疗，人类生命得以延续。目前，我国已建立起覆盖城乡的全方位医疗卫生服务体系，满足了居民的医疗卫生服务需求。医疗技术的进步不仅有效遏制了多种致命流行病的传播，还大幅降低了人口的死亡率。2021年，我国的人均预期寿命高达78.2岁，表明良好的生活环境和完善的医疗体系为“老有所乐、老有所为、老有所养”提供了坚实的基础。

第二节 老龄化背景下的医疗护理需求变化

一、老龄化影响老年人口健康状况

随着我国人口老龄化程度的不断加深，年龄的增长导致老年人口的生理机能逐渐衰退，心理功能发生变化，整体健康状况持续下降。患病的老年人口数量日益增多，老年慢性病及其他相关疾病的负担显著增加，这直接影响着医疗卫生费用的总额和支出结构。

根据全国老龄工作委员会办公室发布的《国家应对人口老龄化战略研究总报告》的测算显示，我国老年人的两周患病例数和慢性疾病的患病例数呈逐年上升趋势。2010 年，60 岁及以上老年人的两周患病数为 7 938 万例，考虑到人口老龄化的趋势，预计到 2050 年，将增至 21 562 万例。同时，2010 年我国老年人慢性病患病数为 10 945 万例，预计到 2050 年将增加到 29 565 万例。另外，未来我国残障和失能老年人口也将显著增加。2010 年，我国残障老年人口为 716 万人，预计 2050 年将增至 2 470 万人，年均增长率为 3.2%，增长幅度达到 2.5 倍。[①] 失能老年人群体同样也是社会关注的重点。2015 年城乡调查数据显示，我国老年人中有 4.2%为完全失能老年人。[②] 由于身体失能导致的对照护服务的需求不断增加，老年人口的依赖性也随之上升，预计这一需求比例将持续上升。根据世界卫生组织估计，到 2050 年，我国总人口的依赖率将从 5.6%上升到 6.0%，届时我国将有 1.105 亿依赖型人口，其中至少有 6 600 万为 60 岁及以上老年人，他们需要医疗康复和照护服务，这将对家庭和社会带来巨大的影响。

目前，我国老年人口中，超过一半的老年人患有一种或一种以上疾病，

---

① 总报告起草组，李志宏．国家应对人口老龄化战略研究总报告［J］．老龄科学研究，2015（3）：4-38.

② 党俊武，李晶．中国老年人生活质量发展报告（2019）［M］．北京：社会科学文献出版社，2019.

主要包括急性疾病、慢性疾病、老年综合征，以及精神心理问题。老年人口失能和半失能等情况不仅影响居民的生活水平和生活质量，也为社会和家庭带来沉重的负担。

从城乡发展角度来看，人口的城乡流动已成为时代的趋势，劳动年龄人口大量外流使得农村老龄化和空心化成为紧迫的社会现象。人口老龄化程度的加深会降低老龄人口的健康程度，老年人口的退休金和其他收入决定了老人对养老保障的需求程度。经济收入水平低的老年人对医疗保障需求主要是身体正常、无重大疾病即可；而经济收入水平较高的老人，在此基础上还需要专业的养老服务和护理保障。由于政策限制和生活水平较低，许多老年人，尤其是农村老年人，对医疗保障服务的需求极为迫切。近年来，随着我国人口老龄化进程的加速，党和国家十分重视老年人的身体健康，采取了增加医疗保险、护理保险支出等一系列相关措施与对策。

二、失能老人增加护理需求旺盛

根据世界卫生组织的研究，老年人口失能是指老年人生理的功能受损，活动受到限制，参与社会交往功能的活动受限制。造成老年人依赖照护的主要原因是慢性病或与年龄相关的损伤所导致的功能损失。

《全国第六次卫生服务统计调查专题报告（第 2 辑）》显示（表 1.9）：在被调查的老年人口中，轻度失能的比例为 3.7%，中度失能的比例为 1.1%，重度失能的比例为 1.8%。其中，失能程度在轻度及以上的比例，农村地区为 7.6%，城市地区为 6.0%，农村地区高于城市地区，说明农村老年人失能情况更严重。

表 1.9　城乡老年人失能程度比例

失能程度	城乡合计	城市地区	农村地区
轻度失能	3.7%	3.3%	4.3%
中度失能	1.1%	1.0%	1.3%
重度失能	1.8%	1.7%	2.0%

数据来源：国家卫生健康委统计信息中心编著的《全国第六次卫生服务统计调查专题报告（第 2 辑）》。

若分年龄组考察，从表 1.10 可以看出，60—69 岁年龄组老年人的失能比例为 3.7%，其中轻度失能的比例为 2.2%，中度失能的比例为 0.6%，重度失能的比例为 0.9%；70—79 岁年龄组老年人的失能比例为 7.7%，其中轻度失能的比例为 4.5%，中度失能的比例为 1.2%，重度失能的比例为 2.0%；在 80 岁及以上年龄组老年人的失能的比例为 20.7%，其中轻度失能的比例为 10.3%，中度失能的比例为 3.5%，重度失能的比例为 6.2%。随着年龄的增加，老年人失能的比例逐渐增加，80 岁以后失能情况上升趋势明显。

表 1.10　不同性别老年人失能的年龄分布

年龄组/岁	轻度失能			中度失能			重度失能		
	合计	男性	女性	合计	男性	女性	合计	男性	女性
60—69 岁	2.2%	2.1%	2.3%	0.6%	0.6%	0.6%	0.9%	1.0%	0.9%
70—79 岁	4.5%	4.1%	4.8%	1.2%	1.1%	1.4%	2.0%	2.2%	1.9%
80 岁及以上	10.3%	8.4%	11.8%	3.5%	2.7%	4.2%	6.2%	6.0%	6.5%
合计	3.7%	3.3%	4.1%	1.1%	1.0%	1.3%	1.8%	1.8%	1.8%

数据来源：国家卫生健康委统计信息中心编著的《全国第六次卫生服务统计调查专题报告（第 2 辑）》。

从性别角度观察，在轻度和中度失能老年人中，女性高于男性；在重度失能老年人中，除 80 岁及以上老年人外，均男性高于女性。

关于失能老年人的功能损伤情况，在 2018 年全国第六次卫生服务统计调查中，老年人口中听力问题成为最严重的损伤状况，有中度以上听力问题的比例为 32.5%，有视力问题的比例为 31.4%。在被调查老年人中，失智老年人的比例为 2.9%，其中城市失智占比为 2.4%，农村占比 3.5%。[①]

上述调查结果和学界研究表明，随着人口老龄化程度加深和人口预期寿命的增加，失能老年人的比例也将随之增加。[②] 我国 60 岁及以上的老年人失

---

① 国家卫生健康委统计信息中心．全国第六次卫生服务统计调查专题报告（第二辑）[M]．北京：中国协和医科大学出版社，2021：30.

② 梁思静，翟惠敏，杨慧杰，等．养老机构老年人心理调适与关怀期望落差的关系研究 [J]．护理学杂志，2022，37（8）：80-84.

能率在 12.0%—18.3%之间。[①] 有学者预测，到 2050 年，我国 60 岁及以上老年人失能率将达到 28.8%。[②]

尽管由于统计口径不同，不同机构和研究者对失能老年人口规模和数量的测算结果有所差异，但普遍认为，未来几十年我国老年人口的失能率将呈上升趋势。除此之外，还有失智、功能损伤等特殊老年群体，这些群体将带来巨大的治疗、康复和护理服务需求，进而对医疗卫生服务费用产生巨大压力。因此，如何有效降低失能率，延长老年人的健康期望寿命，并同时满足失能老年人的健康需求，成为贯彻健康老龄化战略的重要问题。随着老年人失能率的不断上升会导致老年人的护理需求不断增加，而其所需负担的医疗服务费用可能会对家庭带来财务风险。由于目前家庭结构的核心化与小型化，家庭风险将转为社会风险。

三、老人疾病负担与经济负担多样化

2018 年，全国第六次卫生服务统计调查数据显示：老年人慢性病疾病经济负担前五位的疾病种类为循环系统疾病（32.8%）、肌肉骨骼及结缔组织疾病（19.5%）、恶性肿瘤（13.7%）、呼吸系统疾病（7.9%）、内分泌营养和代谢性疾病及免疫性疾病（5.6%）。其中，循环系统疾病占比最大。2018 年被调查老年人口人均慢性病疾病经济负担为 8 813.3 元，2013 年被调查老年人口人均慢性病疾病经济负担为 2 481.8 元，与 2013 年相比，2018 年老年人慢性病疾病经济负担大幅增加。[③]

目前，关于老年人住院费用全国层面的统计资料还比较少，老年人的门诊费用数据也难以直接掌握。第五次国家卫生服务调查的数据显示，2013 年参与调查的人群中，全人口次均住院费用为 8 520 元，中位数为 4 500 元，60 岁及以上老年人口次均住院费用为 9 506 元，中位数为 5 000 元，老年人口次均住院费比全部调查人口高出 11.6%。

---

① 张仲芳．国际社会保障动态：应对人口老龄化的长期护理保障体系［M］．上海：上海人民出版社，2018：255.

② 李晓鹤．人口老龄化背景下老年失能人口动态预测［J］．统计与决策，2019（10）：75-78.

③ 国家卫生健康委统计信息中心．全国第六次卫生服务统计调查专题报告（第二辑）［M］．北京：中国协和医科大学出版社，2021：96.

2018 年全国第六次卫生服务调查没有直接给出老年人的住院医疗费用，但调查了老年人自我报告慢性病住院医药费用。2018 年调查老年人自我报告慢性病次均住院医药费用为 11 262. 3 元，比 2013 年增长 10. 9%，比当年统计年鉴中公布的公立医院住院患者次均医药费用 9 976. 4 元高 1 285. 9 元。若分年龄组来看，其中 60—64 岁年龄组和 75—79 岁年龄组老年人次均住院医药费用增长率最高。

已有研究表明，长期患病和生活不能自理的老年人的经济状况更加困难，并且部分子女因照料老人而无法外出工作，进而加剧了整个家庭的经济压力。为了照料家中失能老人，家庭照料者不得不减少工作时间或者调整工作岗位，这也间接影响其经济状况。

人口老龄化趋势和健康老龄化行动，都对老年人口的医疗卫生服务需求和利用产生重要影响。随着人口老龄化进程，老年人口因疾病带来的经济负担不断增加，且其对经济社会的影响也将持续加深。

第三节　老龄化对社会保险制度的影响

一、人口老龄化影响劳动力供给

不断上升的社会保险支出水平已经成为各国面对人口老龄化时的关键难题，这不仅可能导致政府财政赤字规模的不断扩大，还会影响企业，进而影响社会经济发展。劳动力是生产力的基本要素，劳动年龄人口的比重对地区劳动力供给的数量和质量有着重要影响。随着人口老龄化的加速，我国人口年龄结构在一定程度上发生了改变，劳动人口减少和老年人口增加对劳动力市场产生了影响，并通过消费、财政支出等各种相关因素对社会保险支出产生负面影响。

人口老龄化对劳动力供给的影响表现在以下两个方面：一方面，随着老年人生理机能下降，工作能力受到影响，劳动效率下降。另一方面，劳动力人口存在高强度体力劳动者和老年劳动者，相对来说他们的身体状况欠佳，需要医疗治愈的可能性较高，医疗保障的费用支出随之上升，在一定程度上会增加企业成本。同时，由于老年人口的学习能力较弱，企业的培训和服务费用也随之增加，这会影响经济发展的速度和质量。

人口老龄化是一个渐进发展的过程，老年人口比例的上升会相应降低劳动者占总人口的比重，在人口保持稳定不变的前提下，如果劳动年龄人口占总人口的比重降低，将导致劳动力市场供给量下降，相应也会增加政府用于社会保险支出的比例。同时，人口老龄化还会通过影响人口年龄结构来影响劳动年龄人口比例，进一步扩大养老保险支出规模。因此，人口老龄化不仅会减少劳动力供给数量，还会引发劳动力供给质量下降，加大社会保险支出，最终不利于我国经济的发展。

二、人口老龄化导致就业参与下降

人口老龄化背景下就业问题将更加复杂。随着科学技术的发展，劳动密集型岗位和人力岗位需求减少，就业压力将会增大。长期来看，人口老龄化会导致我国在将来一段时期内劳动年龄人口趋于减少，但这并不意味着就业压力的降低。人口老龄化会改变社会人口抚养比，当经济社会发展对劳动力需求增大时，劳动力市场的需求量将显著大于供给量，进一步造成劳动力成本上升。同时人口老龄化会在一定程度上提高抚养比，使得公民的养老、医疗和失业保障等支出不断增加，人均社会保险负担增加，社会养老、医疗和其他服务等方面的费用必然显著提高，进一步增加了企业成本，最终不利于劳动就业率的提高。随着义务教育的全面普及和高等教育的发展，劳动者的知识水平和业务能力不断提高，对平均薪酬和培训的期望和诉求也与日俱增，这些因素都会增加劳动力成本，增加企业支出，进一步加剧就业市场的紧张，降低劳动就业参与率。

从失业类型来看，摩擦性失业和结构性失业等问题将更加突出。摩擦性失业主要指因季节或技术原因导致的失业，而结构性失业主要是由于经济结构的变化，导致劳动年龄人口的知识和技能与经济结构不相适应，不匹配市场需求引发的失业。我国在步入人口老龄化社会的同时，创新型经济不断发展，经济结构正在转型升级，劳动密集型产业正在被逐步代替，产业结构不断优化升级并呈现多样化态势。劳动年龄人口逐渐减少，劳动者也因自身知识和技能跟不上时代发展而被迫失业。由于劳动力市场和企业用工需求的变化，人口老龄化形成的劳动力需求和劳动力供给变化不同步的趋势，造成了各种问题并存的结构性矛盾，从而导致这种类型的就业结构性矛盾将持续存在并不断加强。

三、人口老龄化促使养老保障需求上升

国家提出要积极应对人口老龄化，构建养老和敬老的社会环境，推进医养结合并加强养老护理工作的力度，助力老年产业和老龄事业的发展。总体来看，我国目前致力于完善第三支柱的养老保障体系，根据各支柱发展情况来判断，第一支柱占据主要地位，发展稳定且持续；第二支柱尚存在一定不足，部分企业落实不到位；第三支柱呈现刚萌芽的态势，发展比较薄弱。

随着人口年龄的增加，个人身体状态下降且身体机能衰退，对于以单纯体力劳动为主要收入来源的体力劳动者，劳动能力的下降意味着收入水平和自我供养能力的降低，必须依靠财政社会保险支出才能维持最基本的生活。近年来，随着我国经济的发展，城乡居民生活水平和养老观念的变革使得他们在满足了基本的物质需求后，对生活护理和精神陪伴的需求也逐步提高。

养老保障需求在具体日常生活中表现为经济支出、生活照料和精神陪伴需求，这些方面涵盖了老年人生活的主要需求。

(1) 经济支出需求。在退出劳动者角色之前，老龄群体大多通过劳动收入和个人积蓄来提升经济水平，这种自我负担、自我补充的社会保障模式是城市和农村养老保障支出不足的原因。在老年群体中，高龄、孤寡和残疾老年人对经济供养的需求较多，因此，国家在进行养老保障建设中应重点关注这类对象，解决好经济供养问题。

(2) 生活照料需求。随着全面小康社会的建成，老年人口的需求由吃穿住行问题发展为养老保障等更高层次的需求。子女们工作压力的增加使老人缺乏生活照料，导致社会化养老服务供给不足，老年人的养老服务需求难

以满足。目前来说，老年人口的生活照料需求主要集中在高龄和丧失劳动能力的老年人群体，解决缺口最大的群体后，将激发更多老年人对养老服务的潜在需求。

(3) 精神陪伴需求。随着物质生活水平的提高，越来越多的老年人对精神陪伴需求逐步提高，老年人的精神文化需求主要体现在家庭对老年人口的精神赡养，以及退休老年人主动参与的社会和社交活动。近年来，年轻人的工作压力和异地工作等问题使得家庭中的老人难以享受晚年生活的精神愉悦，孤独无助等现象时有发生。因此，在人口老龄化社会时期应关注老年人口的养老保障需求，满足老年人口经济、生活照料和精神慰藉等需求，使老年人真正实现老有所养，老有所乐。

四、人口老龄化加剧社会保险基金收支失衡风险

目前，我国养老保险基金处于收入大于支出的时期，可以保证老年人口富足的生活状态，所以养老保险基金支出处于上升趋势。养老金连年上涨背后的逻辑因素主要有以下几点：(1) 物价上涨。养老金的增长幅度和规模是由我国《中华人民共和国社会保险法》明文规定，而不是通过养老保险的收支是否平衡来决定。按照法律规定，国家建立养老金的调整机制，根据社会平均工资增长和物价增长情况来测算并给付退休劳动者养老金。目前我国人民生活水平不断提高，养老金上涨可以抵消物价上升的不利影响。(2) 财政支出确保养老保险基金的持续运转。社会保险法规定，当养老保险基金支出不足，由地方财政予以补贴，国家是养老保险基金的坚实保障。(3) 减轻劳动年龄人口压力。国家始终重视年轻人，提高养老保险待遇能够解决年轻人的经济危机，同时通过社会宣传和引导，参保人群和范围可以不断扩大，分摊老龄化压力。

随着人口老龄化趋势的加剧，将导致社会保险基金失衡。人口年龄结构的老年化通过影响劳动力来影响社会保险支出。从国家的角度来看，在国民总收入持续稳定的情况下，人口老龄化程度的加深会推进政府用于老年养老和医疗保险支出的大幅提升，从而提高了社会保险内部结构的各项支出。社会保险支出水平的提高说明地方政府的财政社会保险支出压力加大，其他的

社会资金支出相应减少。老龄化社会的推进不仅扩大了社会保险支出规模，导致政府财政支出负担的增加，还会导致地方政府财政支出中用于养老和医疗等方面的支出不断增加，使得我国财政社会保险支出结构产生变化。而老年抚养比的提高标志了劳动年龄人口赡养老年人口的压力不断增加。为了提高社会养老能力，不断适应老年群体的多样化需求，国家和地方财政需要加大财政社会保险和养老保险支出。由于老龄化形势日趋严峻，国家和地方财政要优化财政支出结构，保证资金配置的公平与效率，在这个基础上服务社会经济的发展。人口老龄化能够提高社会抚养比，从而加重政府、社会和家庭各方的经济负担，人口老龄化和社会保险支出都是影响地区发展的重要因素。社会保险支出占社会保障支出的比重最大，是社会保障系统的关键成分。因此，人口老龄化程度的加深会导致社会保险支出水平，即社会保险支出占财政支出的比重增加。

第四节　老龄化社会的挑战与机遇

一、积极老龄化

人口老龄化本质上描述的是社会发展的客观规律，是指一个国家或地区老龄人口的比重不断上升的过程。人口老龄化既裹挟着机遇又包含着挑战，是一个中性概念。面对人口老龄化到来不可阻挡的趋势，21 世纪初期，在联合国召开的“第二次老龄问题世界大会”上，“积极老龄化”一词第一次被正式提出并得到了全世界的认同。这一观点不同于中性的“人口老龄化”，它蕴含着打破消极悲观思维，积极面对老龄问题的乐观感情色彩。

“积极”一词有正面的、肯定的、进取的等含义。积极老龄化作为一种老龄观，强调从正面看待老年人及人口老龄化现象，它是指“在老年时为了提高生活质量，使健康、参与和保障的机会尽可能获得最佳机会的过程。”这里的“积极”，对应的是传统老龄观把老年人当作社会负担的消极论，强调老年人可以在退休后发挥自己的余热，利用自己的知识和工作经验参与社会建设，为社会和国家奉献出自己的力量。在此基础上，世界卫生组织指出，健康、参与和保障是积极老龄化的三大支持体系。在这个层面上来说，积极老龄化也是一种整体性老龄观，只有确保这三大目标同时实现才算真正实现积极老龄化。

人的一切实践活动都是在健康的基础上进行的，健康是人最宝贵的资本，是收获幸福晚年生活的基础。与传统意义上将“健康”简单理解为身体健康不同的是，积极老龄化所强调的健康是指一种完全享有身心健康和社会福祉的状态，不仅指身体上的，也包括经济、社会、文化、精神、心理等方面的完全健康。参与，是指老年人根据自己的意愿和需求，在退休后可以继续参加工作和社会实践，它是老年人共享社会权利与机会的集中体现，是收获幸福晚年生活的关键。鼓励老年人社会参与不仅可以丰富老年人的精神世界，提高老年人的晚年生活质量，还可以减轻社会供养老年人的压力和负担。保障，是指老年人的一切合法行动都会得到社会的支持，老年人的一切合法权益都会得到保护，是收获幸福晚年生活的根本保证。

二、积极应对人口老龄化战略

按照联合国的老龄化标准，2000 年我国正式步入了老龄化社会行列。自从 2002 年“积极老龄化”一词被老龄问题世界大会写入《政治宣言》起，我国一直将这一理念作为我国认识和解决老龄化问题的根本依据，并于党的十九届五中全会提出“实施积极应对人口老龄化的国家战略”，实现了积极老龄化从理论到战略实践的突破。

积极应对人口老龄化，是在继承积极老龄化理论的基础上，结合我国人口老龄化的现状所形成的关于解决人口老龄化问题的认知、态度和行动的综合体系。“应对”一词有主动、切实可行的含义，符合积极乐观的态度，含有将理念转化为实践的动力机制。虽然“积极应对人口老龄化”与“积极老龄化”仅有四字之差，却是对“积极老龄化”的中国化创新和升级，强调政府、社会和家庭个人多方主体的共同参与，对老龄工作提出了更高水平的要求。

进入新时代，随着我国老龄化进程不断提速，人口老龄化已经不仅仅涉及我国人口结构问题，而且还关乎我国经济社会能否实现可持续发展，关乎我国能否实现社会主义现代化的伟大愿景。“积极应对人口老龄化”作为我国应对老龄问题的一项国家战略，本质上是一种长期计划。作为国家战略，“积极应对人口老龄化”是观念、政策、行动的三位一体，要在充分理解战略内涵与战略要求的基础上，推动战略实施。

党的二十大报告提出，健全覆盖全民、统筹城乡、公平统一、安全规范、可持续的多层次社会保障体系。建立长期护理保险制度，积极发展商业医疗保险。

2021 年 12 月 30 日国务院印发《“十四五”国家老龄事业发展和养老服务体系规划》，明确提出要稳步建立长期护理保险制度。适应我国经济社会发展水平和老龄化发展趋势，构建长期护理保险制度政策框架，协同促进长期照护服务体系建设。从职工基本医疗保险（以下简称职工医保）参保人群起步，重点解决重度失能人员基本护理保障需求。探索建立互助共济、责任共担的多渠道筹资机制，参加长期护理保险的职工筹资以单位和个人缴费为主，形成与经济社会发展和保障水平相适应的筹资动态调整机制。建立公平适度的待遇保障机制，合理确定待遇保障范围和基金支付水平。制定全国统一的长期护理保险失能等级评估标准，建立并完善长期护理保险需求认定、等级评定等标准体系和管理办法，明确长期护理保险基本保障项目。做好与经济困难的高龄、失能老年人补贴以及重度残疾人护理补贴等政策的衔接。健全长期护理保险经办服务体系。

第二章　长期护理保险的基础理论

长期护理保险的投保人一般是本人，保险人一般为政府或者商业保险公司，保险标的是被保险人的身体状况，保险责任是对被保险人产生的护理需求进行实物给付或者现金给付。总而言之，得益于长期护理保险保障的本质属性及护理需求的差异性，长期护理保险既可以作为商业保险运行，也可以当作社会保险实施，在医疗和养老体系中都发挥着重要的作用。

长期护理保险类型包括社会长期护理保险与商业长期护理保险。本章对将长期护理保险基本概念、理论基础、政策环境进行介绍。

第一节　护理保险的概述

一、护理保险基本概念及界定

（一）长期护理

1963 年，美国医疗救助福利部首次提出长期护理概念，即为病人提供的长期医疗、护理及支持性健康照顾和照护。官方定义上，世界卫生组织在 2002 年出版的《居家护理报告》中提出长期护理是卫生和社会系统的一个组成部分，它包括为需要照料之人提供的各类照护活动，不管这种照料是来自非正式的照护者（家人、朋友和邻居），还是正式照护者（专业人员、辅助人员）。我国的长期护理定义与国际上基本保持一致。2021 年，由国家医保局和民政部联合出台的《长期护理失能等级评估标准》将长期护理定义为，在持续一段时间内给失能人员提供一系列基本生活照料和与之密切相关的医疗护理。具体到长期护理的内容上，可以说对失能人群提供了生理和心理的双重照护，包括沐浴更衣等生活照料，以及运动康复、心理咨询等服务。

（二）长期护理保险

护理保险，也称为介护保险、看护保险等，是指被保险人在遭受疾病、意外事故、衰弱导致身体机能部分丧失，日常生活长期不能自理，需要接受他人为其提供护理服务的保险制度。[①] 长期护理针对任何年龄的人，但通常更多关注的是老年人。因为这一年龄阶段的人因病理性衰老，或由于正常衰老对护理的需求比较高。实施长期护理的目的在于提高老年人的生活质量和生命质量，它也是预防新的疾病发生的重要措施。

护理保险区别于传统的医疗护理，其以辅助方式维持人们正常生活，而不是治疗性的服务和照顾。通俗来说，护理保险借用社会或私人的力量，对需要照顾的老年人提供相应的生活服务，以满足老年人的生活需求。目前，我国社会保障制度多集中于老年人的经济保障上，对照料问题关注不够，养老金是从经济上提供必要的经费保障，而护理保险试图通过提供护理服务、生活服务以保障老年人的生活质量。因此，护理保险与医治、护理和生活照顾相联系。

长期护理保险是当被保险人因年老、疾病或意外伤害而致使生活自理能力部分或全部丧失时，为其提供长期护理服务或者对其支付长期护理服务费用进行补偿的保险。

长期护理保险类型包括社会长期护理保险与商业长期护理保险。

社会长期护理保险具有强制性，政府要求全体居民以收入作为基数缴纳保险费，当满足相关给付条件后，对投保人发生的护理支出给予一定补偿。代表性国家包括德国、日本、荷兰、韩国。

商业长期护理保险具有灵活性，保险公司根据投保人自身的身体状况、

---

① 薛惠元，王翠琴．中国需要“银色拐杖”——护理保险制度［J］．卫生经济研究，2006（6）：2.

性别、年龄，以及缴费情况等参数综合考虑，收取不同的保险费，当满足相关给付条件后，对投保人发生的护理支出给予一定补偿。代表性国家包括美国、法国。

美国健康保险协会对长期护理保险的定义更多是从商业保险的角度出发，将长期护理保险标设置为被保险人的身体状况，保险责任是被保险人接受长期护理时赔付的相关费用。美国健康保险学会对长期护理保险的定义是：长期护理保险是为消费者设计的，为其在发生长期护理时产生的巨额护理费用的支出提供保障。美国人寿管理协会给出的定义更为具体：长期护理保单是为那些由于年老或严重疾病或意外伤害的影响，需在家或护理机构得到稳定护理的被保险人支付的医疗及其他服务费用进行补偿的一种保险。

我国目前没有对长期护理保险在法律法规上正式定义，但上海在试点办法中将长期护理保险定义为一项社会保险制度，我国现行试点办法拟定的定义为：以社会共济方式筹集资金，对经评估达到一定护理需求等级的长期失能人员，为其基本生活照料和与基本生活密切相关的医疗护理提供服务或资金保障的社会保险制度。由此可见，长期护理保险由国家强制实施，并采取风险共担的方式，以社会化筹资方法着力为失能人员的基本生活提供保障。需要注意的是，随着国家社会经济能力和人口结构等要素的变化，长期护理保险也应当是一个阶段性的动态概念。

荆涛将长期护理保险总结为，在被保险人因意外事故、疾病或衰老造成身体和精神损害，有必要接受长期康复和护理时，为其提供各种服务和现金补偿的一种保险。① 戴卫东认为长期护理保险是在国家颁布相关法律的基础上，为患有慢性病或处于失能半失能状态不能独立生活的群体分担护理费用的一项保障制度。② 简而言之，长期护理保险是对被保险人接受长期护理服务的支出费用的补偿，侧重于安排提供护理和经济补偿的制度。

（三）失能

国内外学者研究发现，失能的本质是个人自身能力无法满足外在环境的

---

① 荆涛，阎波，万里虹．长期护理保险的概念界定［J］．保险研究，2005（11）：43-45，51.

② 戴卫东．中国长期护理保险制度构建研究［M］．北京：人民出版社，2012.

要求，导致日常生活活动受限。老年人的日常生活活动能力不仅取决于其本身的内在能力，也会受到外在环境的影响。对于轻度的日常活动能力受限，可以通过改善外部环境、使用辅助器具等加以改善，而有效的生物医学干预可以抑制疾病的进展，从而降低发生更为严重失能的可能性。这反映了个体身体功能不仅受到自身身体心理、生理残障的影响，也会受到社会环境因素等因素影响。也有学者将失能分为身体失能（日常起居困难）、心智失能（认知困难）和感官失能（视力或听力障碍）等。

在评价老年人健康状况和失能界定指标体系中，最常用的指标是日常生活自理能力（Activity of Daily Life，ADL），这一指标最早由 Katz 提出，这一指数综合吃饭、穿衣、上厕所、上下床、洗澡和室内走动等 6 项内容来反映老年人基本日常生活自理能力的状况。美国医疗和人类服务部网站中涉及长期照护人员的界定时，采用了日常生活自理能力指标，其中包括两部分：基础性日常生活活动能力（Basic Activities of Daily Living，BADL）和工具性日常生活活动能力（Instrumental Activities of Daily Living，IADL）。基础性日常生活活动能力包括洗澡、如厕、穿衣、吃饭、室内走动、移动等 6 项指标，工具性日常生活活动能力包括做家务、管理资金、服用药物、备餐、购物、使用电话（或其他通信设备）、照顾宠物、响应紧急警报（如火警）等 8 项指标。工具性日常生活活动能力受损对老年人的生活的影响相对较小，但会限制老年人的社会参与和交往，增加老年人对他人照护的需求。在很多研究中，研究者通常将日常生活自理能力与基础性日常生活活动能力等同，日常生活自理能力指数作为操作性较强的单一标准指数，在全球范围内得到了广泛认同并被普遍接受。张文娟、魏蒙在分析北京大学国家发展研究院健康老龄与发展研究中心中国老年健康调查项目的数据时，也采用了日常生活活动能力量表，将其中一项或更多项不能自理界定为失能老人。[①]

结合以上分析，将失能老人界定为指因年迈虚弱、身心功能受损、认知能力受限等失去生活自理能力，需要他人协助的 60 岁及以上老人。按照日常生活活动能力量表（表 2.1）中的 6 项指标将失能老人分为 3 类，其中，

---

① 曾毅．中国健康老龄发展趋势和影响因素研究［M］．北京：科学出版社，2018：30.

1、2 项不能自理为轻度失能，3、4 项不能自理为中度失能，5、6 项不能自理为重度失能。一般轻度失能和中度失能也称为半失能，重度失能称为完全失能（简称为失能）。

表 2.1 日常生活活动能力量表

序号	项目	具体内容
1	洗澡	开关水龙头，控制温度和水量，进入淋浴或浴盆，擦干全身
2	如厕	控制大小便，完成如厕过程
3	穿衣	取出自己的衣物并穿好，缝补衣物
4	吃饭	使用工具将食物送入口中，咀嚼吞咽
5	室内行走	从一个地方转移到另一个地方
6	移动	上下床，上下轮椅

资料来源：Katz 日常生活功能指数评价量表。

中国老龄科学研究中心发布的《中国老龄产业发展报告（2021—2022）》显示，截至 2022 年末，我国 60 岁及以上老年人达到 2.8 亿，其中失能、半失能老人大约 4 400 万，占老年人口比重超 15%，且仍有继续上升的趋势。目前，针对失能老人的照护模式主要可分为三种：第一种，居家照护，是目前大多数人员的主流选择；第二种，机构照护，主要是安排护理员对老人进行照护；第三种，社区照护，在部分试点城市中机构照护和社区照护统称为机构照护，目前受制于现实情况，还在探索当中。失能老人的护理通常包括 6 项，分别是口腔护理、皮肤护理、管道护理、进食护理、体位护理、安全护理。

二、护理保险的起源及发展

护理保险的概念形成大约已有 60 余年，虽然它经历了多种多样的产品发展周期，但它仍然是一种相当新的、备受各国关注的险种。随着全球范围内的人口老龄化趋势日益严重，各国先后采取措施确保老年人口得到全面照护，其中之一是发展长期护理保险制度。与此同时，一系列因素促使各国加快长期护理保险的立法进程。首先，家庭结构的小型化和多代同堂现象的减少导致家庭照护能力降低。其次，妇女劳动参与率的提高进一步削弱了家庭照护功能。最后，老年人长期护理费用持续居高不下，对家庭经济和社会负担产生了巨大压力。因此，在这些背景因素影响下，各国逐步实施长期护理保险法规，以应对老龄化所带来的诸多挑战，旨在确保老年人得到妥善地照护和支持。

长期护理保险的起源可以追溯到 20 世纪 60 年代的欧美国家。当时，人口老龄化问题逐渐突出，长期护理成为社会面临的一项重要问题。由于传统医疗保险往往无法覆盖长期护理的费用，长期护理保险逐渐成为一种新型保险形式。护理保险最早产生于美国。第一家长期护理保险公司成立于 20 世纪 70 年代的美国，随后在 80 年代逐渐得到普及和推广。1988 年，美国国会通过了《老年人医疗保健法》，使得长期护理保险成为联邦政府医疗保障计划的一部分。此后，瑞士、日本和德国相继出台了长期护理保险相关法律政策。1994 年，瑞典颁布了《个人协助法》，也是第一部与长期护理保险有关的法律，以确保长期护理的实施得到有效保障。1986 年，以色列政府率先推出了法定护理保险制度。随后，奥地利、德国、法国、英国、日本也相继建立了老年护理保险制度。日本的长期护理保险发展起源于 20 世纪 80 年代，当时日本经济高速发展，人口老龄化问题逐渐凸显。日本的护理保险体系在经过很长一段时间的争议之后于 2000 年 4 月 1 日终于正式得以运作，并且在短短几年中发展迅猛。[①] 1997 年，日本为推动长期护理保险制度的施行，颁布了《长期护理保险法》，规定由政府和保险公司作为主体，共同推进长期护理保险制度的落实。欧洲的长期护理保险制度发展和实施时间较晚，主要是在 20 世纪 90 年代才开始发展和建立。英国 1991 年开始销售护理保险。1994 年，德国在推动长期护理体系方面，颁布了《长期护理保险法案》。自 1995 年以来，公共护理保险成为社会保险的组成部分，90%的德国人得到了这种保障。2001 年底，法国共有 30 多家保险公司可以提供护理保险合同，共有大约 67 万人通过团体购买了此项保险。新加坡及东南亚等地区，或者由于社会保障制度设计，或者由于老龄化问题的尖锐程度，老年人护理保险的发展尚未起步。

---

① 王丽．银色拐杖——中国需要护理保险［J］．中国保险，2003（12）：54-55.

三、我国长期护理保障制度发展历程

（一）嵌入计划经济阶段

新中国成立初期，我国制度覆盖的老年服务对象和内容较为有限，家庭是老年保障的供给主体，政府主要为“三无”老人（无劳动能力、无生活来源、无赡养人）提供救济性质的养老服务。孤寡、孤残的少数老年人可以在福利院、敬老院等机构中得到照顾。此外，基于家庭养老的传统，多数失能老人由子女、配偶和亲戚等家庭成员提供照护服务。这个时期，我国老年照护有如下特点：其一，我国人口老龄化程度和老年人口抚养系数比较低，家庭平均规模约为 4.5 人，以家庭为主的照护模式较稳定，家庭赡养功能较完善。其二，城市劳动力限于政府“统包统配”制度以及固定用工制度，在不同单位间的流动低；由于户籍制度的限制，农村劳动力几乎无法向城市流动。这一情况使得我国在当时的阶段人口流动性较低，因而为养老服务提供了相对稳定的人力资源支持，并为老年人提供了精神慰藉性较强的照护服务。

（二）基本制度构建阶段

进入 20 世纪 80 年代，我国开始步入老龄化社会，与此同时，国企改革引致的提前退休也使得社区养老服务需求凸显。在此背景下，1994 年，我国出台了《中国老龄工作七年发展纲要（1994—2000 年）》，构建家庭养老和社会养老共同发展体系，将养老作为社会服务进行提供，标志着我国开始推动社会化养老服务的发展。针对失能失智老人的长期护理进入政策视野是在 2006 年，在此之前我国社会化养老服务的覆盖对象是社会一般老人，而非失能老人。2006 年，我国针对养老服务下发了《关于加快发展养老服务业的意见》，并指出养老服务的具体内涵：为保障老年人正常生活和需求，提供相应的照顾和护理服务，同时对老年人的特殊生活需求予以满足。在《中国老龄事业发展“十一五”规划》中，对养老社会服务体系的发展，提出了规划纲要，指出居家养老为主流，社区提供相应保障，专业机构面对更高层次的养老需求。在此时期，党和政府对人口老龄化的趋势认知明确，并开始关注老年照护政策体系的构建，推进照护体系的初步发展，为未来进入老龄社会后的长期护理保险制度进一步发展奠定了基础。

（三）长期护理保险制度出台阶段

2012 年，青岛政府首先开始探索建立长期护理保险制度。此后，上海、长春和南通也根据地区特点展开了长期护理保险制度的试点和探索工作。2016 年，人力资源社会保障部办公厅发布了《关于开展长期护理保险制度试点的指导意见》（人社厅发〔2016〕80 号）（以下简称《指导意见》）推动了长期护理保险制度的发展和落实，在全国范围内选择 15 个城市进行试点运行，代表我国社会保险正式用于解决老年人照料问题。在前期试点的基础上，2020 年，国家医保局、财政部发布了《关于扩大长期护理保险制度试点的指导意见》（医保发〔2020〕37 号）（以下简称《扩大指导意见》），该扩大指导意见中规定将北京市石景山区、天津市、晋城市、湘潭市等 14 个城市作为新增试点城市，加上前期试点城市，我国目前长期护理保险制度试点城市共有 49 个。新增试点开启"社保第六险"长期护理保险试点的加速进程。

《扩大指导意见》明确了长期护理保险将设计成独立险种，从职工医保参保人群起步，先行保障重度失能人员。长期护理保险试点从原试点城市的"各自为政"逐步过渡到较为统一的保障范围和标准。值得关注的是，《扩大指导意见》还提出长期护理保险管理服务可以引入社会力量，且在医保基金里面列支经办管理费用，这为商业保险公司参与长期护理保险制度完善留出发展空间。新增的 14 个长期护理保险制度试点城市在护理市场供需失衡的背景下，老年人长期护理问题成为国家和个人面临的严峻挑战。长期护理保险是养老服务中解决照护支付能力的重要一环，在 2019 年的政府工作报告中首次被提及后，加速推进试点已成定局。目前，我国长期护理保险分为政策性保险和商业护理保险两部分，并以医保部门为主导，针对高龄失能老人提供基本生活照料和常用临床护理服务。从国际长期护理保险运行模式来看，除了美国的纯商业保险模式外，大多数国家都建立了以政府的强制力作为保障，独立融资、覆盖面广的长期护理社会保险制度。而我国现阶段的目标是扩大长期护理保险制度试点，发展商业护理保险产品，在经济条件具备时过渡到以社会保险为主、商业保险为辅的发展模式。

第二节　长期护理保险理论基础

一、人口经济学中家庭抚养孩子的成本——效用分析

莱宾斯坦等人将“效用”引入人口经济学，分析父母在生育和抚养孩子过程中的投入成本，包括直接成本和间接成本，以及孩子给父母带来的满足感。类似个人在消费商品或劳务中获得满足一样，父母在自己孩子身上获得满足感。孩子的效用包括：（1）消费作用，即把孩子看作“消费品”或者“耐用消费品”，生育和抚养孩子的过程也就是对“消费品”进行消费和享用的过程，父母会获得亲情上的欢乐和满足。（2）经济效用，即孩子作为半劳动力或准劳动力参加经济活动，从而增加家庭经济收入，孩子参与家务劳动，减轻父母家务劳动负担，具有间接地增加家庭劳动收入的效用。（3）潜在的保障作用，指父母进入老年阶段期望孩子能给予生活保障而得到的效用。[①] 莱宾斯坦指出，在社会保障落后的发展中国家，老年父母几乎不能从社会保障体系中获得养老支持——养老金，因而由子女代替社会养老保障体系为父母进入老年期后提供晚年生活的经济保障，从而使抚养教育子女成为具有保险效用的行为。如同我国社会一直存在的“养儿防老”观念，孩子是父母未来养老方面的潜在保险品。

莱宾斯坦认为，随着社会经济的发展，家庭收入的增加，父母生育和抚养子女的直接成本和间接成本都会相应上升。我国新的一代独生子女成长起来后，由于倍受溺爱，其对家庭和社会的责任感降低，子女对于父母所具有的效用将逐渐减少，老年父母对孩子的经济依赖性将会逐渐减弱，独立性增

① 李仲生．人口经济学［M］．北京：清华大学出版社，2006：6.

强。对父母年老后经济生活的保障来说，孩子的保险效用会随着家庭收入的增加而递减。因为随着社会经济的发展，家庭收入的不断提高，父母可以将一部分收入用于储蓄或经济投资，得到未来投资收益，在他们进入老年阶段前，通过提高自我养老的经济能力，为自己以后的养老生活做准备。

从社会保障的角度来看，随着社会保险制度的建立和完善，父母可通过购买社会保险获得未来养老保障，实现由家庭的养儿防老向社会养老、自我储蓄防老转变，从而使孩子对父母潜在的保障作用逐渐降低。这一趋势是社会经济发展通过改变家庭收入水平而出现的替代效应，即家庭收入水平的不断提高替代了父母在未来养老方面对子女的需求。养老保险的养老金能够给予老年人经济保障，孩子提供的经济保障可由社会提供的经济保障所代替，护理保险中的护理服务则给予老年人生活照料及护理上的保障，孩子提供的照料在一定程度上由社会服务代替。

二、福利经济学

庇古的“福利经济学”主张政府干预再分配或第二次分配以增加社会福利，为了保证“最大的社会福利”，国家必须干预经济生活，实行“国家社会主义”。[①] 这种干预在社会保障体系中体现充分。国家通过社会保险、社会救济等“合理的健全的社会政策”把个人和社会的利益调和起来，使“最大多数人的最大幸福”得以实现。

福利经济学理念反映在社会保险制度上，由国家统一承担老年人社会保障的责任，这个时期关于养老制度的设计都集中于国家对老年人的生活保障问题、疾病治疗问题，其实质是运用政府宏观调控的手段将部分国民收入在代际之间进行再分配，在这个阶段出现了养老保险，强制储蓄等一系列的养老制度设计。而护理保险则是通过提供服务的形式将国民收入在全社会再分配。护理保险有利于护理服务业形成规模，提高社会效率，节约资源，降低成本，增进社会整体福利。

福利多元主义强调，福利服务可由公共部门、营利部门、非营利部门和

---

① 李珍．社会保障理论［M］．北京：中国劳动和社会保障出版社，2000.

家庭社区等4部门共同负担，改变了以往政府作为福利供给的角色，提高福利供给的效率和质量。人口老龄化、家庭护理职能强化等原因使老年人对护理需求加大，这要求我们采取福利多元化政策，打破国家福利服务的垄断，由国家、企业、个人、社区、家庭共同承担护理责任。

三、公平和效率原则

公平，从字面理解就是公正、公道及平等。公平在哲学观上首先表现为一种生存权；其次，每一个人都有和自然进行物质交换和能量交换的过程，公平又体现出一种劳动权。从经济学的角度评价公平，公平包括收入均等和机会均等两个层次，机会均等通俗地说就是起点和过程的均等。效率，是一个经济学范畴，指资源的有效配置使用，实际上是指在技术水平和资源存量一定的条件下，通过资源的最优配置和使用，给社会带来最大福利。

社会保障制度通过为人们提供安全网的方式，增强人们的机会均等或起点意义上的公平，通过帮助人们管理风险，扩大他们的能力。社会保障的基本目标就是为了实现社会公平。社会发展历程表明，社会经济运行不仅需要以效率为目标的动力系统，还需要以社会公平为目标的稳定系统，以缓和各种社会经济矛盾，校正各种偏离社会总福利的行为，提高社会整合程度。

护理保险目的在于解决全社会共同面临的老年护理问题，体现生存权的平等，与养老、医疗保险共同构成社会的防护网。其具有社会服务、医疗、养老资源再分配的功能，能实现社会范围的公平，缓和社会日趋严重的老龄化等问题，它是国民的一种权利而不是施舍，通过对医疗、养老、护理资源的优化配置使社会福利最大化。

四、马斯诺需求理论

马斯诺将需要分为五个等级，依次为生理需要、安全需要、归属及爱的需要、受人尊敬的需要和自我实现的需要。根据马斯洛的五层次需求论，当人们的低级生存需求得到满足后，就会考虑到更高层次的需求。

认清老年人的需求对于我们建立护理保险，更好地为老年人服务有着重要的作用。老人的需求可以分为四个主要的方面：物质生活需求、日常生活照料需求、健康保健需求和精神文化生活需求，如图 2.1 所示。传统家庭养老金保障老年人的物质生活，护理保险则主要针对老年人的日常生活、健康保险、精神文化生活的需求。

老年人需求
- 物质生活需求——→养老保险→养老金
- 日常生活照料需求、健康保健需求、精神文化生活需求 → 护理保险→护理服务

图 2.1 老年人需求与保险

五、护理经济学

护理经济学是一门新兴的学科，主要以经济学的理论和方法为依据，研究护理资源的合理配置及其经济效益。它的提出是基于护理需求的无限性及护理资源的有限性。通过对护理经济的研究，不仅可以使护理价值得到综合体现，护理成本得到核算，护理需求得到全面的调查，还可以使护理市场得到主动的开发。

从内涵上来看，护理服务不仅重视健康生产的社会价值（促进健康），还要重视健康生产的护理经济价值；从范围上来看，护理服务不仅重视医院内护理价值，还要重视医院外护理价值；从内容上来看，护理服务不仅要重视救治护理、基础护理、监护护理的价值，还要重视诊治病人潜在护理问题的预防护理价值。在护理社会价值方面，护理的核心是为人类健康提供服务。护理劳动是医务劳动的一部分，作为投入参加健康生产，面对患者和有潜在病因的健康人，护理提供了劳动，其产出是健康人，并使他们进入社会生产系统，产生价值，其中部分价值属于医务劳动，当然也包括护理劳动。[①] 护理经济学为护理保险制度化、护理服务产业化、护理市场拓展化及护理服务效益化提供了理论基础。

---

① 刘则杨. 护理经济学概论 [M]. 北京：中国科学技术出版社，2002.

第三节　我国长期护理保险风险分析

一、定价风险

当前我国长期护理保险是商业经办，还不是真正的保险加护理服务的产品。在经营业务中，就是社会长期护理保险在商业保险公司经办，商业保险公司仅仅作为支付方，提供服务的护理机构也是第三方的。保险公司之所以热衷于参与这个过程就是为了积累数据，而这些数据就是我国长期护理保险的数据空白区域。比如老年人护理状态出现以后的平均寿命，这个数值是随着医疗科技的发展和护理水平的提升而变化的。举个例子：以前，一个人护理状态出现以后，平均还可以存活 6 年，但是随着科技发展和医疗服务的提升，其存活年数可以提升到 7 年，表面看时间仅仅延长了一年，但是存活时长的百分比增长了 16.67%。这将导致精算定价非常困难。

二、缺乏统一的护理等级评定机构和监管机构

长期护理保险支付标准与被保险人的失能等级密切相关，一般的评估标准往往将生活基本不能自理作为给付条件，但在实践中，同一个投保人在不同的护理机构，甚至在同一护理机构由不同的评估员来评估，所得到的失能等级都不一样，所以市场上难以统一的评估标准给投保人造成了极大的困扰。

德国长期护理保险的失能等级判定是由专门的部门——健康保险医事服务中心来进行评估，美国的长期护理保险则是根据联邦政府开发的专业需求评估工具来进行评估。我国也应该尽快成立一个权威的公共部门来承担这个任务。

我国的护理服务机构大多是区域性的，它们和地方民政或卫健系统有着各种各样的联系，所以在护理机构提供服务的过程中，一旦与接受护理服务者发生法律纠纷或者服务纠纷，就需要政府成立一个专门的监管机构对护理

机构的运行过程进行监督和管理。

三、道德风险和逆向选择

保险公司管理制度不规范导致我国民众对保险的认同度比较低。我国保险代理人为了自身的业绩利益，存在很多骗保行为，极大地损害了保险行业的声誉。而且保险代理人的流动率也比较高，缺乏严格的监管，使得投保人缺乏安全感。长期护理保险涵盖被保险人因伤残或年老而可能承担的风险，一旦护理情况发生，持续时间比较长，所需花费比较高，因此如果保险人拒绝给付保险金，对于投保人带来的伤害是无法计量的，所以只有通过严格的法律手段约束保险人的欺诈行为，才能重塑民众对保险的认可，助力长期护理保险的发展。

从投保人的角度来讲，由于长期护理保险的标是未来可能发生的失能护理风险，标的特殊性不可避免地造成这样的现象：那些从事危险系数比较高的工种或者本身容易患有慢性疾病的人员会越热衷于为自己配置长期护理保险，如果说精算定价方面出现一些偏差的话，商业保险公司的赔付压力将会成倍增加。投保人也可能会为了获得保险公司的赔付，在接受护理服务的过程中，故意隐瞒自己身体的实际恢复情况，给保险公司带来巨大的损失。

第四节　我国长期护理保险政策环境

一、长期护理保险政策

社会长期护理保险可以看作是长期护理保险政策，作为社会公共政策范畴的一个险种，长期护理保险政策的概念是根据社会公共政策定义的。社会公共政策是指政府通过行政手段制定的改善社会福利、化解社会风险、促进社会和谐稳定发展的基本方针和行动指南。结合上述长期护理保险概念，所谓长期护理保险政策，是指各级政府通过行政手段制定的基本准则和行动指南，旨在解决个人生活不能自理的问题，提高社会福利水平，维护社会稳定，并促进社会进步。

长期护理保险政策一般包括以下五个方面：一是参保对象，即缴纳长期护理保险费用的对象，也可以指保障的对象；二是筹资情况，即长期护理保险的收费标准；三是给付规定，包括长期护理保险实际给付的对象人群，失能评估的标准，给付的待遇情况等；四是护理情况，包括护理机构的建设，护理人才的培养等；五是管理情况，包括长期护理保险基金的管理，长期护理保险日常经营的管理等。除此之外，长期护理保险制度还包括法律法规、监管体系等方面，这些内容促进了长期护理保险建设的规范化，是长期护理保险政策不可或缺的要素，也是失能群体生活质量的保障。

二、我国长期护理保险政策

为应对老龄化引发的失能老人长期护理问题，我国开始发展长期护理保险，中央相关部门出台了一系列政策保障长期护理保险的合理运行，引导地方政府和社会各界逐步了解长期护理服务概念，从而推动长期护理保险服务体系建设。

长期护理2006年开始出现在国家层面政策文件之中，此后政策数量呈逐年波动上升趋势，并在第一批长期护理保险试点政策发布的2016年达到首次峰值，再次达到峰值则是第二批长期护理保险试点政策颁布的前一年，即2019年。

2013年，《中华人民共和国老年人权益保障法》修订后颁布，老年人的长期护理保障问题开始在学术界被不断研究；“十三五”规划中也明确提出要通过建立我国长期护理保险来应对老年人护理需要的问题。

2016年，《指导意见》提出，以有15个城市为试点，各自制定长期护理保险政策，形成了包括失能评估政策、服务清单政策、人员队伍建设政策在内的长期护理保险政策体系。

2020年，《扩大指导意见》提出，将长期护理保险制度试点城市扩大到49个，并指出力争在“十四五”期间，基本形成适应我国经济发展水平和老龄化发展趋势的长期护理保险制度政策框架，推动建立健全满足群众多元需求的多层次长期护理保障制度。为支持长期护理保险扩大试点工作的顺利推行，中央各部委于该政策颁布前后，陆续出台了包括人才培养、统一评估标准等在内的多项政策，以此助推长期护理保险制度建设。

2022 年召开的中国共产党第二十次全国代表大会中明确提出，建立长期护理保险制度，积极发展商业医疗保险。而长期护理保险作为社会保险的“第六险”，推动长期护理保险制度可持续发展是党的二十大精神与完善社会保障体系的应有之义。

三、长期护理保险试点政策方案比较

我国长期护理保险的建设经历了由最初鼓励创新探索，到成立社会保险制度的发展历程。从 2016 年第一批长期护理保险试点到 2020 年第二批长期护理保险试点，两批试点城市也已陆续出台长期护理保险试点方案和实施细则。本研究对现有 29 个国家级试点城市的长期护理保险试点实施方案进行梳理、比较与分析，并主要围绕长期护理保险的参保范围、保障对象、支付范围、筹资渠道、待遇给付 5 个方面进行总结梳理。

（一）参保范围

长期护理保险的覆盖人群范围与社会基本医疗保险的参保人群相一致，主要分为以下三种类型：一是仅覆盖城镇职工医疗保险参保者；二是覆盖城镇职工医疗保险和城镇居民医疗保险参保者；三是城镇职工医疗保险和城乡居民医疗保险参保者全覆盖。第一批试点阶段中的青岛市、长春市、上饶市、南通市等早在《扩大指导意见》出台之前就已自行开展对长期护理保险制度的探索，经验相对丰富；再加上上海市、苏州市等地区长期照护服务资源及经济水平较为发达，因此超半数城市在试点伊始就选择将参保范围延伸至城镇居民医疗保险或城乡居民医疗保险参保者。为稳步推进长期护理保险制度的建设工作，第二批试点阶段在参保范围划分上更为严谨，以覆盖城镇职工医保参保者为主，只有北京市石景山区和呼和浩特市将城乡居民医疗保险参保者纳入参保范围。此举不仅能够减轻试点工作的压力，确保后续有更大的调整空间，还能与首批试点城市进行比较分析，从而获得更为全面的试点经验。总的来看，在《指导意见》和《扩大指导意见》的指导下，两批试点地区全部满足以“职工基本医疗保险参保人群起步”的底线要求，同时部分有条件的地区还根据当地长期护理保险的基金收支和实际运行状况逐步扩大了参保对象覆盖范围。但相较之下，第一批试点城市参保范围更为广泛，能够全部覆盖两种参保类型。

（二）保障对象

严峻的老龄化形势和 4 000 余万失能人口的照护问题促使长期护理保险制度建设迫在眉睫。因此，当前所有试点城市均按照《指导意见》《扩大指导意见》的要求，将负担更重、护理需求更紧迫的重度失能人员作为长期护理保险的优先保障对象，并且有部分试点城市在此基础上扩大了保障对象范围。以第一批试点城市为例，长期护理保险保障对象大致分为四类：第一类，保障重度失能人员，有承德市、安庆市、荆门市、石河子市、重庆市、齐齐哈尔市、宁波市。第二类，保障重度、中度失能人员，有长春市、南通市、广州市、苏州市、青岛市。第三类，保障重度、中度、轻度失能人员，仅有上海市。需要注意的是，上海市对保障对象的年龄和失能等级进行了严格限制，其保障对象须是失能等级为 2—6 级的 60 岁及以上失能人员。第四类，同时保障重度失能和失智人员。其中又分为试点初期就将失智人员列入保障对象范围内的上饶市、广州市、苏州市，以及在试点运行一段时间后才逐步将失智人群纳入保障对象范围之中的青岛市、成都市、南通市。

与第一批试点相比，第二批试点的 14 个城市除呼和浩特市拓宽至中度失能人员，其余 13 个城市均只保障重度失能人员。直观上可以看出，第二批试点阶段为尽快推行长期护理保险试点工作，同时减轻地方政府医疗保险基金支出负担，试点方案保障对象范围呈明显收紧趋势。此外，《指导意见》强调，长期护理保险的保障对象不仅需要满足“失能人员”条件，还需要是“长期处于失能状态”的失能人员，但对失能时长没有明确规定；《扩大指导意见》则明确提出“失能状态持续 6 个月以上”。

（三）支付范围

长期护理保险的基金支付范围切实关系到失能老人能享受到何种权益，

是能否实现基金收支平衡的重要环节。在第一批试点阶段，多数地区服务范畴向医疗护理服务费倾斜，如承德市、齐齐哈尔市、宁波市、上海市、重庆市、石河子市等；而包括苏州市、成都市、广州市、青岛市在内的地区在此基础上增添了基本生活照料服务费；余下的长春市、上饶市等还添加了医用耗材费、设备使用费、评估鉴定费等不同的项目类别。在第二批试点阶段，长期护理保险吸取首批试点的宝贵经验，对支付范围进行提标扩围。《扩大指导意见》将支付范围由《指导意见》的“重点解决重度失能人员基本生活照料和与基本生活密切相关的医疗护理等所需费用”，重新界定为“重点解决重度失能人员基本护理保障需求，优先保障符合条件的失能老年人、重度残疾人”。

因此，从中央文件及各地方政府出台的试点方案不难看出，相关部门一直在不断地探索对长期护理保险服务范围的增容，是以第二批试点城市的服务内容较第一批试点城市有明显的扩充。诸多城市还在“基本生活护理服务费和医疗护理服务费”的基础上扩大了服务口径范围，比如湘潭市、开封市等地的失能评估相关费用，黔西南布依族苗族自治州的第三方经办管理和考核费、信息化建设维护费，晋城市的设备使用费，天津市的器具租赁服务费等。

（四）筹资渠道

目前，我国长期护理保险试点地区的长期护理保险筹资模式主要分为医保统筹基金划拨、个人缴费+医保统筹基金划拨、个人缴费+医保统筹基金划拨+财政补贴、个人缴费+医保统筹基金划拨+单位缴费、个人缴费+医保统筹基金划拨+单位缴费+财政补贴五种模式，同时接受来自社会各界组织、团体和个人的捐助。从首批试点情况来看，宁波市、广州市及青岛市的城乡居民采用完全依赖医保统筹基金划拨的单一筹资模式，剩余城市虽增加了个人缴费和单位缴费等筹资渠道，但在试点阶段多数地区并未做到真正缴费，仍主要依靠医保统筹基金和个人账户划转或政府减免。试点阶段采取这种做法是为了减轻个人和单位的缴费负担，从而确保长期护理保险制度试点工作能够顺利推进。从第二批试点阶段来看，相关部委在归纳吸收首批试点城市的实践经验，并综合考虑各地基本医疗保险基金结余、财政实力等情况，调整了长期护理保险基金筹资模式，将较为落后的单渠道筹资模式舍弃，在《扩大指导意见》明确提出要强化“单位和个人缴费为主”，鼓励探索“多渠道筹资机制”。因而在《扩大指导意见》的指导下，第二批14个试点城市全部采用多元化筹资模式，除北京市石景山区的城乡居民外，余下试点城市均将个人缴费和单位缴费纳入筹资渠道，探索建立互助共济、责任共担的多渠道筹资机制。从长远来看，单一筹资模式会增加政府财政负担及长期护理保险基金压力，不利于长期护理保险成为“独立险种”，而实施多元化筹资模式能够有效避免上述弊端，既有助于保持长期护理保险基金的稳定性，又可以促进长期护理保险制度的可持续发展。

（五）待遇给付

在试点阶段，我国为失能老人提供长期护理服务的形式主要包括居家护理、养老机构护理、医疗机构护理、机构上门护理四大类，并且各地区还根据失能老人及家属所选取的护理服务形式设置了与之相对应的待遇给付标准。

首先，纵观各试点城市的待遇支付水平，基本上都符合《指导意见》和《扩大指导意见》中所建议的“控制在70%左右”的标准线。在第一批试点城市中，高于支付标准线的长春市、青岛市、上海市、荆门市、广州市部分服务支付比例可达80%—90%；而低于支付标准线的齐齐哈尔市、安庆市、石河子市的部分服务支付比例最低仅为50%；对比之下，支付水平最大差值高达40%，地区间存在着显著差距。而第二批试点城市，除乌鲁木齐市将机构上门护理的待遇支付标准设定为50%，其余城市均将待遇支付标准尽可能贴近标准线，均大致保持在标准线上下不超过10%范围内。其次，第二批试点城市在制定试点方案时，遵循《扩大指导意见》的指导，在服务形式和支付比例方面进行调整，努力向政策文件中提出的“鼓励使用居家和社区护理服务”方向靠近。具体来说，地方政府在试点初期通过设置不同额度或比例的服务支付标准来进行政策引导，从而制定了具有倾向性和差别化的待遇保障方案，以此鼓励参保人员选择其所提倡，即支付比例或支付额度较高的护理服务方式，从而减少机构护理服务压力，以及不必要的护理资源消耗。最后，两批试点城市在给付方式的选择上，多数采用混合给付方式，这一选择既可以将保障对象纳入费用分摊体系，约束个体护理服务消费行为，同时还可以通过最高给付限额控制基金支付总额度，确保基金收支平衡。

第三章　国外长期护理保险的发展

各国对长期护理保险的定义大致相同，主要指针对被保险人支付护理费用给予补偿的一种健康保险。

随着全球老龄化的深入发展，长期护理需求激增，越来越多的国家将长期护理保险纳入社会保障制度，目前国际上主要有以下四种制度模式：

第一种是社会保险性质的长期护理保险。以德国、日本等国家为代表，政府强制固定人群参保，一般采用企业、个人、政府三方缴费的模式，国家强制参加的、为丧失日常行为能力的失能人群提供长期护理服务或经济援助的保险制度。当发生长期护理需要时，按照规定流程确定失能等级，享受政府规定待遇支付。其是一种公营、部分补贴和法定长期护理社会保险模式。

第二种是商业保险性质的长期护理保险。以美国为代表，仅凭个人购买意愿自愿参保，多面向中高收入人群，因此保险覆盖率较低。其是一种私营、非补贴、自愿投保商业保险模式。

第三种是以荷兰为代表的私营、补贴和强制投保模式。

第四种是全民福利性质的长期护理保险，以北欧、南欧部分国家为代表，具有福利国家的典型特征，全民保障且个人无需缴费，待遇内容广泛，是一种公营、公费负担模式。

本章主要对国外长期护理保险进行介绍，重点梳理以德国、日本为代表的社会保险性质的长期护理保险。

第一节　日本长期护理保险的发展

日本是最早进入人口老龄化的亚洲国家，早在1970年，日本65岁及以上的老年人口占全部人口比重就已经达到7.1%，日本正式进入老龄化社会。2018年，该比重已升至28.1%，标志着日本迈入超老龄社会。随着老龄化社会的加速发展，日本的失能或半失能老年人口数量增加，长期护理需求越来越大，日本政府于1997年12月制定并颁布了《介护保险法》，并于2000年4月开始实施，标志着日本长期护理保险的全面展开。介护保险的实施，是日本社会保障制度的重要变革，长期护理保险也正式成为日本第五大社会保险。日本长期护理保险制度在20多年的运行中，在筹资机制、给付机制及服务体系建设等方面都取得了显著成就。本部分将从实施背景、模式及成效、改革与成效、对我国启示四个方面对日本长期护理保险的发展进行分析和总结。

一、实施背景

从时机选择上来看，日本是在进入深度老龄化社会以后、迈入超老龄社会以前建立并实施长期护理保险制度的。根据联合国的老龄化标准，日本早在1970年便进入了老龄社会，随后，65岁及以上人口占比分别在1994年和2007年超过14%和20%，标志着其步入深度老龄社会和超老龄社会。随着老龄社会的加速发展，日本失能、半失能老年人口数量逐渐增加，长期护理需求也越来越大。同时，代际分居比例上升，家庭规模小型化，妇女劳动参与率提高和生育率下降等问题，弱化了长期以来主要由女性家庭成员为老年人提供护理服务的传统模式，长期护理需求渐渐无法得到满足，日本亟须建立长期护理保险制度以有效解决这一问题。

从制度建立的原因上来看，促使日本建立长期护理保险制度的直接原因是老年人免费医疗造成的“社会性住院”问题集中爆发。20世纪70年代，日本实行老年人医疗免费制度，因缺乏门槛设置等审核标准，大量老年患者将医院作为护理服务的提供机构，老年人住院率由20世纪70年代的2%上升至20世纪90年代的4%，失能老人一度占据了一半以上的医院病床床位。这一社会性住院现象严重挤占了公共医疗资源，使得日本医疗保险制度出现严重的财务困难，医保和财政压力不断增大。在此背景下，日本开始探索建立长期护理保险制度，将长期护理保险单独纳入社会保障体系。长期护理保险制度的实施，有效区分了长期护理服务与医疗服务，不仅增加了养老服务资源的有效供给，也大幅减少了医疗费用支出规模。

从实施条件上来看，日本在建立并实施长期护理保险制度之前通过一系列立法工作积极应对人口老龄化风险，促进了养老产业的发展，为长期护理保险制度的实施奠定了良好基础。20世纪60年代，日本制定了《老人福祉法》，认证了上门护理服务的合法化，且依据法律开设了特别养护老人院，开始为无严重医疗及精神障碍的老年人提供护理服务。20世纪70年代，日本设立了短期入院生活护理、日间护理等护理服务机构为老年人提供护理服务，这些机构多由地方政府（市町村）及政府委托方设立，因缺乏竞争导致护理服务单一、效率低下，且存在护理设施和人员不足等问题。此时，长期护理费用由老年人及其赡养人的收入决定，所以中高收入人群负担较重。随后，日本先后于1989年和1994年推出了“黄金计划”和“新黄金计划”，加快推进养老服务设施建设的同时，积极促进家庭护理的发展。1997年，日本正式颁布《介护保险法》，法案确立了长期护理保险制度的基本框架和方针。1999年，日本又出台了“黄金计划21”，这是一个5年期规划，基本目标是塑造“有活力的老年人”、构建支持老龄人口保健福利的社会。规划策划了一系列政策措施保障老年群体的保健福利，在推进老年人综合性疾病管理、完善地区医疗指导体系、开展护理预防事业、倡导老年人社会参与及就业等方面做出了积极努力。上述法制化进程极大地促进了日本养老设施的建设和完善，扩展了护理服务多样化供给的渠道，也提高了日本全体国民对长期护理保险制度及老年友好社会的认知，为2000年正式实施长期护理保险制度奠定了基础。此外，日本实施长期护理保险制度时，政府财力较为充裕，人均国民收入较高。1970年，日本步入老龄社会时，人均国民收入为2 255美元，至2000年长期护理保险制度实施时，人均国民收入已达

3.76 万美元，为长期护理保险制度的可持续发展创造了条件。

二、制度内容

（一）参保范围

日本长期护理保险（介护保险）与健康保险均为强制性保险，但参保范围并不一致。鉴于 40 岁后患老年性疾病的风险增加，日本将长期护理保险的参保对象确定为 40 岁及以上的全体居民。介护保险开启年龄和保险费征收年龄相一致。保险给付对象分为第一类被保险人和第二类被保险人。第一类被保险人为 65 岁及以上老年人，此类老人只要失去生活能力，处于要支援、要介护的状态即可申请介护服务；第二类被保险人为 40—64 岁人群，这类人群只有在被评估确实出现老年性疾病的情况下才可申请介护服务。①

（二）筹资制度

日本长期护理保险的保险人是市町村政府，政府不仅需要收缴并管理长期护理保费，还要制定给付标准，提供长期护理服务。日本长期护理保险制度的被保险人分为第一类被保险人和第二类被保险人，二者按年龄区分，前者是 65 岁及以上的老年人，后者是 40—64 岁的医疗保险参保人。日本长期护理保险制度采用现收现付制的财务模式，筹资来源为税金和保险费各占一半。首先，税金由中央、都道府县和市町村三个级别的政府按照一定比例承担。其中，居家和社区护理服务的承担比例为中央政府 25%、都道府县和市町村各占 12.5%。此外，中央政府在承担机构护理服务的费用时，相较居家和社区服务降低 5%，只承担 20%费用，相应地，都道府县政府需要多承担 5%费用支出，承担比例达到 17.5%。其次，保险费由两类被保险人根据人口比承担各自比例，2018 年厚生劳动省公开数据显示，第一类被保险人承担保险费用的 23%筹资，而第二类被保险人承担保险费用的 27%筹资。此

① 小岛克久，王茜铃. 日本经济发展与社会保障：以长期护理制度为中心 [J]. 社会保障评论，2019，3（1）：76—88.

外，针对第二类被保险人，税金还设有财政稳定基金确保基金收入的稳定性。

关于筹资方式，65 岁及以上老年人的长期护理保险缴费直接交至本人所属市町村政府，从个人养老金（年金）中扣除；40—64 岁被保险人的保费交至个人参加的社会医疗保险机构，雇主按照规定缴费率从个人所得中依法代收代缴，并承担雇员的一半缴费。日本长期护理保险的缴费采用动态费率机制，每三年调整一次。第一类被保险人保险费率原则上由各市町村根据护理费用总额自行决定；第二类被保险人保费费率依据全国长期护理费用支出总额计算得出，个人每月上缴保费按被保险人的工资收入、资产水平不同有所差异。

（三）给付制度

1. 给付标准

依据日本长期护理保险制度，当被保险人发生长期护理需求时，护理需求者需经市町村相关机构进行“要介护认定”确定失能等级后方能获得保险给付。“要介护认定”的流程全国统一，包括被保险人申请、调查员上门调查、基于主治医师意见书形成一次判定、介护认定审查会二次判定、护理经理制定护理服务计划 5 个环节的审查。其中第二类被保险人只有患有法律规定的 16 种特定疾病时，才可享受长期护理保险服务。日本长期护理保险的失能等级评估按照护理需求者的身体状态分为“要介护 1—5 级”和“要支援 1—2 级”7 个等级（表 3.1）。当申请人被鉴定为要介护 1—5 级时，可获得护理服务给付，其中要介护 1—5 级均可享受居家服务和社区服务，但只有要介护 3—5 级才能享受机构服务。当申请人被鉴定为要支援 1—2 级时，可获得护理预防保险给付，享受居家和社区护理预防服务。没有通过要介护认定的人员仍可在社区享受一般护理预防和生活照料等服务，但不属于长期护理保险给付范围。当被保险人发生长期护理费用时，长期护理保险承担 70%—90%的最高支付限额以内的费用报销，个人需要按照收入所得承担剩余 10%—30%的护理费用，以及超出最高支付限额的全部费用。

表 3.1　日本长期护理保险制度的给付水平

失能等级评估	护理服务给付	给付内容
要介护 1—5 级	机构服务（要介护 3—5 级）	护理给付
	居家服务	
	社区服务	
要支援 1—2 级	居家护理预防服务、社区护理预防服务	预防给付
对象外	护理预防、生活照顾服务事业、一般护理预防事业	社区综合服务

资料来源：根据日本厚生劳动省老健局公开资料整理。

2. 给付内容

日本长期护理保险的给付内容以实物给付为主，仅对难以获得实物给付的地区和情况实行现金给付。现有服务大体分为护理服务和护理预防服务两大类，前者又按照居家、社区和机构护理服务分为 23 种给付项目。其中机构护理服务有 15 种给付项目。

护理服务大致可分为访问型、通所型、短期入住型、居住型和机构型 5 种服务。访问型即由专业护理人员上门为被保险人提供护理服务，包括洗浴、看护、康复训练等多项服务。通所型和短期入住型指由社区老年护理中心提供的服务，包括在护理中心接受日间护理和康复训练，在短期入住护理中心接受生活护理和疗养护理等服务。同时，社区内还设有小规模多功能养老机构（可为 25 人左右提供护理服务）、失智症患者共同居住护理机构等设施，可为有需求的老年人提供入住型服务。机构型护理服务包括福利机构、保健机构和护理疗养型医疗机构，为失能等级评定为要介护 3—5 级的老年人提供护理服务。

护理预防服务指为防止老年人进入需要护理的状态及预防其护理重度化，通过改善老年人身心机能来提高其生活自理能力和社会参与能力的服务，其最终目的是延长老年人健康的生命时间，助其提高生活质量、实现人生价值。护理预防服务包括居家和社区两种服务。

此外，日本长期护理保险的给付范围还包括多种老年辅助器械的租赁和购买，住宅的适老化改造等多个方面。

（四）长期护理保险成效

从被保险人及给付人群来看，日本长期护理保险制度惠及 65 岁及以上全体老年人。截至 2018 年 4 月，65 岁及以上被保险者数达到 3 492 万人，比 2000 年增加了 1.61 倍；要介护认定者 644 万人，增加了 2.95 倍，其中轻度护理需求者人数占 47.51%；给付人数达到 474 万人，增加 3.18 倍。在日本总人口持续减少、高龄者（特别是 75 岁及以上高龄者）比例持续增加的背景下，长期护理保险制度已成为老年人养老不可或缺的一部分。

从护理服务层面来看，日本长期护理保险制度根据老年人身体状况及护理需求提供多样化服务，且服务利用者可自行选择服务种类及服务机构。此外，日本长期护理保险制度的实施极大促进了护理服务机构的发展。截至 2017 年 10 月，访问型、通所型和短期入住生活护理类型的服务机构相较 2001 年均获得 2.1—4.5 倍增长。短期入住医疗护理机构和失智症共同生活护理机构发展尤为迅速，分别获得 58.9 倍和 10.5 倍增长。与之相对，机构型服务机构增速较慢，体现了日本长期护理保险制度鼓励使用居家及社区服务的政策倾向。

三、改革及成效

日本的长期护理保险制度每三年修改一次，护理政策随着老龄化程度的深入发展和护理需求的动态变化及时作出调整，始终保持良好的调节机制。在此过程中，还通过修改保险法案及时应对制度出现的盲区，保持良好的反馈机制。

（一）改革内容

2007 年，日本 65 岁及以上人口比重超过 20%，进入了超老龄社会，长期护理需求持续增长，导致长期护理费用支出节节攀升。为了节约长期护理支出成本，缓解政府庞大的财政压力，确保制度的长期可持续发展，日本政府先后于 2005 年、2008 年、2011 年、2014 年和 2017 年进行了 5 次长期护理保险制度改革。

2005年改革的直接原因是长期护理需求的持续增加导致长期护理费用支出规模越来越大，制度运行呈现负荷状态，迫切需要改革以保障制度的有效运行。本次改革的主要措施有：一是新增护理预防服务体系，被鉴定为要支援1—2级的申请人只能获得护理预防保险给付。二是基于个人支付费用的公平性，机构护理服务给付不再报销膳食费和住宿费。三是新增社区护理服务，包括夜间上门、失智症日间或共同居住生活护理、社区入住型生活护理等6种服务。

2008年，日本曝光了一起民营护理企业通过伪造业务，非法骗保的丑闻事件，直接促进了长期护理保险制度改革。改革重点是加强对护理服务提供机构的监督和管理，主要措施有：一是督促护理机构和企业完善护理业务管理体制，防止骗保等不法行为再次发生。二是强化政府的监督和管理作用，政府有权要求业务体制有问题的从业机构进行整改，并可采用惩处罚金或撤销从业资格的方式，加大对违法从业企业的惩处力度，加强监督和管理。

2011年改革的重点是构建社区综合护理体系，有效促进医疗服务和护理服务的相互融合。其主要措施有：一是推动社区综合护理体系的建设，建立护理预防与生活照顾相结合的社区综合服务。二是新增24小时对应的定期巡逻、随时对应型服务和小规模多功能复合型等居家护理服务。三是改革后护工可为护理需求者吸痰。在这之前吸痰是医疗行为，只能由医师或护士提供，改革后护工可以操作吸痰等医疗行为，进一步促进了医疗服务和护理服务的合作。四是新建附带服务的老年公寓。该公寓由民营企业建设并运营，主要租赁对象为60岁及以上可独立生活的老人或有轻度护理需要的老人。公寓内有专业员工定时检查入住老人的身体状态，还提供餐饮、打扫、洗涤等生活援助，以及洗浴、排便等简单的身体护理服务。公寓会与社区内相关医疗机构和护理机构签约，为有需要的入住者提供必要的上门医疗及长期护理服务。

2014年改革进一步深化2011年改革措施，主要包括：一是进一步推动社区综合护理服务体系建设，包括促进医疗服务和护理服务的有机融合，组建早期失智症社区援助队伍等措施。二是促进个人护理费用负担的公平化，包括削减预防给付、充实综合服务，将接受特定机构服务的护理级别提高到要介护 3 级及以上，将高收入人群的个人支付比例提高至 20%等措施。

2017 年的改革重点依然是深入推进社区护理体系建设和调整保险费用承担比例，主要措施有：一是强化社区综合护理体系建设。强化保险人功能，进一步加强医疗服务与护理服务合作；创立护理医疗院，为重度护理需求者提供日常生活照料、疗养和身体康复训练等服务。二是提出“共生型服务”的概念。经市町村同意，指定某些机构可同时为老年人和残疾儿童提供福利服务。三是提高 65 岁及以上被保险人中部分高收入人群的个人支付比例至 30%。四是规定 40—64 岁被保险人的保费缴纳改为按总工资比例征收。

日本自 2000 年实施长期护理保险制度以来，历经了 5 次改革，虽然历次改革各有侧重，但改革动因和思路是一致的。改革动因主要是人口老龄化加剧发展导致长期护理需求及长期护理支出不断膨胀。改革思路是增加保险收入和控制支出成本。前者主要包括提高保险缴费比例和保费个人支付比例；后者主要包括建立护理预防服务体系以遏制护理重度化发展，限制成本较高的机构服务发展，促进成本较低的社区综合照护体系发展。改革的最终目的是提高长期护理保险基金的收支平衡能力，实现制度的稳定可持续发展。

（二）改革成效

日本经过 5 次长期护理保险制度的重大改革，改革效果显著。

第一，通过一系列开源节流的改革措施，有效控制了长期护理成本的增长速度。首先，提高被保险人的保险缴费率，扩大长期护理保险收入。因此，被保险人的个人缴费负担不断增加。2000—2002 年，第一类被保险人的全国人均缴费额约为 2 911 日元，2018—2020 年已达 5 869 日元。其次，提高护理费用的个人支付比例，缩减长期护理支出。2014 年和 2017 年改革连续两次提高了高收入人群的护理费用个人支付比例，由最初的 10%上调至 20%—30%，有效抑制了长期护理保险支出规模的增长。2000 年日本实施长期护理保险制度之初，保险支出规模为 3. 63 兆日元，年均增长率在 10%左右，历经5次改革后，保险支出的年均增长率逐步下降，2015年以来稳定在2%左右。

第二，基本确立了以社区综合护理体系为中心的长期护理模式。社区综合护理体系指，为帮助老年人在习惯居住的社区有尊严及自立地生活，为其提供的包括住所、医疗、护理、预防与生活照料为一体的综合服务体系。该体系重视护理预防以尽量减缓老年人进入需要护理的状态．以老年人居住地为中心30分钟可到达的范围内，有医院、长期护理机构24小时不间断提供服务，还有老人俱乐部、志愿者、非营利性组织等提供生活照料服务，如配餐、协助购物等支援服务。社区内设有社区综合援助中心，内有保健师、社会福祉士、照护经理等专业人士提供服务咨询。社区综合护理体系旨在建立一个适宜老年人居住、行动和参与社会的老年友好型社区。社区综合护理体系以社区内老龄人口为服务对象，覆盖面广，成本相对低廉，是日本长期护理保险制度运行20年的实践成果，也是未来日本长期保险制度发展的基本方向。社区综合护理体系在2005年改革中首次被提出，在此后4次改革中围绕“居家医疗·长期照护的合作”“失智症对策”“社区护理会议”“生活支援的充实及强化”4条主线得到不断推进。截至2017年7月，全日本各市町村（保险人）实施社区综合护理事业的情况如表3.2所示。其中，护理预防·日常生活援助业务的实施率已达100.0%，生活援助体制业务的实施率已达85.9%、居家医疗·长期护理合作业务的实施率已达86.1%、失智症综合援助业务的实施率超过70%。

表3.2 日本社区综合护理事业实施情况

年份	护理预防·日常生活援助		生活援助体制		居家医疗·长期护理合作		失智症综合援助			
							失智症初期集中援助		失智症社区援助·护理	
	保险人数/万人	实施率	保险者数/万人	实施率	保险者数/万人	实施率	保险者数/万人	实施率	保险者数/万人	实施率
2015	288	18.2%	682	43.2%	873	55.3%	285	18.0%	740	46.9%
2016	336	39.5%	442	71.2%	326	75.9%	412	44.1%	337	68.2%
2017	955	100%	232	85.9%	160	86.1%	432	71.5%	203	81.1%

资料来源：根据日本厚生劳动省公开数据整理。

四、对我国的启示

（一）明确各级政府及部门职责，建立以政府为主导的多元筹资机制

日本在推进长期护理保险制度发展过程中，各级政府分工明确：中央政府及厚生劳动省负责顶层设计，都道府县层级政府负责详细传达国家政策、培养人才并协助某些规模较小的自治体建立并推进业务发展，而市町村作为保险人，需根据地区实际情况制定具体政策并推进业务实施落实。

搭建可持续发展的筹资机制是护理保险制度发展的关键要素，借鉴日本的经验，我国在长期护理保险制度构建初期时也需要设定合理的筹资模式和参保人群范围，并设置合理的评估模式。可以采用累进性的费用增收方式，阶段性提高个人费用承担比例，并按照个人和家庭的不同年收入增加一定程度的服务费用，以此缓解各阶段的财政支出压力。同时要尽可能地设计更具激励性、更持续发展的筹资模式，关注不同收入人群的缴费比例，以实现制度的动态平衡。

（二）建立以社区为重点的集医疗服务、康复护理和生活照料于一体的养老服务体系

日本近20年来探索长期护理保险制度，形成了“社区综合照护体系”等实践成果，以社区为中心，以社区内老年人养老需求为导向，整合社区内医疗机构、长期护理机构、非营利组织法人等专业资源，让老年人在熟悉的家庭环境中得到专业服务，同时多元调动包括志愿者、社区居民等在内的积极性，使社区内老年人群体多样化的医疗和护理需求都能得以满足。日本的社区综合照护体系沿老年人生命周期布局，尤其重视医疗与养老之间服务的连续性，以及医疗服务体系与养老服务体系的相互融合，几乎所有社区针对有照护需求的老人单独制定了入院及出院制度，规定该对象入院治疗或出院疗养时，医疗机关与照护经理必须通过电话、文件（联络纸）等方式详细传达包括患者个人信息、疾病史、医疗信息、身体状况、精神状况、日常情况、饮食情况、护理情况、服药史等多种信息在内的联络义务，旨在强化医

疗与护理双方的信息共享体系，让患者平稳及快速适应入院治疗与居家疗养环境及服务的转变。

针对长期护理机构供给不足、服务缺乏联动的现状，可参照日本社区综合照护体系强化社区作用，重视社区功能。一方面应突出社区医疗卫生机构的地位、强化其医疗服务能力，这不仅需要将全科医生等重点资源更多地下沉到社区，还可参考日本的病床分化制度，建立分级诊疗制度，促进家庭医生签约，鼓励开展上门诊疗、保健巡诊、健康体检等服务，强化社区医疗卫生机构的基层作用。此外，应加大对社区养老服务的投入力度，积极推进各级养老院、敬老院向社区养老服务中心转型，探索发展社区日间照护体系及居家照护体系；鼓励社区根据当地经济发展水平、消费水平、人口结构等现状，多元主体开发形式多样的养老服务和产品，并给予倾斜性政策支持，如家庭自助、邻里互助、志愿者组织、社会关爱等形式，发动社会力量参与长期护理服务体系建设。另一方面，建立多元化、个性化服务项目清单，可通过向社会招标的方式进行，不断推进社区嵌入式养老服务的发展。例如，开展对社区高龄独居老人的定期巡访；充分发挥家庭医生的作用，切实为居家养老人群提供健康绿色通道。进一步完善基于社区层面的老年整合照料体系。整合照料服务也可采用外包的形式委托外部经营，但要做好横向与纵向的整合。从横向来看，需要将医疗、护理、保健、日常照料进行整合；从纵向看，要将“初级照料”与“次级照料”相整合，协调相关部门对资金、人员、政策进行保障性整合。

（三）加快长期护理人才培养等保障体系建设，探索智慧养老新模式

日本的长期护理服务的人才体系中，既包括机构里的医生、上门服务的家庭医生等医疗体系从业人员，还包括居家护理服务提供者。前者又包括医师、齿科医师、护士等医疗体系资格认证，后者包括社会福祉士、介护福祉士等福利体系资格认证，共计 21 种资格认证。近年来，随着居家医疗护理服务的增加，日本尤其重视福利体系从业人员医疗知识的扩充，例如，为了顺利推进居家疗养生活，不仅关注与疾病治疗相关的医疗行为，还从康复训练、服药管理、口腔护理、营养管理、卫生管理、提高利用者生活质量等多

个方面提高从业人员素质及服务。

针对我国的医护、养老服务从业人员缺口大的现状，可结合当前老年群体多元化的服务需求设置新的工作岗位，如保健师、理疗师等，鼓励部分医生通过在岗培训转型成为康复医师或老年病学医师；创新家庭医生相关制度，促进上门医疗服务发展；形成短期培训和职业教育相结合的医养康养人才培养体系，鼓励高校及中等职业学校设立相关专业课程；将护理工作制度化、专业化、系统化，完善护理人员资格认证与技能鉴定标准，落实护理人员职业培训与就业补贴等政策，提高护理人员的职业素养、工资待遇和社会地位。

此外，可学习日本 ICT 智慧养老模式，尝试建立老年人电子健康档案、电子病历，及时更新动态，成立医养康养服务机构的信息共享平台，及时掌握老年人医养结合服务需求，发展远程健康评估与指导、远程医疗服务、慢性病管理等服务；通过云计算、数据挖掘、机器学习等先进技术整合老龄化及医养康养服务相关数据，掌握并分析老年人健康基础信息，有针对性地对老年群体进行分类评估及健康管理。

（四）聚焦增强体质，树立康养观念，引导和推动积极老龄化发展

在推进长期护理保险发展进程中，日本重视老年人，尤其是低龄老年人的健康保健意识和护理预防事业，也为不同健康状况的老年人提供康养、教育、再就业和社会参与等有益身心健康的服务项目，重点支持老年人自助、互助组织的发展，为老年人创造互助交流、自我实现的平台，使其不再一味等待“被照护”，而是参与到“照护”服务中来，顺利实现角色转换。

面对我国日益严峻的人口老龄化形势及挑战，应充分认识到长期护理不仅意味着扩大养老机构规模、促使老年人被动接受服务，它还致力于建设老年友好型社会环境，鼓励老年人通过主动参与社会、相互扶持获取健康的生活方式及正确的自我保健知识。因此，重视健康老龄化、积极老龄化理念的发展至关重要。应促进医养康养服务的实质性发展，建立“防未病、治小病、促保健”的体制机制。具体而言，要强化社区医疗卫生服务组织的功能，通过义诊、健康科普、媒体宣传等活动帮助老年人树立以康养为主的健

康理念，增强老年人在慢性疾病防控方面的主动意识，增强老年人体质，减少老年人失能风险。同时，要支持家庭、社区、医院、养老机构增加护理和养生功能，形成对老年人的持续照料，降低老年人患病风险。此外，还应重视老年人参与社会的途径和机制建设，丰富其退休生活，改善其社会学习与社会参与的环境，使之自立自强、自我发展、自我实现。可学习日本老年俱乐部等发展经验，在社区内以 60 岁老人为对象成立老年人互助组织，充分发挥低龄老年人的带头作用，通过自发组织各种文化教育、旅居娱乐、再就业支持等活动，鼓励支持老年人积极参与社会并保障其参与权利，尊重其参与愿望，发挥其参与才能，为老年人老有所学、老有所乐、老有所为创造条件。

（五）重视预防在长期护理服务体系中的重要意义

重视老年失能预防是日本护理保险制度改革中重要的一环。为了减缓轻度需要护理人群的服务供给和保险支出，2006 年第一次改革中就已增加预防型给付，调整护理级别。到 2014 年第四次改革时，老年失能预防体系基本建立，失能预防的相关工作转变为由地方基层行政单位（市町村）负责，同时引进非营利组织、社会团体和个人参与老年预防护理服务，实现供给主体多元化。老年失能预防体系的建立可以通过对轻度失能老年人的提前健康干预提升其身心健康，从而使得潜在失能人群数量减少，在一定程度上减轻了护理保险基金给付的压力。

我国可借鉴日本经验，探索建立符合我国国情的老年失能预防体系，包括准入界定、级别划分、全过程指导、合理评估等。老年失能预防体系可以搭建在以社区为中心的综合支援平台上，整合现有老年基层医疗、护理、生活援助，并将老年失能预防作为其中重要的部分开展。在护理级别认定标准基础上，将中度、重度需要护理的人群纳入护理保险给付中，轻型需要护理人群可以作为预防对象纳入失能预防体系中，资金来源可以由政府专项支持，或者由社会捐赠等多方面筹集。同时，对于科学合理推进预防的社区护理中心或者居家养老服务中心，可以设置一定指标的奖励，将老年预防成果作为社区综合援助中心的重要指标予以评估

第二节　德国长期护理保险的发展

德国早在1930年便进入老龄化社会，其老龄化程度一直位于欧洲前列。2017年德国65岁及以上人口比重已达21.4%，进入超老龄社会。失能、半失能人口规模的扩大使得传统家庭护理模式负荷运行，大量家庭求助于社会救助计划，为财政带来沉重负担。德国于1995年开始实施长期护理保险制度，使长期护理保险成为德国社会保障体系的第五大险种。本部分将从实施背景、模式及成效、改革与成效、对我国启示四个方面对德国长期护理保险的发展进行分析总结。

一、实施背景

德国的老龄化水平自20世纪90年代起便一直位于欧洲最高水平。1990年，德国65岁及以上人口比重已达14.90%，1995年达15.46%。高龄人口、失能人口数量的增加使得护理需求人群规模不断扩大。一直以来，德国的长期护理基本上以女性成员的家庭照料为主，伴随妇女劳动参与率的提高，传统家庭护理的能力下降，长期护理风险从家庭向社会溢出。

长期护理保险制度实施以前，德国的社会保险体系明确区分了“疾病(Illness)”和“监护（Custodial Care）”的护理服务范围。因疾病导致的急性护理需求由健康保障体系提供津贴，而长期护理需求则由社会救助计划提供补贴。伴随长期护理需求的增加和女性劳动参与率的提高，传统家庭照护模式负荷运行，失能家庭不得不自费购买长期护理服务。但由于长期护理服务价格昂贵，大部分家庭继而求助于社会救助计划。当时的社会救助成本由各州政府承担，因申请人数过多，社会救助计划既不能满足失能老人的长期护理需求，还导致地方政府的长期护理成本急剧增加，财政压力不堪重负。

一直以来，德国社会以“社会团结（Social Solidarity）”为基本理念，认为所有社会成员均有责任通过集体行为为彼此的福利承担责任。然而，社会救助体系下的长期护理服务仅面向少数人群提供福利，显然背离了社会团结的理想，也因此推动了德国长期护理保险制度的出台。

二、制度内容

（一）参保范围

德国长期护理保险依附于健康保险，由社会长期护理保险和强制性商业保险共同构成。和日本一样，德国的长期护理保险属于强制性义务险。社会长期护理保险是德国长期护理保险的主体，参加人员与健康保险参加者相一致[①]，约占全体国民的90%，购买私人健康保险的群体必须购买强制性商业长期护理保险。国家负责军人、警察、公务员等特定群体的长期护理保险，生活困难人群和学生无需缴纳保费，实现了国民全覆盖，符合德国“社会团结”的社会理念。

（二）筹资制度

德国长期护理保险遵从跟随医疗保险参加的原则，在其基本医疗保险经办机构“疾病基金”内部设立一个单独的“护理基金”，成为德国长期护理保险的保险人。两个基金之间可能同一组织、同一工作人员、同一理事会和行政委员会，但基金账户通道及管理通道是相互隔绝的，完全实现自主经营、自负盈亏、独立管理。

德国长期护理保险制度强制年满 18 岁的德国国民成为被保险人。疾病基金协会的成员自动注册成为长期护理保险的被保险人，而被保险人的无职业配偶、同居人或受抚养子女随被保险人免费投保。少数自雇人员、自由职业及高收入人群（2017 年门槛为 57 600 欧元）可选择自愿购买商业长期护理保险，也可继续参加法定长期护理保险。

德国的长期护理保险筹资完全源于保险费，政府不参与筹资。在职职工的保费由个人和雇主各缴纳 50%，没有雇主的个人和退休人员需要承担全部

① 郝君富，李心愉．德国长期护理保险：制度设计、经济影响与启示［J］．人口学刊，2014，36（2）：104—112.

保险费用。1995 年制度实施初期，长期护理保险的缴费率为工资收入的 1.00%，其中雇主和雇员各缴纳 0.05%；从 2019 年起，这一缴费率被提升至 3.05%，依然由雇主和雇员对半承担。德国长期护理保险筹资有一处特别规定，即 23 岁及以上无子女的被保险人需要额外缴纳 0.25% 的附加保费，这是因为该部分人群未来相对缺失家庭照料，将护理负担转移给社会的概率更大。德国政府虽不承担筹资责任，但会为弱势群体制定一系列倾斜政策，减轻他们的保费负担。例如，德国长期护理保险对失业人群、救助金领取人群、难民等贫困群体设有保费豁免的权利，某些社会救助机构会为这部分弱势群体承担部分保费。此外，德国中央政府还专门设立了财政调剂基金，向长期护理保险支出规模较大的地区进行财政补贴。

（三）给付制度

1. 给付对象及标准

德国长期护理保险制度规定的给付对象需要满足下列条件：被保险人由于身心状态、精神方面障碍导致生活不能自理，需要获取每天 1 小时以上、持续 6 个月以上的日常生活照料，且每天获取身体护理服务的时间大于家务支援服务的时间。按此标准，德国长期护理保险的主要给付对象是 65 岁及以上的老年群体。

德国根据被保险人的护理需求和身体失能情况对申请人进行分级。护理基金的医疗服务中心（Medizinischer Dienstder Krankenversicherung，MDK）利用新型评估量表（Neuen Begutachtungsas sessment，NBA），从移动、认知沟通、心理及行为、自我照顾、自我就医和社会参与这 6 个维度进行评估，将护理需求者分为 1—5 级。当被保险人发生长期护理需求时，本人或家属提出给付申请，MDK 为被保险人进行一次评定，确定失能等级并拟定护理计划，随后保险人会根据失能等级及护理计划进行二次判定。

2. 给付内容

德国长期护理保险的给付内容包括实物给付、现金给付和混合给付 3 种形式，其中以实物给付为主，现金给付为辅，选择现金给付只能获得实物给付费用的一半。无法完全接受实物给付的被保险人可以申请混合给付的方式享受待遇。

服务内容方面，根据被保险人的护理需求、护理倾向及服务可及性，德国长期护理保险服务分为居家护理、半机构护理和机构护理 3 种。其中，居家护理又包括家务、健康等护理支援服务，半机构护理包括日间护理、夜间护理、短期护理等服务。从服务形式上看，居家护理服务既包括亲属非正式护理，也包括专业人员上门护理服务。一般而言，接受居家非正式护理的被保险人主要领取现金支付，选择专业机构护理（包括居家上门、半机构和机构全托）的被保险人享受实物支付。此外，德国的长期护理保险还提供住宅的适老化改造和老年辅助用具支持服务。

从护理方式选择上来看，德国长期护理保险坚持“居家护理优于机构护理”的原则，限制不必要的机构护理，主要原因有两点，一是延续德国长期护理的传统家庭模式，注重家庭责任、家庭预防和康复；二是出于节约保险支出的考量，因为居家护理比机构护理的支出成本低。因此，德国长期护理保险的实物支付中，选择居家护理服务人群的个人支付比例要低于选择机构护理，2015 年，居家服务的个人支付比例为 12.6%，而机构护理的个人支付比例为 16.9%。

（四）长期护理保险成效

第一，德国长期护理保险制度实现了较高的人群覆盖率，呈现了全民保险的特征。截至 2018 年，德国 7 275 万居民参加法定长期护理保险，占德国总人口的 87.8%，928 万居民参加商业长期护理保险，总体看来，德国长期护理保险的覆盖率达到 99.1%，几乎实现全民覆盖。

第二，德国长期护理保险制度给付范围广，以居家护理服务为主。根据德国联邦统计局数据，1995 年德国实施长期护理保险制度之初，法定长期护理保险的给付人数达到 106.1 万，而到 2018 年底，给付人数已达到 368.5 万，是 1995 年的 3.47 倍。其中，选择居家护理服务的人群由 1995 年的 106.1 万上升至 2018 年的 290.5 万，实现 1.74 倍增长；选择机构护理的人群从 1996 年的 38.4 万上升至 2018 年的 78.0 万，获得 1.03 倍增长。总体而言，德国选择居家护理服务的人数较选择机构护理服务的人数多，前者是后者的 3.72 倍左右。

第三，德国长期护理保险制度促进了护理产业的发展。德国长期护理保险制度促进了护理机构的发展，专业护理人员数量不断增加，长期护理服务质量不断提高。1999—2017 年，德国提供上门护理服务的机构数量由 1.08 万家增至 1.41 万家，增加了 0.31 倍；从事上门护理服务的专业人员从 18 万增加至 39 万，增加了 1.17 倍；提供机构护理服务的机构数量由 0.89 万家增至 1.40 万家，增加了 0.57 倍；从事机构护理服务的专业人员从 44 万人增加至 76 万人，增加了 0.73 倍。

三、改革及成效

德国自实施长期护理保险制度以来，65 岁及以上人口比重已由 1996 年的 15.7%上升至 2017 年的 21.4%，人口老龄化程度持续加深。在这个过程中，德国长期护理需求及护理服务成本发生了一些变化，迫切要求政府进行长期护理保险制度改革以适应社会经济发展的变化。

第一，护理服务价格不断提高，而长期护理保险待遇支付在 2008 年以前并未进行过调整，间接增加了护理需求者及其家庭的经济负担。

第二，德国家庭代际分居比例及女性就业率的上升，进一步弱化了家庭护理功能，半机构和机构护理服务需求不断上升。

第三，德国长期护理保险制度划定的给付对象范围主要是有生理障碍的人群，而在认知和心理方面有障碍的人群受益较少，伴随失智症等认知类疾病患者数量的增加，迫切需要长期护理保险制度改革以解决此类人群的长期护理需求。针对以上背景和问题，德国长期护理制度进行了多次改革。

（一）改革内容

德国政府自 1995 年开始，针对长期护理保险制度不断进行调整和改革，尤其在 2008 年进行了综合改革，又于 2015—2017 年通过了 3 部护理保险法，具体改革内容见表 3.3 所示。

表 3.3　德国长期护理保险制度具体改革内容

年份	内容
1995	居家护理服务
1996	机构护理服务
2002	护理师法案、质量保障和消费者保护法案、机构护理法案
2003	护理职业培训
2005	23 岁及以上无子女被保险人的缴费率较有子女者增加 0.25%
2006	各州负责制定机构护理方案
2008	① 实施护理基地项目，提供信息咨询、案例管理等服务； ② 鼓励女性家庭成员居家护理服务发展； ③ 提高缴费率水平至 1.95%，无子女者至 2.20%； ④ 调整日间护理服务的给付水平
2009	修订机构护理法案，维护被保险人对护理机构服务质量及成本等信息的知情权
2015	《护理法案Ⅰ》
2016	《护理法案Ⅱ》
2017	《护理法案Ⅲ》

资料来源：根据德国联邦统计局公开资料整理。

1. 扩大失能认定范围，提高保险给付水平

德国长期护理保险制度实施初期，重点从生理上定义了“护理需求性”，导致认知、心理及精神方面有障碍的人群失能等级划分偏低。2002 年德国通过《保险给付补充法案》，正式认定在认知和心理方面存在障碍的人群也具备护理需求。在此规定下，患有失智症的护理需求者可申请 460 欧元/年的费用用于购买短期护理服务。2008 年，德国长期护理保险制度改革又为失智人员定义了单独的护理级别——护理 0 级，且将给付水平从 460 欧元/年增加至 1 200 欧元/年（最高限额为 2 400 欧元/年）。

伴随德国经济发展水平不断提高，国内消费物价指数上涨，亟须调整长期护理保险给付水平弥补社会购买力水平下降问题。因此，德国于 2008 年、2010 年、2012 年提高了现金给付、不同等级的居家护理服务的给付水平。由于机构护理服务的给付水平一直以来处于较高水平，改革只针对三级护理

提高了给付水平和上限。2015 年，德国长期护理保险针对给付水平进行了大规模调整：一是再次将所有护理等级的护理给付额度提高 4%，既包括现金给付形式，也包括实物给付形式；二是提高了对日常护理消耗品（如手套、消毒剂等）和家庭住宅适老化改造的补贴额度；三是针对机构护理服务的个人支付部分，将不再根据护理等级额外收取个人费用。

2. 更新及细化护理等级评定标准

2016 年起生效的《护理法案Ⅱ》重新定义了“护理需求性”的概念，重点通过评估患者的“自主生活能力”确定其护理需求等级。旧评估规则更多从生理层面上对护理需求者的身体护理、饮食行动能力及家务能力进行评估，而新的评估体系则从移动、认知交流、心理和行为、自我照顾、自我就医、社会参与这 6 个方面进行加权评估，加权评估的权重分别为 10%、7.5%、7.5%、40%、20%和 15%。新评估办法不仅从生理状态，还从心理及精神状态、社会参与等方面对护理需求者进行了更加全面的分析，使得护理等级划分更加合理与适应老龄社会的发展。

2017 年，《护理法案Ⅲ》进一步将护理等级由 3 个细化至 5 个，法案规定，正在接受长期护理保险给付的护理对象将自动转至新的护理等级接受服务，不需要重新提交申请或接受评估。具体转换办法为，原则上原有等级自动向上浮动一级，而原有等级中有因认知障碍影响日常生活及行动能力的人群可以向上浮动两级。同时，德国长期护理保险重新调整了不同护理等级对应的保险给付额度，护理 1 级人群将不能再申请现金给付或实物给付，只能享受护理咨询、住宅适老化改造和一般保健等服务。

3. 扩大保险收入，成立长期护理储备金

德国长期护理保险制度也采取现收现付制的财务模式。随着护理需求者人数及护理成本的上升，现行制度框架下，长期护理保险基金面临赤字风险。因此，德国长期护理保险通过历次改革提高了保险缴费率，扩大筹资收入。

德国长期护理保险缴费率水平，自 2005 年起，23 岁及以上无子女的被保险人，在法定护理保险费以外还需额外支付 0.25%的保费。2008 年，一般雇员的缴费率从 1.70%提高到 1.95%，2013 年又调整为 2.05%。自 2016

年起，缴费率再次提高 0.30%。其中，0.20%用于提高保险给付待遇，0.10%用于设立长期护理保险储备基金。因为 2035 年，婴儿潮（1959—1967 年出生）人口将整体达到需要长期护理的年龄，德国政府成立长期护理保险储备基金作为应急储备资金，届时可用于稳定缴费率、平衡基金收支。2017 年，德国长期护理保险的缴费率进一步提高 0.20%，一般雇员的缴费率达到 2.55%，23 岁及以上无子女者的缴费率达 2.8%。

自 2019 年以来，一般雇员的长期护理保险缴费率已达 3.05%，无子女者达 3.20%。

4. 鼓励居家护理和半机构护理发展

德国长期护理保险制度改革的一个重要方向为鼓励家庭非正式护理发展，为此，改革针对提供居家护理的非正式护理人群多次给予了政策补偿和支持。第一，长期护理保险制度为提供非正式护理的家庭成员免费培训，提高其护理服务的专业能力和护理质量。第二，针对家庭护理人员提供政策补偿。首先，社会保险缴纳方面，如果非正式护理人员一周两天为护理等级 2—5 级的被保险人提供护理服务，且护理时间达到 10 小时以上，长期护理保险基金为其缴纳养老保险，缴费额与护理等级呈正向关系。如非正式护理人员因提供护理服务而放弃工作，长期护理保险基金为其缴纳失业保险。同时，长期护理保险制度还为非正式护理人员提供失业救济金和促进就业的一系列措施，便于护理人员平稳实现再就业。其次，护理假期政策方面，护理法案规定，一般雇员有权获得最长 6 个月的时间，用于照料近亲，其间可完全免于工作或仅工作部分时间。考虑到居家护理工作的时间弹性，2008 年改革规定护理人员每年可获得 10 天不付薪假期。2011 年，德国长期护理保险相关法案规定一般雇员可选择将最多两年的工作时间减少到 15 小时/周，用于照料家人，照料期间还享有申请增加工资、免息贷款等权利。再次，护理津贴政策方面，2014 年德国政府出台相关政策规定，当一般雇员突发家庭照料需求时，长期护理保险基金为其短期缺勤提供最长 10 个工作日的护理津贴，一般可代替缺勤期间原有工资收入的 90%。

此外，德国长期护理保险制度鼓励半机构护理服务发展，如日托、夜托、暂托和短期护理等，在职雇员可以根据家庭和工作需要，选择居家非正式护理和半机构护理相结合的护理方案，更好地平衡工作与照料亲属之间的时间安排，减轻家庭的护理负担。

（二）改革成效

1. 扩大了保险给付范围

德国自1995年实施长期护理保险制度，至2008年，给付人数除了在初期有较大增长之外，一直较为平稳。2008年长期护理保险综合改革使得给付人数呈现第一个小高峰增长，原因在于长期护理保险给付方式经改革变得更加灵活，激励了更多人申请保险赔付。2016年《护理法案Ⅱ》实施以后，至2018年，给付人数增长了94.0万人，增长率达34.3%，主要原因在于2016年改革重新定义了“护理需求”的定义，并据此修改了护理等级评估体系，保险给付范围随之扩大。

2. 促进了居家护理服务发展

德国长期护理保险制度改革一直遵循鼓励居家护理服务发展、限制机构护理服务发展的原则。由表3.4可以看出，德国长期护理保险给付人群中，选择居家非正式护理的人群呈现先下降后上升的趋势。1999年，约有51.2%的人群选择居家由亲属进行长期护理，随后这一比例持续下降，2009年降至45.6%。2015—2017年，3部护理法案的颁布使得该比重进一步提升，2017年已达51.7%。与之相对，选择机构护理服务的人群呈现先上升后下降的趋势，1999年，选择机构护理服务的人群比重曾高达28.0%，至2017年，这一比重已降至24.0%。

表3.4　德国长期护理保险制度选择不同护理方式人群数量

年份	居家非正式护理		居家正式护理		机构护理	
	人数/万人	占比/%	人数/万人	占比/%	人数/万人	占比/%
1999	102.7	51.2	41.5	20.7	56.2	28.0
2001	100.0	49.4	43.4	21.4	59.1	29.2
2003	98.6	47.9	45.0	21.9	62.3	30.3
2005	98.0	46.5	47.1	22.3	65.7	31.2

续表

年份	居家非正式护理		居家正式护理		机构护理	
	人数/万人	占比/%	人数/万人	占比/%	人数/万人	占比/%
2007	103.3	46.5	50.4	22.7	68.6	30.9
2009	106.5	45.6	55.5	23.7	71.7	30.7
2011	118.2	47.3	57.6	23.0	74.3	29.7
2013	124.5	47.4	61.5	23.4	76.4	29.1
2015	138.4	48.4	69.2	24.2	78.3	27.4
2017	176.4	51.7	82.9	24.3	81.8	24.0

资料来源：根据德国联邦统计局公开数据整理。

四、对我国的启示

（一）德国长期护理保险制度是社会保险与商业保险的有机结合

德国长期护理保险制度以强制参加的社会保险模式为基础，规定收入水平低于强制医疗门槛的公民必须加入法定长期护理保险体系，而高收入人群则可根据自身需要选择受益水平更高的商业保险体系。二者的有机结合使德国构建了覆盖率高、服务差异化的多层次长期护理保险制度，保证了制度的公平性和可持续性，满足了不同人群的个性化需求。

德国认同长期护理风险的独立性，建立起长期护理保险制度。相关经验显示，长期护理风险属性的定位决定着长期护理保险如何筹资、如何管理、如何给付等。在我国，老龄化使长期护理需求呈现群体性扩张态势，失能风险也已成为我国特定的社会风险之一，因而也需要构建独立的制度来予以积极应对。一方面，我国应该准确定位长期护理风险，充分发挥政府主导性，强化照护服务顶层设计，通过出台专门的长期护理保险法和老年长期护理服务专项规划等举措，对长期护理的风险分担方式、护理资金筹集、服务责任主体、服务标准与待遇等进一步明确。另一方面，要理清长期护理保险与其他社会保障制度间的关系，加强长期护理保险与其他社会保险、相关社会救助和社会福利制度间的有效衔接。尤其要辩证看待长期护理保险与养老保险之间的关系，它们既相互区别又相互联系，长期护理保险应对的是由长期护理需求引发的支出型风险，养老保险应对的是老年阶段逐渐退出劳动力市场导致的收入型风险，两类制度共同发挥作用，有助于织密织牢养老保障网，构建“经济+服务”的双重保障机制。

我国可以借鉴德国模式，构建包括基本长期护理保险、补充长期护理保险和商业长期护理保险的多层次长期护理保险体系，以满足民众不同层次的护理需求。例如，对于低收入群体，由政府主导提供基本的长期护理保障；对于中高收入群体，可以鼓励其购买商业长期护理保险，以获得更优质和个性化的服务。

（二）重视发展非正式照护，完善家庭护理者支持政策

首先，德国建立以社会保险为主要模式的长期护理保险制度体现了其作为保守福利国家的“社会团结”的理想，即社会全体成员均有责任通过集体行为为彼此的福利承担责任。德国长期护理保险制度强制全民参保，但受益人向 65 岁及以上人口倾斜。此外，被保险人按照收入水平缴纳保费，实现了高收入阶层向低收入阶层进行财富转移的收入再分配效应，中央设立调剂金平衡地区间保险支出差异，实现了富裕地区向贫困地区的转移支付，这些措施都体现了社会公平的理想与目标。

其次，德国长期护理保险鼓励现金给付及居家亲属护理的发展，是对传统家庭照料模式的继承和延续。德国长期护理保险制度重视亲属护理，一方面，鼓励被保险人选择现金给付，用于回报亲属、增强家庭支付能力。德国联邦统计局数据显示，2017 年获得长期护理保险给付的 334. 14 万人中，现金给付领取者有 156. 65 万人，占比 46. 88%。另一方面，实物给付中，政府也通过提高机构护理服务的门槛设置、鼓励上门服务及半机构护理服务发展等措施，在给予护理需求者多样化服务选择权的同时，引导其优先选择居家护理服务。

受儒家传统文化影响，我国社会成员家庭观念浓厚。家庭成员互相了解彼此的生活习惯、性格秉性、喜好需求，家庭情感的输入也符合社会成员的家庭团结价值观念，从而大多数老年人更倾向于家庭养老。对于失能失智老

人来说，家庭是满足其基本养老服务和长期护理需求的重要载体。德国在长期护理保险制度方面秉承“预防和康复优先于治疗，居家照护优先于机构照护，非全日制机构照护优先于全日制机构照护”的理念，非正式照护在整个长期护理服务体系中发挥重要作用。对于同时承担工作和家庭照护的非正式照护者，德国通过改革法案，认可他们的家庭照护时间和价值，并为他们提供多种支持。[①] 我国可借鉴德国相关经验，在推动建立全国统一的长期护理保险制度的过程中，重视非正式照护的作用，系统完善家庭护理者政策，增强居家护理能力。

在我国逐步推进长期护理保险试点过程中，现行地方性长期护理保险政策偶有提及对家庭护理者提供现金待遇、护理假期和专业培训等。例如，《成都市城乡居民长期照护保险实施细则》规定，由个体服务人员提供居家亲情照护的，长期护理保险基金依据参保人的失能等级对服务提供者进行相应待遇支付。但我国支持家庭护理者的举措仍呈现碎片化、区域化特征，以家庭护理者作为直接政策对象的全国统一性保障政策尚未出台。为了使长期护理保险制度试点顺利进行，有效化解非正式照护者可能面临的经济、服务困境，国家应尽快出台专门的非正式照护者权益保障政策，引导社会关注非正式照护者的价值与诉求，提高对非正式照护者的津贴给付水平，为该群体提供喘息服务、教育培训、心理指导、弹性工作岗位、税收优惠等多项支持措施，多方位赋能和激励非正式照护者，促进非正式照护的高质量发展。特别要注意的是，在长期护理保险制度设计中，当参保者选择由经过专业培训的近亲属提供居家护理时，经办机构也要加强服务质量监管，以免出现家属仅仅为“分钱”而未能切实履行服务职责的现象。

（三）合理划分长期护理保险筹资责任，动态调整缴费比例

在长期护理保险制度的建立和运行过程中，德国强调政府、家庭和个人共同承担护理责任和护理成本。首先，政府主要负责长期护理保险制度的顶层设计，且各级政府及管理部门分工明确。中央和各州政府主要承担基础设

---

① 刘涛．德国长期护理保险制度的缘起、运行、调整与改革［J］．安徽师范大学学报（人文社会科学版），21（1）：74-86.

施的建设与完善、护理服务的监督与管理。联邦劳工部作为长期护理保险的主要管理部门，负责政策指导和长期护理保险基金的运营和管理。此外，德国还成立了联邦长期护理委员会等监督机构，监管长期护理服务提供方的护理行为及质量水平，确保长期护理制度健康可持续发展。其次，德国长期护理保险制度强化了家庭的护理责任，鼓励家庭非正式护理的发展，实现了政府与家庭共担护理成本的制度目标。再次，德国长期护理保险制度强调个人费用支付的公平化，例如，无子女被保险人未来缺失家庭照料的可能性较大，所以需要多缴纳0.25%的费用。德国长期护理保险制度中，政府、家庭和个人三方通过共担护理责任及护理成本，有效促进了制度以较低成本稳定运行。

在我国长期护理保险试点过程中，大多数地区的长期护理保险资金主要从医保统筹基金、医保个人账户划转而来，筹资主体仅呈现形式上的多元化，资金来源仍然较为单一。① 虽然医保基金划转的筹资模式一定程度上可以调动单位、个人的参保积极性，但从长远来看，这一模式高度依赖社会医疗保险，在人口老龄化背景下，长期护理保险基金的稳定性与医疗保险的基金支出、覆盖对象及给付水平密切相关。德国长期护理保险筹资具有福利多元主义特征，由企业和职工共同承担缴费责任，国家财政有时也为长期护理保险提供资金支持（如国家为军人群体承担部分缴费责任）。同时，德国还定期调整缴费率来应对不断变化的人口结构和照护需求。基于长期护理风险的独立性特征，我国应合理划分政府、单位和个人三类筹资主体的筹资责任和分担比例，拓宽筹资渠道，并强化单位和个人在筹资结构中的主体责任，政府补贴主要用于补贴低收入群体的参保和服务，确保筹资的可持续性。各责任主体的参保缴费比例也不应是一成不变的，需要每隔一段时间根据人口老龄化程度、人均收入水平等因素进行动态调整。

同时，要充分调动社会力量，积极推动公益慈善与养老事业协同发展。据财政部统计，2022年我国中央财政安排彩票公益金支出为637.68亿元，

① 姚虹．老龄危机背景下我国长期护理保险制度试点方案的比较与思考［J］．社会保障研究，2020（1）：48-56.

其中在居家和社区基本养老服务提升行动项目方面的支出为 11 亿元，这些资金主要用于为符合条件的经济困难失能、部分失能老年人建设家庭养老床位、提供居家养老上门服务。随着人口老龄化进程的加快，未来可适当增加彩票公益金在老年人福利方面的分配比例，提升对相关长期护理项目的财政支持，例如：支持长期护理机构建设和运营、组织护理人员培训、购买护理设备和器材、改善失能老人居家生活环境等。此外，政府可根据我国地区经济发展水平和人口结构差异，提前进行风险预判，尝试建立针对长期护理保险的中央调剂金制度，缓解欠发达地区长期护理保险基金支付压力，调节地区间发展不平衡问题，实现地区间的互助共济。

（四）以强制性、广覆盖、国家统一评估保障公平性

通过上文对于德国与日本两个国家长期护理保险参保范围的分析，可以发现，两个国家在参保范围的设计上，都具有强制性与广覆盖的特征，值得我国借鉴。

强制性的参保不按人们“身份特征”来决定是否有参加长期护理保险的资格，能够最大程度上保障每一位老年人参与到长期护理保险权利的相对公平。覆盖率往往涉及是否将不符合老年范围但生活完全不能自理的公民纳入参保范围内。德国的参保范围具有全覆盖的特征，所有人都强制性地参加长期护理保险，对于所有公民来说具有公平性。日本的参保范围具有广覆盖的特征，覆盖了 40 岁及以上的所有公民，对于老年人来说具有公平性。而我国相比于这两个国家，参保范围相对较窄，从公平维度来看影响了老年人参保权利的公平性。未来可以逐步扩大长期护理保险的覆盖范围，以更好的体现制度的公平性。

德国在国家层面建立了统一的评估依据，即在全国范围内使用统一的评估工具和评估标准。这表明在全国范围内，对于同一个参保对象来说，无论他在哪一个城市进行保险受益资格的评估，所依据的评估内容和等级都保持同一个标准，确保了同一个参保老年人在不同的城市评估都是同样的等级，同一等级的对象都能公平地享有长期护理保险待遇给付，很大程度上也保障了长期护理保险政策的公平性。

（五）贯彻权利与义务对等原则保障持续性，发挥社区职能保障共同性

权利与义务对等是指个人在享受长期护理保险待遇的同时，要承担相对应的责任。德国长期护理保险筹资来源中，政府、个人及其雇主分担相同比例的缴费义务，直接将长期护理保险资金运行风险分摊到每个人身上。日本长期护理保险由税收和个人分别负担一半的筹资责任，尤其在待遇给付时个人要负担十分之一的费用，更多地强调了保障对象个人应该承担的责任，能够有效地避免护理资源被浪费。两个国家都强调长期护理保险政策的权利与义务对等原则，在很大程度上保障了政策的持续性。

德国是多元主体参与的长期护理保险福利输送模式，强调了社区和非正式护理主体在福利输送当中应发挥的重要作用。德国的社区护理中心在输送过程中成为了中枢机构，承担着连接居家护理、机构护理与非正式护理的重要职能。日本的社区综合护理体系提供了居家护理与医疗一体化的服务，使得老年人在社区内便能享受到居家或者上门的生活照料与医疗服务。正是社区作用的发挥，有利于非正式护理的输送更加便捷，促进了非正式护理的发展，保障了政策的共同性。

第三节　美国长期护理保险的发展

一、实施背景

1900 年，美国老年人口 309. 9 万人，占总人口的 4. 08%，随着美国医疗水平的提高，人们生活质量的改善，人口寿命不断延长，美国于 20 世纪 40 年代步入老龄国家行列。1950 年，美国老年人口占总人口比例进一步上升，最终升至 8. 14%。[①] 且据预测，美国战后的婴儿浪潮一代——出生在 1946—1964 年的 7 820 万人，正在快步进入老年阶段，他们的老年期将比以往任何

① 曾念华，李虹．美国人口老龄化及相关社会福利政策［J］．人口与经济，1991（3）：4.

一代的老年期更长，且到2030年，每5个美国人中就有一个人是65岁及以上老人。[①] 其中，高龄老年人增长速度更快，85岁及以上老年人数占总人口比例由1950年的0.4%增长到1980年的1.0%。[②] 随着老龄化的日趋严重，美国将面临高龄化、失能化等更多挑战，而其中伴随着慢性病风险的增大，越来越多的老年人将依赖于长期护理服务。20世纪70年代的美国面临着较为严重的老龄化趋势及日益增长的护理服务需求。

随着老龄化的日益严重，需要长期护理服务的人数日益增多，需求的旺盛使得护理费用不断飙升。虽然以单位计算护理服务时，护理保险费用是低于急性医疗费用的，但是护理服务的长期性，往往使护理服务使用者不堪重负。Howard认为美国的长期护理是非常昂贵的，在一家护理院每年每一单间“私人付费”可达75 000美元，一般而言，家庭健康护理每小时20美元。[③] 面对日益严重的老龄化、长期护理服务需求的不断增加、通货膨胀和护理费用的不断上涨，美国长期护理费用并不是一般老人所能承担的，虽然美国医疗保险会提供一部分机构护理补偿，但是获得条件极为苛刻，因而美国长期护理保险应运而生且发展较快。

1935年出台的《社会保障法》是美国老年人长期照护服务供给的起点，随后经历三大发展阶段：第一阶段，20世纪30至60年代，是政府主导企业提供照护服务的起步阶段，依托老年福利保障体系的构建，美国老年人长期照护供给在疗养院等长期照护机构的爆发式增长下迅速发展。第二阶段，20世纪70至90年代，是政府引导企业与家庭照护社会化并进发展阶段，一方面照护机构从外延式发展转向规模化连锁经营和集约化发展，另一方面联邦政府出台多项政策鼓励居家社区照护社会化发展。第三阶段，21世纪初期，进入政府倡导家庭照护社会化优先发展阶段，联邦政府通过出台更密集、力

① AHIP board of Directors. Board of directors' s tatement on the key role of insurance in addressing america' s long-termcare challenge [EB/OL]. http://www.ahip.org/templates/Issues/documentResults.aspx? id=9976&cat=834, 2009 (3).

② Baldwin J, Sweet R N. Legislation on long-term care insurance [M]. Legislative Reference Bureau, 1987.

③ Gleckman H, Fund C. Long-term care financing reform: lessons from the U.S. and abroad [J]. Commonwealth Fund, 2010 (3).

度更大的支持性政策，推动老年人居家社区长期照护服务的社会化供给优先发展，特别是新冠疫情给以疗养院为代表的长期照护机构带来巨大冲击，后疫情时代美国将全面迎来以居家社区模式为主的老年人长期照护服务的供给。

美国早在1942年就进入老龄化社会，1965年建立了医疗保险制度，在此阶段医疗保险负责照护服务费用的补偿。截至1986年，美国65岁及以上人口比例已达到12.25%，照护需求的增长促使《长期照护保险示范法案》出台。然而美国政府提供的社会保障体系资金支出过高，且主要用于满足低收入人群的需求，商业长期护理保险在这样的背景下展开探索。政府为缓解财政压力开展长期护理合作计划，鼓励中等收入群体参加商业长期护理保险。

1974年，美国首先推出了商业长期护理保险产品，到了20世纪90年代，美国又推出《长期护理保险示范法规》，推动了长期护理保险快速发展，成为发展最快的健康险产品。

二、制度内容

（一）参保范围

美国的长期护理保险筹资机制包括公共性计划的筹资［老年医疗保险计划（Medicare）和医疗补助计划（Medicaid）］、辅助性计划筹资［社区生活援助及支持计划（Community Living Assistance Services and Support Program,CLASS）和长期护理合作计划（Long-Term Care Partnership Policies, LTCPP）］，以及商业性长期护理保险筹资三部分。

参保对象方面，各计划的覆盖人群各有不同。老年医疗保险计划几乎覆盖了所有缴纳社会安全税与老人医疗保险税的人员，其参保对象可分为四类：一是65岁及以上的老者，必须曾经工作且已经支付社会保障金10年以上。二是完全永久性残疾者，且接受残疾人社会福利保险。三是患有晚期肾病者，1974年进一步扩展至所有慢性肾病患者。四是不满足上述条件但愿意支付保费参加该计划的其他国民。据统计，截止到2013年，老年医疗保险计划的覆盖人群已达到 5 230 万人。

老年医疗保险计划的覆盖人群包括低收入家庭、接受现金救助的贫困老人、年龄在 18 周岁以下的未成年人、孕妇、照顾儿童的父母或成人、符合条件的移民等。其中，低收入家庭必须满足政府规定的收入和资产限制条件，如收入在联邦贫困线以下，或是由于支付医疗费用而财产殆尽。

社区生活援助及支持计划作为美国联邦政府于 2010 年签署的一项自愿长期护理保险计划，其参保对象为年满 18 周岁并处于积极工作状态的国民，不受参保者的健康状况限制。长期护理合作计划于 1990 年开始在加利福尼亚州、印第安纳州、纽约州及康涅狄格州推行，2005 年起有其他州加入该计划，至 2001 年发展到 44 个州。长期护理合作计划的参保对象多为中等收入者，包括拥有联邦和美国邮政服务年金的员工、军警部门活跃的退休人员，以及这些员工的合法亲属等。

商业长期护理保险的参保对象则多分布在中高收入人群，且其中的老年人居多。如 2008 年的数据显示，55 岁及以上的国民中参加私人长期护理保险的比例约为 8.8%，65 岁及以上的国民中参加私人长期护理保险的比例则增加至 12.4%。其中 55 岁及以上的老龄群体中，年收入 2 万美元以下的国民，其私人长期护理保险的参保比率为 3.3%。年收入 10 万美元以上的国民的私人长期护理保险参保比率则达到了 19.3%。由此可见，在美国，年龄和收入水平是影响国民是否参加商业长期护理保险的两个重要因素。

（二）筹资制度

美国的长期护理保险制度实行的是市场主导模式下的筹资机制。美国长期护理保险由社会保障体系和商业长期护理保险提供，其缴费主体主要是政府和照护服务接受者，为员工购买商业长期护理保险的企业也参与资金筹措。不同保障计划和商业产品的筹资方式各不相同，社保体系设立的目的就是为低收入人群提供保障，因此个人缴费较少；而商业长期护理保险产品数量众多，缴费比例各不相同，缴费水平和参保人年龄、等待期、给付期限和给付金额密切相关，个人或企业自行缴费。

在美国购买商业长期护理保险或者参与政府长期护理保险计划根据年龄

会有不同的税收优惠，年龄越大减免税惠越多，同时公共长期护理保险缴费主要由政府出资，它会提供基础的护理服务保障，但额外的高阶护理服务则以个人缴费为主。

美国长期护理保险筹资机制中，各计划所采用的筹资责任划分各有不同。老年医疗保险计划由政府、雇主和雇员分担。74%的保费由政府的财政收入承担，其余26%来自雇主和雇员的缴费。通常情况下，雇主和雇员均依照雇员工资的7.65%缴纳社会保障税，合计为雇员工资的15.30%，其中1.45%的份额拨给美国卫生部专项设立的医疗信托基金，以支持老年医疗保险计划。没有雇主单位的个体户则需按照雇主和雇员的税率的总和自行缴纳保费。对于老年医疗保险计划的特殊人群，如麻风病人、精神病患者，以及某些慢性病患者，其保费由政府承担。

医疗补助计划的筹资责任不同于老年医疗保险计划，其作为美国联邦政府和州政府联合办理的贫困人群医疗保障计划，个人无须缴费，其资金由联邦和州政府共同提供，其中联邦政府承担55%，州政府承担45%。

长期护理合作计划和社区生活援助及支持计划的筹资责任主要由个人承担，政府不提供任何资金支持。其中，参加社区生活援助及支持计划的个人需按月支付保费，至少支付5年。

商业长期护理保险筹资责任的承担者分为三种：一是雇主。为了吸引新雇员和留住老雇员，联邦和越来越多州的企业自愿为雇员购买长期护理团体险，且一般规定参保的雇员年龄须满56岁，也有某些个人险的投保年龄定在60岁。很多雇主也会将退休员工、雇员的配偶及父母纳入长期护理保险计划。如2002年美国联邦政府就为其雇员、退休者及家庭成员办理了长期护理团体险。据统计，截止到2007年3月，私营企业员工约有12%由其雇主为其购买团险形式的商业长期护理保险。二是雇员，根据自身需求和财务状况自行购买。据美国寿险营销研究会统计，2009年雇员个人购买的长期护理保险保单为480万人次，占当年美国私人长期护理保险保单数量的67.2%，雇员个人保单的保费收入累计87.4亿美元，占美国私人长期护理保险保费总收入的82.1%。三是某些协会，很多协会通过保险公司或代理人为其会员购买商业性长期护理保险。

筹资渠道方面，老年医疗保险计划的筹资源于政府的财政补贴，以及雇主和雇员缴纳的工资税。老年医疗保险计划的 Part A 为医院保险，实行强制性参保，所有符合条件的国民都必须参加，其资金源于前已述及的雇主和雇员缴纳的社会保障工资税的一部分。而 Part B 为补充医疗保险，可由国民自愿选择是否参保，其资金来自财政补贴和雇主与雇员所交的工资税。雇主与雇员所缴纳部分占 25%，余下的 75%由政府财政进行补贴。

医疗补助计划的筹资主要依靠政府的财政拨付，由联邦政府和州政府按照各自比例分摊。

长期护理合作计划是为了延迟或排除一些需要通过医疗补助计划获得护理服务的参与者，减少医疗补助计划的资金支出而推出的，长期护理合作计划的保费从被保险人的工资、年金或养老金中扣除，也可以由投保人自行缴纳。社区生活援助及支持计划依靠参保人缴纳的保费与用保费购买政府债券的利息收入实现收支平衡。

商业长期护理保险则由投保人根据需求和经济能力自愿购买，其保费主要靠投保人缴纳。投保人中，除雇主单位和协会等机构外，个人购买占据相当大比例。资料显示，2009 年个人新增保单的保费额占当年新增保单总保费（6 亿美元）的 79%，个人新增保单合同份数占当年新增保单总数（365 000 份）的 58%。

（三）给付制度

美国长期护理保险服务需求的确定主要依靠三种途径：一是基于日常生活能力量表判断失能状况。二是判断失智情况。三是审查是否有医生认证和住院治疗。[①] 长期护理保险给付形式包括现金和照护服务两种。以被保险人购买的不同产品确定具体给付水平，给付方式灵活变动。其中照护服务又包括正式照护和非正式照护，成人日间照护中心、家庭健康机构、护理院、临终关怀机构和居家照护社区五类机构可以提供正式的居家社区和机构照护。具体服务内容包括协助日常生活活动和器具活动、治疗保健、健康维护等。

---

① 胡宏伟，李佳怿，栾文敬．美国长期护理保险体系：发端、架构、问题与启示［J］．西北大学学报（哲学社会科学版），2015，45（5）：163-174.

商业长期护理保险的保险金给付方式分为补偿和赔付两种，且一般保险公司都会设立保险金支付最高限额。

（四）长期护理保险成效

第一，公共保险的筹资居于主导地位，且为其他护理保险计划的筹资提供了缺口。美国公共性保险的筹资在其长期护理筹资体系中居于主导地位，如 1993 年美国长期护理服务的花费总额为 785 亿美元，其中，公共保险承担 53.0%（医疗补助计划占比 35.0%，医疗保险占比 18.0%），其他辅助计划占比 4.0%，商业保险占 1.0%，个人自付占比 42.0%；2000 年美国长期护理服务花销中，公共保险承担 56.3%（医疗补助计划占比 36.6%，医疗保险占比 19.7%），其他辅助计划占比 2.9%，商业保险占比 0.5%，个人自付占比 40.3%；到了 2004 年，长期护理总支出的 52.0%由公共保险承担（医疗补助计划占比 40.0%，医疗保险占比 12.0%）其他辅助计划占比 8.0%，另外个人自负 36.0%，商业保险占比 4.0%；2006 年的长期护理总支出中，公共保险承担 61.0%（医疗补助计划占比 43.0%，医疗保险占比 18.0%），其他公共保险占比 4.0%，商业长期护理保险占比 7.0%，个人自付占比 28.0%；2012 年的长期护理总支出为 2 199 亿元，公共保险承担 61.0%（医疗补助计划占比 36.0%，医疗保险占比 25.0%），其他公共资金占比 4.7%，商业保险融资占比 11.9%，个人自付占比 22.4%。

由此可见，公共保险在长期护理的筹资中居于主体地位，且其所占比例仍呈现不断上升趋势。与此同时，公共保险为其他护理保险计划的筹资提供了缺口。一是公共保险报销的护理服务费中有部分需要投保人自担。如老年医疗保险计划中的 Part A 和 Part B 中涵盖部分需要个人自付，或共同负担费用中须投保人支付的部分，其中 Part A 的自费和共担费用甚至没有封顶线。二是公共保险涵盖的护理服务是有限的。

第二，其他护理保险计划有效弥补了公共保险的不足。美国通过建立多层次、多类型的混合保险体系，发挥商业保险灵活性的优势，扩大了长期护理保险的覆盖面和可及性，更好地满足了不同群体的需要。

其他护理保险计划从以下三方面弥补了公共保险的缺陷。一是打破了公共保险对参保对象资格的限制。通常情况下，公共保险的覆盖对象多为贫困和弱势群体。如医疗补助计划的参保对象甚至明确规定了其财产限制。换言之，财产超过政府设定的医疗救助标准线的国民，均没有享受医疗补助计划救助的资格。而其他长期护理保险计划恰好弥补了公共保险计划的这一漏洞。如美国政府于 2010 年实施的社区生活援助及支持计划，其参保对象只要年满 18 周岁并处于工作状态即可，不受参保者的健康状况或资产水平限制。商业长期护理保险则由国民根据自身保障需求和经济能力自愿参加，对参保对象的约束条件更少。这些长期护理保险计划通过上述方式推动长期护理保险的覆盖群体进一步扩大。二是减少了公共保险经营方式的局限性。如医疗补助计划作为整个长期护理保险筹资体系中最大最具代表性的保险计划，其保险规则由联邦政府制定，州政府负责日常行政管理，因而其经营方式难免效率低下。而社区生活援助及支持计划和 LTCPP 计划均采用公私合作模式，即由联邦政府主办，商业保险公司负责具体经营。如 LTCPP 计划作为政府医疗救助机构与商业保险公司的合作项目，其保单销售量截至 2001 年，已达到美国全部长期护理保险保单销售量的 12%，这无疑彰显了公私合营的经营方式的高效率，有利于减轻公共保险经营方式僵化给长期护理保险制度带来的弊端。三是弥补了公共保险保障额度方面的欠缺。根据长期护理保险赔付顺序的相关规定，被保险人只要拥有商业长期护理保险，在发生护理需求时应该首先依靠其商业长期护理保险的赔付，待商业长期护理保险的合同终止或自身无力支付护理服务费用时，才有资格从具有“护理服务第二支付手段”之称的医疗补助计划中申请相应赔付。这种商业赔付优先的规定大大减轻了公共保险在护理给付方面的筹资压力，也弥补了医疗补助计划等公共计划保障金额较低的缺点。

三、改革及成效

（一）改革内容

美国是长期护理保险出现最早的国家，是“自由主义”福利模式的“补缺型”最突出的代表，具有竞争性、灵活性、可保性等特点，且不断建立健全长期护理服务监督管理制度。

1992年，美国《老年人法案》中增添了长期照护相关内容，促进了商业长期护理保险的发展，在政府税收的支持下，保险服务内容不断扩充，传统型长期护理保险得到长足发展。长期护理保险法案为适应市场的变化情况，于2000年、2006年和2008年进行3次修订，增强了对保险公司的监管和惩罚机制，保护了消费者权益，美国长期护理保险法律体系得到完善。传统型长期照护保险日趋成熟，单一照护产品对参保人的吸引力下降，与寿险或年金险相结合的新型照护产品应运而生，美国长期护理保险服务演变为社会保障体系和商业长期护理保险产品相结合的模式。①

（二）改革成效

美国是较为典型的实行市场主导、政府配合实施长期护理保险的国家。主要取得如下成效：

第一，建立多层次、多类型的混合保险体系。美国长期护理保险实质上是由社会保险与商业保险共同构成的混合型模式，具备多性质的特点。社会保险一方面满足了低收入人群的长期护理服务需求，保障了其长期护理服务的获得；另一方面鼓励中低收入人群购买使用长期护理保险，并为其制定相应的优惠政策。商业保险则更为灵活多样，致力于满足中高收入阶层护理服务需求，为其提供种类多样的长期护理保险。

第二，建立政府主导托底保障基础上的公私合作模式。老年医疗保险计划和医疗补助计划这两大公共医疗保障计划，在一定程度上已基本组成了美国公共护理保险体系。其中，政府主导的医疗补助计划专为低收入家庭提供保障，有效地解决了低收入人群的长期护理服务需求。因此，美国的长期护理保险是一种典型的社会托底模式，由社会为低收入人群提供最后的保障，政府在这个问题上发挥了巨大作用。

第三，注重商业护理市场的培育。一方面，美国的商业长期护理保险具有灵活性高、种类繁多和高瞄准等特点，中高阶层能更好地根据自身需求选

---

① 周坚，韦一晨，丁龙华．老年长期护理制度模式的国际比较及其启示［J］．社会保障研究，2018（3）：92-101.

择适合的保险类型；另一方面，美国商业长期护理保险的相关法律更加健全。无论是在保险的给付标准、相关重要条款，还是相关监督管理法规方面均做到具体完善。此外，由于美国长期护理保险起步较早，政府注重对商业长期护理保险市场的培育，美国的商业护理保险体系已成为区别于其他国家的一种重要特征。因此，美国被称为商业护理保险的典型代表国家。

四、对我国的启示

（一）由政府主导、企业协助，建立多层次的长期护理保险体系

从美国的长期护理保险发展经验可以看出，政府和保险公司在发展长期护理保险市场的过程中需要互相协作，二者缺一不可。如果仅凭政府建立社会保险制度，保障老年人的基本长期护理需求，很可能导致财政吃紧，整个保障计划出现亏空，难以为继。若政府放手让保险公司经营长期护理市场，可能导致保险公司定价偏高，低收入群体得不到保障，而低收入群体正是最需要长期护理服务的群体。只有政府和企业相互配合、互相补充，由政府主导构建制度、制定和出台相关法律法规，企业协助培育市场、推出多种满足客户需求的产品，这样我国的长期护理保险体系才能健康发展。

（二）政府应重点关注社会长期护理保险制度的存续性，完善筹资机制，谨慎控制成本，保证制度的良好运转

我国人口基数大，老年人数量多，加之长期护理的期限长，护理费用总成本高，若不能解决长期护理保险制度的筹资问题，将很难使计划存续下去。美国的老年医疗保险计划、医疗补助计划和长期护理合作计划等计划就充分考虑了筹资来源，包括联邦政府、州政府、雇主、不同年龄的雇员等。而我国目前的长期护理保险试点城市中，有部分的城市依附基本医疗保险基金，部分城市拓展了筹资来源，未来应当根据试点情况，做进一步的研究。

（三）保险公司需要扩充产品的多样性，谨慎定价，并注意控制逆选择风险

对于保险公司的精算师来说，长期护理保险的长期性让定价成为不小的

难题。借鉴美国商业长期护理保险的发展经验，在定价时应采取较为保守的假设，避免后期大幅涨价，让本应在被保险人退休后雪中送炭的长期护理保险变成雪上加霜。我国可以开发包含多种保险责任的产品，供投保人选择。此外，还需控制逆选择风险，美国社区生活援助及支持计划的破产便是前车之鉴。

第四节　荷兰长期护理保险的发展

一、实施背景

荷兰是第一个为长期护理服务建立全面的强制性社会健康保险制度的国家。在经济水平不断提高、老龄人口数量逐渐增多等背景下，20 世纪 60 年代初期，荷兰政府为增强全体公民抵御失能费用风险的能力，针对因失能、先天性肢残和精神疾病需要长期护理的人群建立了长期护理保险。经过 60 年的发展，荷兰长期护理保险逐步趋向完善。

荷兰是第一个引入全民义务社会医疗保险计划的国家，也是全世界最早对长期护理服务的费用采取社会保险分担方式的国家。该制度的产生，与当时荷兰的社会政策及政治体制有很大关系。首先，荷兰长期以来一直为老人提供护理服务，第二次世界大战结束后不久，为受抚养和体弱的个人提供服务的业务得到了快速发展，国家社会保险制度在二十世纪五六十年代被迅速推广。然而由于人口老龄化导致老年人口住院及护理费用不断提高，使得荷兰政府从 1962 年起逐步关注医疗费用成本控制问题。在 1968 年之前，荷兰护理设施的融资高度分散，并且越来越不足以为低收入群体提供充分的护理。虽然在这一时期，荷兰经济在美国“马歇尔计划”的援助下得到了迅速的恢复，但是由于缺乏足够的资金，护理设施的可用性和质量远远落后于整体福利的增长，因此执政者们普遍认为长期护理的财务风险在私人市场上基本是无法有效解决的，亟须一个新的制度来完成融资。

其次，荷兰的医疗保障体系中存在针对疾病治疗护理服务的社会医疗保险计划，该计划的筹资渠道为公共保险缴费而非税收融资。然而，现行的疾病基金计划只覆盖了三分之二的人口，主要是低收入和中等收入群体。有人提出，将现行的强制性社会医疗保险计划从三分之二扩大到所有人口，同时扩大福利待遇，包括长期护理。尽管政府认真考虑并实际提出了这一选择，但由于私营医疗保险公司担心业务大幅减少，雇主担心缴费增加，因而强烈抵制该提案，该提案很快被撤回。

总的来说，荷兰由于人口老龄化导致护理费用上涨，在无法扩充现行社会医疗保险计划的情况下，由各政党提出议案。1967 年，国会审议通过了《特别医疗费用开支法案》，次年正式实施，该法案就是针对老年人口的长期护理服务所发生费用的社会保险方式分担给付制度。①

二、制度内容

（一）参保范围

荷兰规定凡年满 18 周岁并且有纳税收入所得的公民必须依法缴纳长期护理保险费，未满 18 周岁者免缴保险费。在保障范围上，需要 24 小时护理服务的参保人（不限制年龄），通过日常能力评估，才可享受长期护理保险待遇。视力和听力残疾者不在长期护理保险制度保障范围内。2017 年，约 26 万参保人（约占荷兰总人口 1.5%）享受了长期护理保险待遇。②

（二）筹资制度

在制度内容上，荷兰的参保范围为全年龄段，并且要求满 18 周岁者需要缴费参加长期护理保险。荷兰长期护理保险筹资渠道主要有三个：一是强制性保费，根据工薪税基数和固定费率计算。强制性保费是制度最重要的资金来源，约占筹资总额的 68%。二是一般性税收，即政府财政补贴，约占筹

① 高振峰．荷兰长期护理保险制度发展及启示［J］．兰州教育学院学报，2020，36（2）：47-49，54．

② 季佳林，刘远立，仲崇明，等．荷兰长期护理保险制度改革对中国的启示［J］．中国卫生政策研究，2020，13（8）：43-49．

资总额的24%。三是参保者缴费，参保者按照护理需求级别、收入水平、家庭情况以及年龄的不同承担不同比例的费用，平均占筹资总额的8%。

（三）给付制度

1. 给付标准

待遇支付方面，荷兰长期护理保险基金可支付约92%的长期护理服务费用，待遇享受者自付水平约为8%。目前，机构护理支付主要是根据护理包来支付。护理包分不同等级，价格由荷兰卫生管理局根据人员、住房和资源等方面的投入制定。2015年，不同等级护理包的价格为68欧元/天~323欧元/天。参保人享受机构护理服务后，由中央行政办公室根据区域管理办公室的付款命令向服务提供方结算服务费用。对于选择个人预算的待遇享受者，2016年，个人预算为40欧元/天~285欧元/天。待遇享受者通过与自己的护理提供者签约，将签约合同和发票寄到社会保险银行，由社会保险银行负责支付提供者相应的费用。

在经办方面，荷兰长期护理保险具体经办由商业保险公司负责，由国家卫生保健研究院选择合适的商业保险公司。目前，荷兰分32个区域管理办公室，每个区域管理办公室由1家商业保险公司经办，共7家商业保险公司承担经办业务。

在失能评估上设置专业护理评估中心，严格划分失能、失智等级。在社区护理服务上，荷兰政府积极寻求与商业保险公司合作，各大健康保险公司须通过竞争获取护理机构长期护理保险业务，护理需求者再根据不同机构签约的保险公司提供的保险计划进行选择。因为存在竞争，所以保险公司和护理机构都有动力以较低的费用提供更好的服务，也拓展了失能申请人护理服务的个性化选择区间。

在管理上，由国家卫生保健研究院采取政府购买方式，选定商业保险公司组成区域管理办公室，成为该区域长期护理保险的经营管理机构。而之前政府单位的照护服务办公室被撤销，管理效率得到提升，也减轻了政府的财政负担。

待遇享受者可以选择实物给付或现金给付两种方式。实物给付指由符合规定的护理服务提供者直接向待遇享受者提供服务。现金给付指待遇享受者居家护理获得现金补贴（即 1995 年实行的个人预算），自行购买护理服务，服务提供方不限于护理服务提供者，还包括愿意提供服务的亲友和邻居。机构护理全部采用实物给付形式，而对于居家护理，患者可以通过机构上门的全套服务来享受实物护理，或者申请个人预算，自主购买所需的护理服务。

2. 给付内容

覆盖的服务项目主要包括机构护理、个人照护、医疗护理、支持指导、激励指导和治疗等多类项目。其中，机构护理是以护理包形式为待遇享受者提供服务。护理包是根据所提供护理服务的强度和复杂性确定的，一般护理有 10 种护理包，精神护理有 14 种护理包，残疾护理有 30 种护理包。在资格评估过程中，将同步确定参保人应接受的护理包类型。

荷兰长期护理服务方式可分为居家照护和机构照护。居家照护由受过专业训练的照护服务人员到待遇享受者家中提供服务，具体包括家务帮助、个人照护及医疗照护几种形式。机构照护一般由护理院、养老院等机构为待遇享受者提供照护服务。

截至 2009 年，荷兰机构护理服务床位已达到 170 600 张，每千人口护理床位拥有量为 10.4 张。2015 年改革后，长期护理法案仅覆盖需 24 小时监护人群，机构护理待遇享受人数较改革前减少了 3.1 万人。

（四）长期护理保险成效

第一，筹资机制不断完善。享受长期护理保险待遇是法定权利，全体人民都被赋予这项权利。此外，长期护理保险的标准不以个人收入水平作为依据，这也体现了荷兰长期护理保险的普惠性。但是，由于高收入家庭承担了更多的缴费义务，因此在一定范围内，可以允许其享受更多的保险待遇。

第二，完整的护理评估体系。荷兰长期护理保险的供给对象，包括所有长期护理保险的参保人，以及在荷兰居住或工作的个人，不论其年龄或收入情况，都可以享受一定的护理保险待遇。

每位护理申请者都由一个独立组织——护理评估中心进行评估。护理评估中心没有财政激励，其评估结果不影响其财务状况，以便其能进行独立、客观、综合的评估。只有当申请人存在以下一种或多种潜在因素时，才有资格获得护理服务，这些因素包括：躯体限制，精神障碍，智力、身体或感官残疾。对现金护理和实物护理的评估程序是相同的。

第三，护理服务范围逐步扩大。荷兰护理服务的供给主体包括政府代理机构、非政府组织及营利性机构。尽管政府一直在努力强化营利性机构的作用，但大部分的护理服务仍旧是由非政府组织提供。政府通过一些质量保证体系来保障护理服务的质量，卫生保健系统的代表会周期性地对服务提供者进行正式检查，而服务提供者也会建立内部质量管控机制来评估所提供的服务。由于服务提供者之间存在竞争，所以政府规定每一个提供护理服务的机构都必须有一个消费者委员会，帮助促进服务质量的提升。

荷兰长期护理服务包括非正式护理、家庭正式护理和正规机构护理。非正式照顾者没有福利，但非正式照顾者可以从个人预算中获得报酬。这些预算可用于购买专业护理及非正式护理。地方议会可以直接为非正式护理人员提供支持（如信息和咨询），也可以对非正式护理组织给予资金补助。

三、改革及成效

（一）改革内容

1968 年，荷兰开始实行长期护理服务，一开始推行的是养老院护理和智力障碍人士的机构护理模式，然后逐步在 1980 年加入居家护理，1982 年加入精神护理，到 1989 年开始把保障范围扩大到身体失能、有心理问题或者刚分娩完的人群，到了 1997 年则开始推出老年人的寄宿护理，这种护理模式相比养老院有更好的居住待遇，在护理频率和次数上也更少。

荷兰的特别医疗费用开支法案自正式实施以来，经历过多次修改，其中比较重要的是 2000 年以后针对长期护理的几次改革。

2003 年，由于缺乏自由竞争机制、效率低下，同时人口老龄化导致费用支出升高，荷兰政府开始引入规范性的市场化改革。其主要改革内容为：由过去的供给取向改为需求取向，被保险人有自由选择提供者的权利；长期护理服务实行弹性供给，支付制度从过去的产品导向变为功能取向；由过去的服务提供转为重视现金支付，用以购买服务或向非正式照料者付费。

2007 年实施社会支持法，将家政服务从原先的制度转移至社会支持法案，这是为了进一步提高服务质量，扩大民间参与。同时精神病患者也转移至健康保险进行支付。

2015 年，荷兰长期护理保险改革后，保障人群上逐步收缩，给付条件上更加严格把控，并把管理权力逐步下放到市级单位，荷兰长期护理保险发展进入了新时代。该改革首次将长期护理保险基金的支出与市政府财政挂钩，市级财政自负盈亏，国家政府补贴较之前降低了 11%，提供家庭护理的财政预算也减少了 32%①，倒逼地方政府增强管理效率，降低运营成本。

在政策支持上，早在 1968 年荷兰便推出了长期护理保险相关的特殊医疗费用法案。2005 年，荷兰更新了特殊医疗费用法案，加强市场化改革，并在第二年推出了社会支持方案，推动居家护理服务，并放权地方政府根据实际情况决定待遇给付情况。

2015 年，荷兰对长期护理保险制度进行了改革，正式推出了长期护理保险的独立法规——长期护理保险法，控制护理待遇的给付金额，减轻财政负担。此次改革的理念是为最弱势的群体提供医疗护理服务，对于重症监护，中央政府将给予大量补贴；改革的目标是控制支出的增长，确保长期护理财务的可持续性，并以病人为中心，提高护理服务的质量。

（二）改革成效

第一，建立多元化的筹资渠道。长期护理保险的核心是资金的筹措，这关系到制度能否平稳地运行，而当前长期护理成本居高不下，很多老人无法负担护理费用，这违背了制度设计的初衷，若全部资金依靠财政补贴则会增加国家的压力。因此，应当明确国家、企业、个人共同的缴费责任，合理建立筹资机制，同时鼓励社会捐助。

第二，建立统一合理的评估体系。对老年人身体机能的合理评估，是长期护理保险给付的前提，一方面可以根据老年人的需求有针对性地提供护理

---

① Alders P，Schut F T. The 2015 long-term care reform in the Netherlands：getting the financial incentives right?［J］. Health Policy，2018.

服务，另一方面也可以节约成本，避免护理资源的浪费。同时积极引入第三方的评估机构，保证整个评估过程公正、客观。

第三，重视发展非营利机构和其他社会组织。在整个护理服务提供的过程中，政府应当充分发挥行业规章制定、监察监管的作用，而服务提供的主体应当是各类的非营利机构和社会组织，他们在社会上可以更为活跃、灵活地为老人提供各类服务，并且很好地降低成本，促进就业。

四、对我国的启示

（一）建立长期护理保险制度基于必要、立于合理

从荷兰长期护理保险的建立背景看，人口老龄化趋势使原有的护理供需水平暴露问题，国家经济发展水平为完善社会福利政策提供条件。长期护理保险是社会保险发展覆盖到一定水平以后，为解决社会保障既有问题和潜在需要而必须要做的制度创新。长期护理保险被定义为必须建立的、强制性的、覆盖全民的社会保险新险种，继荷兰之后，在德国、日本、韩国等国家都形成共识并落地实践。借鉴荷兰长期护理保险在各发展阶段的经验和教训，结合我国当前情况，应将建立长期护理保险制度放在优先位置。在保障对象的选择上，遵循按需分配的基本原则，通过对申请对象的失能状况和家庭经济情况的“双评估”，优先保障最需要照护而支付能力又最低的群体。在保障内容的制定上，应考虑保障对象的优先需要，提供有针对性的“精准保障”，使最需要保障的长者得到其最需要的保障，从而实现有限公共资源的公平配置。

（二）构建稳健可持续、合理分担的独立筹资模式

在近年的多轮改革中，荷兰政府通过提高使用者付费、简政放权、增加家庭责任等方式，逐步降低“福利依赖”程度。从荷兰改革的历史经验可知，对社会福利政策做减法是很困难的。目前，我国试点地区的长期护理保险资金筹资来源主要依赖于医保基金，长久来看是不稳定的。需强化互助共济意识，责任共担，在起步阶段即建立包括单位、个人、财政和社会慈善等

长期稳定的多渠道独立筹资机制，确保制度长期平稳运行。在筹资标准、筹资对象上适当提标扩面；在筹资渠道上，扩大养老保险、失业保险等其他社会基本保险基金对失业人群、老年人等特定人群的长期护理保险基金的支持，充分发挥社会保险制度调节收入再分配的功能，减轻低收入者的经济负担，政府在合理范围内承担财政补贴和兜底责任。

当前我国城乡居民长期护理保险基金主要源于城乡居民基本医疗保险（以下简称居民医保）基金，从制度长远发展趋势来看，具有较大不稳定性。因此，在制度初始阶段以互助共济为原则，构建多渠道独立筹资机制对于确保制度稳定发展具有重要意义。

（三）以全国统一的评估标准为基础完善评估机制

待遇资格评估是长期护理保险制度的“守门员”，荷兰经过反复改革，从区域碎片化的评估机制，到全国采用统一标准来评估申请者需求，由专门的评估机构做独立客观的评估。在评估时，一并确定申请者获得机构护理时享受的护理包，形成了准入和服务提供的协调。我国在下一步试点扩大过程中，应在借鉴国际评估工具与分级标准的基础上，着眼于探索建立全国统一适用的、符合我国老年群体特征的本土化长期护理需求认定和等级评定标准体系，完善相关管理办法，建议第三方独立评估机构成立利益相关者委员会（包括医护代表、政府代表、参保人代表、经办机构代表等），与专业评估团队共同参与资格审核，促进制度公平化、科学化、规范化。

（四）委托商业保险公司参与经办

结合我国保险领域发展特点和改革方案，应规范用好政府购买工具，高效利用商业保险公司的专业资源，创新经办机制，全方位提高经办能力与效率。

荷兰长期护理保险由商业保险公司经办，由商业保险公司负责的区域管理办公室（非营利机构）与长期护理服务提供机构谈判服务价格、签订合作协议，收取待遇享受者自付费用，向参保人提供咨询服务。荷兰政府是服务的购买者和市场监管者。这种做法，既减少了政府养机构、养人的财力负担，又激发了市场活力，促进了商业保险机构发展。经办服务效率是一项新保险制度在启动时成功与否的重要因素。结合我国保险领域发展特点和改革方案，应规范用好政府购买工具，高效利用商业保险公司的专业资源，创新经办机制，首要建设长期护理保险独立运行信息系统，实现管理、评估、服务、经办、监督等不同机构间的信息互联互通，其次经办机构可加强人工智能、大数据等现代化信息技术手段的运用，全方位提高经办能力与效率。

（五）倡导就地养老照护理念

作为连接社会与家庭的重要平台，社区不仅可以为老年人提供惬意自在的生活方式和熟悉的居住环境，而且可以弥补非正式照护的非专业性，同时，能够有效利用社区医疗卫生资源，降低照护成本。因此，无论从个人角度还是社会角度来看，遵循就地养老理念，构建以社区居家照护为基础的老年人长期护理体系都符合制度发展趋势。

第五节　国外长期护理保险对我国的启示

一、市场机制提升服务质量

为应对人口老龄化、高龄化，家庭功能弱化等问题，各国根据国情相继建立起长期护理保险制度。除了市场提供服务的长期护理保险外，大多数实施长期护理社会保险的国家，服务的供给者包括政府、非政府组织、营利性组织。长期护理保险制度的实施最初是由政府发起的，所以政府公办的养老机构必须参与服务提供。随着对长期护理服务需求的增加，单靠政府难以解决问题，非政府组织和一些营利性组织也逐渐参与其中。无论是经验丰富的美国还是日本，长期护理保险服务供给机制都选择了公私合作的服务提供模式。因此，公私合作的多主体参与长期护理保险服务是非常普遍的。

在发展长期护理保险制度的过程中，德国、美国、日本与荷兰 4 国积极引入市场机制，寻求与第三方保险公司的合作。比如荷兰通过改革将经办管理主体由政府换为保险公司，并让不同保险公司及护理机构推出个性化服务参与竞争；德国通过引入商业长期护理保险满足高收入群体的保障需求；日本积极引入第三方机构参与长期护理保险，鼓励护理器具租赁业务的发展；美国积极创新产品设计，寻求商业和公共长期护理保险的有效联动，积极与医疗机构合作，提升医疗护理服务。引入市场机制让护理产业发展迅速，促进了就业，带动了机构的发展，对长期护理保险制度形成了较好的补充，有效提升了服务质量，也能更好地满足失能人群护理个性化需求的发展。

二、规范管理明确责任主体

在管理上，荷兰、德国、日本和美国都通过出台相关政策，设立了相关的管理机构，在护理机构、护理服务、基金管理、监管体系上都有确切的规定。具体管理方式上，荷兰以政府购买方式设立商业保险公司作为经办管理机构，设置专业的失能评估机构负责失能评估；德国同样将经办管理与评估机构分开；日本通过全国统筹进行基金管理，但在日常管理上则由基层机构负责，给予较大的自由度，美国积极建立长期护理保险系统，通过州政府自行管理，并由当地卫生社保部门进行监管。通过规范管理体系，隔断利益输送渠道，明确每一个管理流程的责任主体，长期护理保险制度建设能够更好地进行分工，促进工作效率，也能做到精准监管，推动长期护理保险制度的发展。

三、立法先行带动行业发展

尽管荷兰、德国、日本和美国的长期护理保险制度的发展方向和发展程度有所不同，但他们都在一开始便进行了立法工作，将长期护理保险制度的建立上升为国家意志，推动了长期护理保险制度的发展。在设置了独有的法律法规后，4 个国家并没有停下推动法律建设的脚步，而是不断根据发展情况更新法律法规，比如德国在 2015—2017 年通过了 3 次护理保险法案，日本在 21 世纪对其介护保险法进行了 5 次重大改革。同时他们还根据本国国情，积极调整并出台相关政策，保障长期护理保险制度的良好运行，包括出台护理员和护理机构的资质要求，对失能评估的标准进行调整等，力求让制度在运行过程中有据可依，保障制度良好运转。

立法先行不仅是建立社会保障体系的基本原则，而且是丰富和发展护理保险制度的基本规律。法律体系的健全，对护理保险公私合作服务供给机制的实施和推广过程都有着重要的意义，为护理保险运营过程中的服务供给有了具体的法律依据，保障了公民实现社会保障权益，更好地享受长期护理保险服务。长期护理商业保险最初是在美国发展和开发的，在最初的一段时间里，它并未受到消费者的青睐。1996 年，美国推出了《联邦健康保险可转移性和责任说明法案》，长期护理保险在美国才开始发展起来。综上所述，美国等大多数国家都是以专门立法形式来推行长期护理保险。立法先行，对于我国长期护理保险制度的完善与推广，具有重要的意义，并且使长期护理保险中的公私合作服务供给机制有法可依，从而顺利推进。

四、独立筹资提供财务保障

作为一项带有福利性的制度，回顾 4 个国家的长期护理保险发展进程可知，在参保范围上都尽可能地包含了本国的成年公民，做到了公民群体的广泛参与，保证了公民的基本权利。4 个国家的长期护理保险制度是独立运行的，在筹资上也是单独运行管理，独立的筹资方式可以灵活调整筹资规模和筹资制度而不受外部因素的限制，能更好地缓解长期护理保险的收支压力，保障财务运行的可持续性。日本的年度动态筹资机制，荷兰、德国的长期护理保险开支年度预算机制，以及美国根据提供的护理服务调整缴费的机制都来自独立筹资的模式。

五、优化给付改善资源分配

在给付内容上，一方面对给付的条件有针对性地加强，像荷兰缩减了可报销的护理机构和护理服务数量，规定了现金支付金额需要转入社会保险账户管控，德国细化了失能等级评估标准等。另一方面对给付对象和给付服务进行了调整，比如荷兰开始减少正式护理的补贴，转而支持非正式护理的发展，德国对低收入等特殊群体的保费免缴，日本将护理预防纳入保障范围，美国商业保险条款中对配偶亲属长期护理保险服务进行共享的创新等。通过调整失能评估标准，引导非正式护理、居家护理等护理服务的发展，推动给付方式的个性化发展，长期护理保险制度的财政压力得到缓解，长期护理的资源能够更有效地得到运用，避免了护理资源的浪费。

六、大力发展商业护理保险和居家护理

我国长期护理保险应激发市场主体的活力和家庭资源的内生动力。一方面，应引入市场化竞争机制。借鉴国外长期护理保险体系，注重商业护理市场的培育，引入商业性护理保险，在护理机构和护理保险基金方面引入市场竞争。同时，加强公私合作，打造多层次长期护理保险体系，提高制度可及性，满足不同层次的需求。另一方面，我国受儒家思想影响，传统孝道使得家庭成为众多老年人养老的首选。我国积极推进“9073”“9064”养老服务体系的建立，倡导居家和社区养老。面对不断增长的护理成本，国外逐渐提高对居家照护的重视程度，居家养老和家庭非正式照护不仅可满足老年人的精神需求，而且可大大降低护理成本。我国应将居家护理服务纳入护理保险给付中，并加强配套政策的制定与完善，制定统一的评定标准、给付标准，加强服务的监督管理。

第四章　社会保险与商业保险的融合发展

社会保险与商业保险既有共性也有区别，比较社会保险和商业保险，可以清楚地看到两者既相互竞争又相互促进、共同成长。社会保险和商业保险相互融合，构成国家的经济保障体系。这种融合一方面体现在社会保险机构与商业保险机构的合作，另一方面体现在商业保险产品与服务对社会保险的补充。

分析医疗保险社商合作的起源与发展，并分析其所产生的效果，有利于将医疗保险中的成功经验复制到长期护理保险的发展中来。本章主要介绍社会保险与商业保险的关系、社商合作的理论基础。通过介绍医疗保险社商合作的起源与效应，从而明确我国长期护理保险社商合作的必要性与可行性。

第一节　社会保险与商业保险的关系

一、社会保险和商业保险的共性与区别

（一）社会保险和商业保险的共性

社会保险和商业保险都是基于特定风险事故的共同分担，都是处理偶然性损失，都要进行风险转移，都需缴纳足够的保险费来应付保险制度所需费用，都对被保险人的损失进行赔偿。在具体项目和某些客观功能上，社会保险与商业保险具有一些共性，其共性体现在以下方面：

1. 历史的、天然的联系

从历史上看，社会保险的产生要晚于商业保险，社会保险是一般保险的原始形式向社会保障领域的延伸。正因为如此，社会保险从商业保险中继承了许多特点，如社会保险的原理、计算和预测方法，以及相关术语等，这些都与商业保险类似或基本相同。

2. 保障功能的同一性

社会保险和商业保险都是现代市场经济条件下的两种风险补偿机制。保险标的都是人的生命和身体，提供的是一种人身风险保障。社会保险和商业保险的基本功能都是为被保险人的损失提供经济补偿或给付。商业保险的本质是一种经济补偿制度，其基本功能是为被保险人遭遇的损失提供经济补偿。社会保险同样要对法定范围内、遭遇特定风险的被保险人支付社会保险金，为其提供基本生活保障，实现稳定社会秩序、促进社会进步的目标。它们对于保证人民生活安定、保证社会再生产顺利进行均发挥着重要作用。实际上，社会保险和商业保险都是一种保障机制，只不过是用不同的方式来实施这种功能而已。

3. 处置的风险类型相类同

社会保险与商业保险中的人身保险都对遭遇老年、疾病、死亡、伤残等风险的社会公众提供基本生活保障，保障范围主要涵盖养老保险、医疗保险、意外保险等主要方面。从整个社会经济保障体系来看，社会保险和商业保险从不同层面为个人和家庭提供了不同程度的经济安全保障，两者互补性很强。

4. 具有相同的风险集中与分散机理

社会保险和商业保险都是以大数法则和概率统计为数理基础，利用精算技术预测风险单位未来的平均损失概率和损失幅度，建立保险基金。当保险事故发生时，通过累积的保险基金对被保险人提供经济补偿，这样就使发生事故的被保险人的损失分摊到所有参加保险的人中，实现风险的集中与分散。

5. 资金运动的一致性

社会保险和商业保险都需要对积聚的资金进行有效运营以实现增值，从而更有效地保障被保险人的利益。此外，二者均需提存责任准备金以应对未来的支付需求。

6. 合理定价与保险基金建立的必要性

社会保险和商业保险都需要确定一个合理的、充足的缴费率，以建立保险基金作为经济补偿或给付的资金来源。社会保险的收支平衡是社会保险长期稳定运行的前提条件，这一原则同样适用于商业保险。

（二）社会保险与商业保险的区别

社会保险与商业保险虽具有一些共性，但是它们之间也存在区别，主要表现在以下方面：

1. 基本性质不同

社会保险是国家强制实行的社会保障，凡是法律规定范围内的劳动者和全部企业必须参加，并且不以营利为目的，具有社会福利性质，是一项公益性事业，也是法定保险。商业保险是一种商业性的经营活动，通过投保人与保险人按自愿原则签订契约来实现，是否参加完全取决于被保险人的意愿，因此属于约定保险。

2. 保险的对象和目的不同

社会保险主要以劳动者为对象，其目的在于保障劳动者在丧失劳动能力、暂时失去劳动能力或失去劳动机会时的基本生活需要；而商业保险则以自然人为对象，其目的是在被保险人发生合同约定的人身事故后给予一定的经济补偿，由保险公司为被保险人分担部分或全部经济损失。

3. 管理体制不同

社会保险由中央及地方政府集中领导，由社会保险机构专门负责管理。社会保险是政府行为，具有垄断性；商业保险则是企业行为，具有竞争性。社会保险只能由政府来办，政府可以指定一个部门或委托一个机构来经办，而且，只能由一个部门或一个机构统一办理一种或所有险种的社会保险，但不允许有几个部门或几个机构同时办理同一个险种。商业保险则是由自主经营的人身保险公司自行经营，属于国民经济的金融体系，它只负责补偿经济损失，不涉及补偿后的社会服务。商业保险公司可以开设任何一个险种，多家保险公司可以经办同一个险种，也可以自行设计和经办任何险种，完全按照市场规则在平等的基础上开展竞争。

4. 立法范畴不同

社会保险是由国家规定，用立法形式加以推行，属于社会劳动立法范畴，单位和个人必须参加，具有保险性、强制性、互济性、福利性和普遍性，受《中华人民共和国劳动法》和《中华人民共和国社会保险法》的法律约束。商业保险是一种金融活动，属于经济立法范畴，受《中华人民共和国保险法》的法律约束。

5. 权利和义务关系不同

社会保险强调劳动者必须履行为社会作贡献的劳动义务，而后获得享受社会保险福利待遇的权利。商业保险是以投保人所缴保险费的多少决定风险发生后获得补偿金额的多少，权利和义务的对等关系表现为多投多保、不投不保的关系。

6. 保障水平不同

社会保险以保障劳动者的基本生活和维护社会安定为出发点，注重长期的基本生活保障。其保障水平的确定需要考虑劳动者原有生产水平、社会平均消费水平，以及国家财政的承受能力，并随着社会平均工资的提高和物价指数的变动进行动态调整。商业保险则着重于一次性补偿，给付水平的确定只考虑被保险人投保额的多少，不考虑其他因素。

社会保险与商业保险作为整个社会保障体系最重要的两大支柱，发挥着非常重要的作用，两者各有侧重，分工不同，因此两者不可相互替代。正确认识社会保险与商业保险的关系，有利于投保人在选择商业保险时树立一个正确的投保观念。表 4.1 为社会保险与商业保险的区别。

表 4.1　社会保险与商业保险的区别

比较项目	社会保险	商业保险
性质	依法强制实施的政府行为，体现社会的互济性、补偿性	自愿参加，依保险合同实施的合同行为
经营主体	政府	保险公司

续表

比较项目	社会保险	商业保险
保障对象	全体劳动者	自愿参加的社会成员
目的	保障社会利益，维护社会稳定	盈利
保险费支付	个人、企业、政府三方面合理负担	个人负担
保险金给付原则及标准	强调“社会公平”原则，即权利义务不对等，不强调交费相等，但强调给付标准原则上是统一的	强调“个人公平”原则，即权利义务完全对等，给付标准以投保人支付的保险费来确定，交费多收益高，交费少收益低
保险功能	满足社会成员生、老、病、死方面较低层次的需要，即生存需要	满足人们生活消费的各个层次的需要，与社会保险配合可使保障水平相对较高
经办机构和经营体制	经办机构为社会保险机构，由国家专门设立，各级社会保险局统一管理，对资金的运营不征税	经办机构为商业保险公司，由商业保险公司按企业原则经营管理，国家对其经济活动征收有关税费
采取手段和方法	是一种社会行为，国家强制执行	是一种商业行为，自愿参加
法律基础	《中华人民共和国社会保险法》	《中华人民共和国保险法》

二、社会保险与商业保险的关系

（一）两者之间具有不可替代性、矛盾性

两者虽同属于“保险”，但两者之间具有不可替代性。商业保险和社会保险不能等同，两者也不能相互代替，并且都有存在的必要。从两者的差异性可以看出，社会保险、商业保险属于两种不同性质的保险。它们在保障水平、覆盖面、基金的筹集、立法范畴、舆论监督等方面有着明显区别，各自发挥着不同的作用。社会保险和商业保险其内涵和外延也不相同，两者不能相互替代，它们共同构筑了高层次的保障体系。

商业保险的发展以社会保险只能或不能保障人们的最低生活水平为条件。同样，社会保险的发展以商业保险仅仅保障那些具有投保资格的人们为条件。倘若社会保险的保障水平超过人们最低生活需要的水平，或者商业保险无投保条件的限制，那么，任何一方的“越位”都会给对方造成压力，

影响和牵制对方的发展。

（二）两者之间相互补充，相互配合

社会保险与商业保险两者之间虽有明确的分工，但并非绝对对立，两者之间可以相互补充、共同发展。

社会保险为人们提供较低层次的基本生活保障，其强制性和福利性可以有效地维护社会和谐和稳定，商业保险则可以提供超过基本水平的保障，能够满足人们的更高层次要求，这是社会保险目前所不能达到的，从上述意义来说，两者存在内在联系，具有互补性。

1. 保障作用和范围的互补性

由于社会保险只能为劳动者提供最基本的生活保障，其保险费用和支付标准都较低，保障作用和范围因此受到了限制。社会保险能够针对生、老、病、死、伤、残、失业七大风险提供保障，对于超出该范围的风险则失去保障作用。商业保险保障作用和范围不受国家法律强制，能够弥补社会保险的不足。例如，低水平、广覆盖的社会医疗保险报销时间长、报销比例低，而且只能提供基本保障，当患者需要支付几万甚至几十万的高额医疗费用时，很难从社会保险中及时得到回馈服务。相反，商业保险则能够提供更高的医疗保障水平。劳动者通过支付较高的保险费用进而获得更高层次的风险保障，同时与社会保险不发生冲突，当遇到风险时可以同时接受社会保险和商业保险的双重保障。

2. 实施形式的互补性

社会保险具有强制性，是国家法律规定范围内的企业和劳动者都必须履行的一种基本权利。商业保险具有“多投多保，少投少保，不投不保”的特点，劳动者自愿缴纳保险费、选择保险项目，获得保险公司有偿服务的权利，没有强制性。两种保险在实施形式上的互补性既能够为社会基本生活水平提供保障，又充分满足和尊重人们的需求和意愿。

三、社会医疗保险与商业医疗保险关系的研究

现代医疗保险最早产生于德国。1883 年，德国政府颁布了《疾病社会

保险法案》，规定收入低于一定标准的工人，必须参加疾病基金会，基金由雇主和雇员共同缴纳保费而强制筹集。这是世界上第一部社会保障性质的强制性医疗保险法规，它标志着现代社会医疗保险制度的诞生。从此，医疗保险思想广泛传播，被许多国家采用。继德国之后，奥地利在 1887 年、挪威在 1902 年、英国在 1910 年、法国在 1921 年也相继通过立法实施医疗保险。医疗保险在欧洲逐渐以各种形式推广，覆盖人群从低收入工人发展到较高收入的工人。保险范围也随着医疗技术的发展和医疗服务的科学化、组织化而不断扩大。

医疗保险由欧洲发展到其他国家。1922 年日本也实施了社会医疗保险，1924 年开始扩大到南美洲的智利、秘鲁等国。智利没有采用欧洲向私人医生缴费的模式，而是通过为参保人建立医疗和急救设施，同时雇用医生并支付其报酬的方式，构建了独特的医疗服务体系。20 世纪 50 年代，埃及、利比亚、土耳其等国也纷纷效仿这一做法。此后一大批社会主义国家和发展中国家也都建立了本国的社会医疗保险制度。尽管各国在筹资方式、给付比例、管理方法等方面有所不同，但社会医疗保险所筹集的保险基金全部处于国家监督之下，并通过立法的形式强行实施。从 20 世纪 30 年代起，以美国 1935 年颁布的《社会保障法案》为标志，全球特别是西方发达国家的社会医疗保险制度，迎来了大发展阶段，直至 20 世纪 70 年代。这一时期的主要表现为：一是实施范围不断扩大，各国社会医疗保险的普及率显著提高；二是在全社会的医疗卫生服务支出中，社会医疗保险支出所占比重持续上升。西方各国普遍建立起比较完善的医疗保险制度，无论是国家保险模式还是社会保险模式，对于平等地解决国民的医疗保障，促进劳动力的再生产，缓和劳资矛盾，稳定社会环境，都起到了积极的作用。

截至 1995 年，全世界已有 105 个国家不同程度地建立了社会医疗保险制度。[①] 其中，约一半是发达国家，有 90%以上的人参加了社会医疗保险；另一半是发展中国家，社会医疗保险的覆盖人群虽然不到 30%，但是保险范围正在不断扩大。然而，自 20 世纪 70 年代中期起，整个西方世界经历了国

---

① 任正臣．社会保险学［M］．北京：社会科学文献出版社，2001.

际货币体系的瓦解，以及能源、原材料的危机，出现了通货膨胀加剧、经济增长停滞等一系列经济问题。受此影响，主要依靠政府财政支持的社会保障制度面临严峻挑战，经济承受能力的下降引发了一系列问题，尤其是 20 世纪 80 年代开始，西方国家社会医疗保险制度存在的问题逐渐暴露且日益加深。这些问题主要反映在社会医疗保险费用的支出过度膨胀、医疗资源和能力严重浪费，以及医疗服务质量低下等方面。针对上述主要问题，各国普遍采取多种改革措施，主要集中在增收节支、提升社会医疗保险机构的管理效率及社会医疗服务的质量。改革的宗旨是“寻求国家行动与私人行动的新关系加强个人对自己和对他人的责任”①。

周礼兴认为，社会保险离不开商业保险的补充。朱铭来表明，商业健康保险必须与社会医疗保险合理配合，进而发挥商业健康保险的优势和特殊作用。朱俊生分析了商业健康保险的补充作用，并进一步探讨了商业健康保险在医疗保障体系中所扮演的三种不同角色：补充保障的主要提供者、基本保障的主要竞争者，以及医疗保险机构与卫生服务提供者关系的探索者。熊波以农村地区为切入点，探讨了商业保险与社会保险关系从单方越位、竞争对立到目前局部协同的演进过程。吕志勇基于系统耦合理论分析认为，我国商业健康保险与社会医疗保险目前处于初级协调发展阶段。在此基础上，康萌萌进一步从时间和空间两个维度进行了实证检验：在时间维度上，商业保险和社会保险的耦合度逐年提高；在空间维度上，中西部地区的耦合度显著低于东部地区，省际层面的关系也随时间和空间的不同而存在差异。

东南大学保险研究所的曹乾、张晓认为，社会保险和商业保险是两个不同的风险经营体系，但是二者之间仍然存在着一定的关系。他们关注的问题是社会保险的发展是否会抑制商业保险的发展，即二者之间是否呈现替代关系或互补关系？从理论的角度来看，决定二者关系的因素有险种性质、国家介入社会保险的强度，以及居民的财富水平和受教育程度等。基于这些因素，他们从理论和实证两个层面对我国社会保险和商业保险的关系进行了分析。在理论上，微观层面或个体分析显示，社会保险很可能替代了部分商业

① 中华人民共和国劳动和社会保障部，德国技术合作公司．德国医疗保险概况［M］．北京：中国劳动社会保障出版社，2000.

保险；而宏观层面或总量分析显示，社会保险和商业保险则可能呈现齐头并进的趋势。实证研究进一步验证了这一结论，即目前我国社会保险和商业保险的互补性超过了其替代性。

福建医科大学的李跃平、黄子杰认为，完善多种形式的健康保险市场基本服务包并不能满足所有人的医疗需要。国家可以通过宏观政策，鼓励发展健康保险市场，使健康保险企业之间产生良性竞争，提供内容多样、符合个性需要的多种形式的健康保险服务。不同经济收入的群体，可以结合自己的健康状况、自己对未来健康问题的判断选择符合自己实际的健康保险产品。政府在该过程中主要通过制定宏观政策鼓励发展健康保险产品，同时对健康保险企业进行监管，使之得到良性发展。

第二节　社商合作的理论依据

一、福利经济学

福利经济学产生于20世纪20年代，以庇古在1920年出版的《福利经济学》为标志。在此之前，阿奎那的公平价格论和边沁的功利主义思想，以及马歇尔和帕累托等人均为福利经济学的产生做了理论准备和铺垫。另外，英国的异端经济学者霍布森在一些著作中也论述过福利问题，认为资本主义社会的“不平等”是突出的，应该以“社会福利”作为经济研究的中心问题，并主张通过税收政策或国有化使剩余价值转化为政府所有，并被政府用于社会福利方面。

庇古的福利经济学主要建立在边际效用价值学说的基础上，认为社会的经济福利是组成社会的元素，而个人福利则是个人满足的总和。他提出福利的要素是一些意识形态，或者说是意识形态之间的关系，福利可以处于较大或较小的范畴之下，这两个命题界定了福利属于价值判断的规范研究领域。他从资源配置最优的角度提出了最优收入分配的学说，认为低收入阶层与高收入阶层的货币边际效用是不同的，可以通过累进所得税的税收进行收入再分配的调节，使货币边际效用趋于平等，这将有助于“收入均等化”的实现。同时，他还研究了在涉及国民收入增加、国民收入分配、国民收入变动等这些关系到全社会福利变动的问题时如何实现收入的转移，以提高经济效率和消除贫富不均。他认为影响经济福利的因素是国民收入的大小和国民收入在社会成员中的分配情况，主张通过国民收入的增加和国民收入再分配两种方式来增加社会福利。而国民收入的增加所带来的普遍福利主要取决于生产要素的合理配置，尤其是劳动力要素的合理配置，因此必须为劳动者提供适当的劳动条件，并在劳动者患病、伤残、失业、生育、年老等暂时中断或永久丧失劳动收入时能够得到适当的物质帮助，使其尽快恢复劳动能力。由于高收入者的货币边际效用递减，低收入者的货币边际效用高于高收入者，国家可以通过向高收入者征收累进所得税和遗产税，并为低收入者提供各种补助和救济来实现国民收入的再分配，使低收入者和高收入者的货币边际效用趋于平等。这样，一方面可以实现全社会的收入均等化，另一方面将有助于提高整个社会的福利。福利经济学的这些观点对西方发达国家的社会保险制度产生了极为重要的影响。

二、福利国家理论

福利国家理论是由德国新历史学派的施穆勒、布伦坦诺等人提出的。传统的经济学认为，国家的职责就是维护社会秩序和国家安全，而不是干预经济活动。新历史学派则对此进行了修正，认为国家除了维护社会秩序和国家安全之外，还有一个“文化与福利的目的”。因此，这一学派主张由国家兴办一些公共事业来增进国民的福利，如实行社会保险、发展公共教育、实行遗产税等。20 世纪初，英国费边主义者韦伯夫妇最早提出了“福利国家”的概念，并设计了“福利国家”的蓝图，主张通过国家对贫民和失业者，包括病人、残疾人和老年人实行救济，并试图通过这种缓和的、渐进的改良方法实现所谓的“社会主义”。福利国家理论为社会保障制度的形成提供了一定的理论支持，同时也为后来的社会保险制度的建立提供了理论支持。

三、凯恩斯的政府干预理论

20 世纪 30 年代爆发了席卷资本主义世界的经济危机，西方主要资本主义国家工业凋敝，失业剧增，社会矛盾异常尖锐。面对这次空前严重的经济危机，当时占统治地位的自由放任的传统经济学说在理论上无法自圆其说，在政策措施上更显得束手无策。1936 年，英国经济学家约翰·梅纳德·凯恩斯发表了《就业、利息和货币通论》（*The General Theory of Employment, Interest, and Money*）。在这部著作中，凯恩斯摈弃了以前的政治经济学关于自动调节恢复资本主义经济均衡的市场机制这种传统观念，证明资本主义已经丧失了这一机制，因而需要国家调节和干预资本主义经济，没有国家的积极经济活动，私有制的资本主义不可避免地要灭亡。凯恩斯认为，在资本主义制度下所存在的资本相对过剩和严重的失业问题是由于有效需求不足造成的，并认为造成这种有效需求不足有三个主观心理因素——“边际消费倾向递减”“资本边际效率递减”和“流动性偏好”。凯恩斯指出，必须依靠国家干预经济来提高社会的消费倾向和促进投资，以扩大社会的有效需求，否则就无法摆脱经济危机和失业的困境。凯恩斯还明确指出，为了扩大社会有效需求，必须增加投资同时提高消费，以达到充分就业。同时，他还提出了一系列经济政策主张，其中最主要的是财政政策、货币政策和对外经济政策。而在这三种政策中，凯恩斯更注重财政政策的作用，认为后两者只起辅助作用。他认为通过扩大政府开支、增加国家投资和公共消费，甚至通过赤字财政政策，大幅度提高社会福利，采取“普遍福利”政策，就可以抑制经济危机，并实现充分就业。

凯恩斯的政府干预理论及其政策主张是资本主义国家克服市场缺陷、应对经济危机、制定经济政策和社会保险制度产生的主要理论依据。第二次世界大战以后相当长的一段时间内，凯恩斯主义备受各国政府重视，成为西方各国建立福利国家的重要思想基础和制定公共政策的主要理论依据。

四、公共服务外包理论

为了进一步缩减公共财政开支，提高政府公共服务的供给效率，从 20 世纪 80 年代起，美国、英国等国家率先将市场机制引入公共服务中，把一些非核心的公共服务或产品通过签订契约的方式交给社会组织生产。我国从20 世纪 90 年代起，也开始尝试公共服务外包的探索，希望通过引入市场竞争来改善公共服务的供给，这一探索最早出现在深圳市的医疗卫生领域。

公共服务外包目前已成为社会公共领域管理的重要手段，它是指政府将原本由自身承担的某些确定的数量和质量的公共服务，通过签订合同的方式交由其他主体，如私营企业、第三方组织等，这些主体需要按照合同内容向居民提供公共服务或产品，政府通过财政拨款的形式支付一定费用。在公共服务或物品供给中，政府由传统的内部直接生产转向从外部购买，借助合同将某些公共服务外包给有资质的私营企业或者非政府组织，以满足社会需要。其核心是政府失灵或“小政府”状态下，施行公共服务市场化取向，借助外包这一手段，减少政府依赖，发挥私营部门作用。

世界经济合作与发展组织指出，公共服务外包是改变传统上由政府提供的状态变为政府向社会购买，在公共服务直接民营化不可行的时候，效仿市场运作，基本原理就是促进社会提供商之间的竞争。从公共服务外包的内涵中可以归纳出其主要的三个特点：一是通过市场竞争由私人组织提供公共服务；二是采用签订合同方式进行外包；三是公共服务外包受到法律优先原则、法律保留原则的制约。其实质就是以合同治理代替传统的行政等级治理，将公共服务由内部提供转向外部提供。在这一发展模式之中，政府作为发包方，通过一定程序，进行公开的择优承包，以签订合同的方式，将部分公共服务承包给相应的市场或组织主体。政府将公共服务外包主要政策目标是降低公共服务的运行成本，降低财政支出，从而提高公共服务供给的效率与质量。

目前，公共服务外包被广泛运用到居家养老、医疗保险、公共卫生等涉及居民健康的公共事业中。政府公共服务外包通过服务外包的形式开展商业保险与社会保险合作，政府将某一社会医疗保险或医疗保险的某一功能、某一环节外包给具有资质的私营机构运营管理，政府减少或避免直接管理，主要负责医保政策、规则的制定和监督调控。开展医疗保险服务外包一方面有助于政府减少财政负担，推动职能优化，另一方面有助于促进医疗保险市场的竞争，发挥私营部门在资源配置中的效率优势。

DeHoog 依据选择承包商时竞争程度的不同，将合同外包划分为竞争模式、谈判（协商）模式、合作模式3种。他认为竞争模式能帮助选择以最低成本提供服务的机构，但所需的环境条件比较苛刻，需要多个承包商参与招标，需要政府具备充足的时间、人员、专业技能等组织资源，还需明确服务技能，降低环境的不确定性；谈判（协商）模式可适用于供应较少的领域，合同内容灵活、交易成本低，但可能无法完全利用私营部门的专业优势，政府需要在协商、监督和绩效管理上投入更多成本精力，能在较高程度上适应不确定性环境；合作模式下，承包的内容和承包机制更为灵活，能应对更为复杂的外部环境和不确定性，强调绩效管理，但相对封闭的合作环境容易滋生道德风险和寻租行为。①

五、福利多元主义理论

20世纪70年代，经济增长速度减缓，人口老龄化日益严重，老年人口的养老和医疗需求不断上升，单纯依靠政府提供社会福利的模式难以为继，福利多元主义理论应运而生。福利多元主义理论起源于1978发布的《沃尔芬德的志愿组织的未来报告》。该报告主张把志愿组织纳入社会福利提供者的行列，并将福利多元主义运用于英国社会政策的实践。经过不断发展和丰富，福利多元主义理论已成为福利国家社会政策领域的主流，获得了学界的广泛认可。福利多元主义理论主张社会福利来源的多元化，认为既不能完全依赖市场，也不能完全依赖政府，福利是全社会共同努力的结果。因此，政府不应是社会福利的唯一提供者，社会福利可以由政府、市场、家庭、志愿组织等多元社会主体来共同提供。

从福利多元主义视角出发，将政府作为长期护理保险制度的唯一福利提供方，一方面难以满足人民群众对照护服务日益多样化的需求；另一方面，政府统一经办模式下工作效率偏低，经办能力和基金风险抵御能力都比较薄弱。因此，在长期护理保险制度建设中，可积极运用福利多元主义理论，吸引多方社会力量共同构建这一增进民生福祉的多元化福利制度。

---

① Dehoog R H. Competition, negotiation, or cooperation: Three modles for service contracting [J]. Administration and Society, 1990, 22 (3): 317-340.

六、公私合作模式

公私合作模式（Public-Private Partnerships，简称 PPP 模式）于 20 世纪 80 年代在英国兴起，并随后在西方国家广泛应用，成为一种公共服务供给的新模式。公私合作模式始于基础设施建设领域，所涵盖的项目包括污水处理工程、公用高速公路、电信基础设施、学校建筑、政府办公大楼等，而后拓展到更为广阔的发展领域，如社会保障系统、社区服务等。

公私合作模式是指公共部门通过与私人部门建立合作伙伴关系，来提供公共产品或服务的一种合作模式，其本质在于充分发挥公共部门与私人部门各自的禀赋优势，实现相互合作和资源互补。

（一）公私合作模式的特质

第一，公私合作模式区别于传统的公共部门与私人部门的对立或者从属关系，其核心是为了完成某些公共服务项目（主要是准公共服务项目），在公共部门与私人部门之间建立一种合作伙伴关系。与公共部门相比，私人部门在资金、技术、管理等方面具有公共部门难以企及的独特优势，其通过吸收私人部门参与公共产品或服务的供给，从而更好地优化资源配置，提高公共产品或服务的供给效率和质量。

第二，公私合作模式是一种项目融资和管理运行模式。狭义的公私合作模式可以理解为一系列项目融资模式的总称。广义的公私合作模式除了强调传统的项目融资之外，更加注重公私合作的管理模式与运作机制。也就是说，私人部门在公司合作的过程中提供的资源不仅局限于资本，还包括先进的生产技术和管理经验。公私合作模式包含项目融资，但又不局限于项目融资。同时，在传统的项目融资模式下，不管是公共部门还是私人部门都有规避风险的倾向，各自追求自身风险的最小化和利益最大化。而作为一种管理运行模式的公私合作模式，强调的是风险共担、利益共享，追求的是公私部门整体风险的最小化和社会综合利益的最大化。

第三，公私合作模式是一种多元主体参与公共服务供给的模式。在公私合作模式中，不仅有公共部门与私人部门的合作，还可能有社会组织或公民个人的参与，这种多元化的合作主体协作模式形成了多元化的主体监督制约机制。

在公私合作模式运行的过程中，政府、私人部门、社会组织、公民个人等合作主体基于对某项公共产品或服务的供给，发挥各自的职能或行业专业技术优势，形成以“双赢”或“多赢”为理念的相互合作形式，参与各方可以达到比预期单独行动更为有利的结果。这种“多赢”的局面不仅优化了资源配置，还实现了公共部门与私人部门的“帕雷托最优”，即经济效益与社会效益的双赢。

（二）公私合作模式理论的指导意义

准公共物品领域的扩大，对政府的职能提出了更为严峻的挑战。从经济学意义上讲，公共物品特别是准公共物品的供给应遵循比较优势原则，即专长能创造价值。也就是说，如果政府提供的服务比市场更具优势，就应该由政府提供；同样，如果市场提供的服务比政府更具优势，就应该由市场提供。但在现实中，政府与市场在公共物品或服务的供给方面各具优劣，单纯依赖政府或市场的供给方式均难以实现资源的最优配置。

在政府的众多职能中，其核心职能是制度建设，即建立并维持完善的法律和制度体系，以保障经济社会的正常运转；而市场的核心功能则是资源配置，即通过价格机制、供求机制、竞争机制、风险机制等一系列市场机制实现资源的有效配置。公私合作模式的本质在于充分发挥政府与市场、公共部门与私人部门的各自优势，通过相互协作形成合理的制度安排。在这种制度安排下，产业运营由私人部门主导，这不仅发挥了资金筹集和管理方面的优势，而且由于其明晰产权结构中内在的激励性而具有更敏感的市场边际效应能力，从而明显地提高了公共物品的供给效率。与此同时，政府部门因其拥有制定规则的权力，可进行不完全对称的制度设计和安排，特别是在市场准入、价格形成和公共服务等方面，监管和督促私人部门为社会提供优质、低价的产品和服务。从这个意义上讲，这种兼顾效率与公平的互补性的关系是对政府与私人部门或对立或从属的传统关系的变革，是制度的创新。

基础设施作为准公共物品，其建设引入公私合作模式的成功经验具有迁移性，我国目前建设的大病保险制度，政府政策发展方向是通过引入商业保险进行补充建设，让其承接部分非核心业务、提供丰富的健康保险产品和优质的服务。例如，商业保险公司被委托提供保险机制的设计、资金管理和医疗费用补偿等服务，同时从政府获得一定的服务费。商业保险公司凭借其在保险方面的专业优势，打造商业健康保险等产品或服务，衔接大病保险制度，优化制度运行，使其在筹资、运行、赔付等环节全面参与，对大病保险制度良性可持续运行有着重要补充作用。根据公私合作模式理论，我国各地结合当前大病医保的具体实践情况，在不同地区建立了许多具有代表性的模式，如平谷模式等。在各试点模式的实践中，政府侧重大病保险的政策制定、资金筹集、监督，商业保险公司可具体细化参保人的医疗保险待遇和服务标准。两者在职能上既有着不同的侧重，又有共同合作的空间，可以真正将两者合作的优势体现出来，打破公私部门的传统藩篱，有效推动我国人民大病保障问题的解决。大病保险作为准公共物品，由政府部门经办、商业保险公司承办，符合公共物品或服务的公私合作模式。相比于纯粹的政府供给或纯粹的私人供给，公私合作供给符合部分公共医疗和医保实行混合提供的发展趋势，具有无可比拟的优越性。

第三节　医疗保险社商合作的起源发展与效应分析

一、国外医疗保障的社商合作

（一）荷兰医疗保障体系社商合作

荷兰的医疗保障体系主要分为 3 个层次：① 特殊医疗费用的普遍强制保险计划。该计划主要涵盖医院或居家长期护理、精神健康护理、失能护理等方面。② 基本医疗保险计划。该计划主要包含短期医院护理、医师服务、处方药、一些物理疗法和部分基础牙科护理等方面的保险服务。这一计划并非强制全员参加，只有符合条件的公民（如年收入 30 700 欧元以下且年龄达到 65 岁的老年人）才可以参加。③其他补充和替代性志愿保险。被排除在基本医疗保险计划外的公民可以参加其他补充和替代性志愿保险，如符合条件的老人、学生和个体经营者可以参加 WTZ 计划；公务员可以参加 PZV 计划。

2006 年，荷兰正式实行 Health Insurance Act，将过去的“碎片化”医疗保险计划整合为一个统一覆盖全民的医疗保险体系，统一代替旧的疾病基金计划和自愿的私人健康保险。Health Insurance Act 规定，荷兰公民必须参加社会医疗保险。政府通过包含法定项目的基本医疗保险服务包，将规定的保险项目交由私营保险机构承保运营，同时政府需为患者提供等待名单、服务价格、服务质量等信息，并监督市场主体的行为（如保险机构与医疗服务供给方的协商）是否合法合规等。在这一体系下，私营保险机构与医疗服务供给方通过协商择定合作机构和服务项目，投保人可根据自身偏好、性价比等因素自由选择保险机构，且保险机构不得拒保。同时，荷兰政府基于国民收入水平（3.5 万欧元）筹集附加保费，用于建立风险平衡基金，以分担私营保险机构的风险。

在荷兰模式中，政府对医疗健康制度的直接干预较少，主要担任规则设计者、调控者与监督者的角色，其具体调控职能表现为设定医疗卫生费用的预算，决定基本医疗保险包的内容、成本分担比例和医疗服务的关税，扩展自由议付服务的份额，制定商业保险机构的风险调整规范，加强公民的地位与代表性，管理医疗信息，以及推动行业创新。整体医疗保险制度的运转则由私营保险机构、医疗服务供应商、投保人构成的医疗服务购买、医疗服务供给、医疗保险“三方市场”来实现。保险机构全权承办医疗保险的经办给付，负责购买法定基本医疗保险包中的所有服务并提供赔付，可通过协商确定医疗服务供给方，并通过优惠价格、优良质量和提供额外保险服务来吸引参保人，同时通过成本控制实现盈利。公民作为投保人和被保险者，可根据保险机构的服务质量、自身偏好、所在地区及经济状况等因素自由选择保险机构及其服务。

在荷兰模式中，控费是改革的直接目标和主线。经济的稳步发展，以及不断扩张的医疗保险制度涵盖范围导致费用上涨进一步加剧。为了应对石油危机和抑制医疗保健支出增长，荷兰政府试图推进初级保健服务、扩大社区作用，但费用仍持续迅速上升；直至20世纪80年代末期，以市场为导向的改革理念兴起，建立起受调控的三大医疗保险市场，通过市场机制和促进竞争逐渐实现控费目标。

（二）德国医疗保障体系社商合作

德国是世界上最早建立社会保障制度的国家。1883年，德国政府颁布了《疾病保险法》，标志着社会保险的诞生。经过一百多年的发展，德国逐渐形成了以法定医疗保险为主、私人医疗保险为辅的社会医疗保险制度。

法定医疗保险是德国医疗保险体系的主体，是最基本也是最能体现德国特色的医疗保险，其具有强制性。根据德国相关法律的规定，所有月收入在一定水平以下的公民都必须参加法定医疗保险。依据联邦政府《社会法典》规定的家庭免费联动保险原则，参加了法定医疗保险的雇员，其家庭成员中的无业配偶和未成年子女将跟随在其名下，可免费享受同等的法定医疗保险待遇。法定医疗保险筹资按社会保障专用税制，作为一种“专用税”征收，并由企业主动缴纳。参保人的缴费率为工资收入的14.6%，由雇主与雇员双方共同承担。具体缴费规定：月收入在450—4 238欧元的雇员保险费由雇主和雇员各承担50%，对于月收入低于一定限度（400—450欧元）的雇员，其保险费用全部由雇主承担。对于退休人员及失业人员，其保险费由养老保险基金和失业保险基金承担。计算缴费的基数设定封顶线和保底线，并由政府每年加以调整。2016年，封顶线年收入为56 250欧元，平均月收入4 688欧元。收入低于这个标准的德国居民必须参加法定医疗保险，收入高于这个标准的公司雇员可以选择自愿参加法定医疗保险，或者参加私人医疗保险。

私人医疗保险属于具有营利性的商业性医疗保险，采取自愿参加的原则。根据相关规定，连续三年工资年收入超过48 600欧元的雇员，可自愿选择参加法定医疗保险或者购买私人医疗保险。与法定医疗保险不同，私人医疗保险是“缴一人，保一人”，且医疗保险待遇与缴费水平挂钩。私人医疗保险的设立是为了满足高收入者对于高质量的特殊医疗服务的需求，其参加者大多是社会高薪阶层。作为补充保险，私人医疗保险在一定程度上扩大了德国医疗保障制度的覆盖范围。目前，在德国，法定医疗保险公司约600余家，覆盖了90%的德国民众；私人医疗保险公司约53家，覆盖了9%的德国民众。

德国医疗保障体系公私合作、管办分离。德国的社会医疗保险制度实行管办分离，政府部门仅作为规则制定者与监督者，其主要负责立法、审批、监管、仲裁等，并不直接介入各疾病基金会的运营管理。作为法定医疗保险的经办机构，多个非营利性的疾病基金会共同存在，独立运作，在一定程度上实现了医疗保险的社会自治。这样的制度安排不仅扩展了民众自由选择的空间，同时也促进了各个基金会之间的自由竞争，从而实现了医疗保险管理效率的提高，以及服务效果的改善。疾病基金会不仅是医疗保险服务的提供者，同时也是医疗服务的购买方，它们之间的竞争通过费用支付机制进一步推动了卫生医疗服务机构之间的竞争，从而有效地规范和管控医疗卫生服务机构的医疗行为，抑制医疗费用的不合理上涨。此外，各个医药行业协会通过发挥在医疗服务提供者管理方面的专业作用，规范医疗服务行为，管控医疗费用的不合理上涨，进而确保医疗保险制度的可持续运行。

德国社会医疗保险模式是一种典型的“混合型”模式，其核心是对政府和市场在医疗保障中的作用进行合理界定，以明确各自的责任与义务，分配工作重心。其管理体制以政府为主导，同时引入市场竞争机制，并在此基础上充分发挥行业协会的作用，最终形成了包括联邦医疗保险局、疾病基金会、医药行业协会在内的三方主体管理体制。在德国“混合型”医疗保障模式建设、发展和改革的各个阶段，虽然政府长期处于主导地位，但市场力量从未被忽视，政府和市场双方的力量在医疗保障领域实现了结构性组合。①

从宏观的角度看，联邦医疗保险局运用行政强制力建立了医疗保险制度的总体框架；从微观的角度看，市场的自由竞争机制及参保人的自由选择权则得到了充分尊重。

---

① 胡宏伟，邓大松．新历史学派、德国实践与我国医疗改革［J］．陕西行政学院学报，2007（4）：5-11.

二、我国医疗保险社商合作的兴起

（一）商业保险参与基本医疗保险的合作初探（1997 年—2012 年）

我国的商业保险首次出现是在 1982 年的上海，险种是职工医疗保险，这是我国商业保险参与到医疗保障制度中的有益探索，从此开始了商业保险介入基本医疗保险领域的试点实践，并且逐渐面向全国推广。从 1997 年厦门市建立职工大病补充医疗保险开始，国内便开始了在新型农村合作医疗（以下简称“新农合”）、城镇居民医保基础上逐步探索大病保险经办形式，积累了商业保险公司经办大病保险的经验。[①]

1998—2012 年期间是我国医疗保障制度快速发展完善的一个时间段。随着商业保险与基本医疗保险改革试点的推进与经验的积累，商业保险机构逐渐从城镇居民医保、新农合深入参与到大病保险。例如，在北京市平谷区，新农合实施之初便引入了商业健康保险公司承办业务，通过共办联办的合作模式，形成“风险共担、利益共享”，将政企双方打造成利益共同体，在加强卫生管理、优化报销服务、控制医疗风险等方面建立了更加密切和积极的合作关系，大病保险在其合作实施基础上得到进一步完善。两者采取了一种责任共担、联合办公运行机制，并且取得了良好的效益。

1998 年 12 月，国务院出台了《关于建立城镇职工基本医疗保险制度的决定》（国发〔1998〕44 号），正式建立城镇职工医保制度，明确职工医保“起付标准以上、最高支付限额以下的医疗费用，主要从统筹基金中支付，个人也要负担一定比例。超过最高支付限额的医疗费用，可以通过商业医疗保险等途径解决”，为商业保险参与国家医疗保障体系建设提供了最初的制度依据。

2002 年底，中共中央、国务院下发《关于进一步加强农村卫生工作的决定》（中发〔2002〕13 号），正式提出建立和完善农村合作医疗制度和医疗救助制度，到 2010 年基本覆盖农村居民，并提出“经济发达的农村可以

① 李阳，段光锋，袁丽，等．我国大病保险发展趋势分析——基于三种典型模式［J］．卫生经济研究，2018（4）：17-19.

鼓励农民参加商业医疗保险”。

时任国务院副总理吴仪在2005年全国新型农村合作医疗试点工作会议上指出，“东部地区可进一步加快步伐，有条件的可积极进行建立社会医疗保障制度或开展商业医疗保险的探索”。2006年，卫生部等7部委联合下发《关于加快推进新型农村合作医疗试点工作的通知》（卫农卫发〔2006〕13号），要求“支持保险公司参与合作医疗业务服务的试点”。同年，国务院颁布了《关于保险业改革发展的若干意见》（国发〔2006〕23号）（即业界著名的“国十条”），要求“积极探索保险机构参与新型农村合作医疗管理的有效方式，推动新型农村合作医疗的健康发展”。

2007年，国务院下发《关于开展城镇居民基本医疗保险试点的指导意见》（国发〔2007〕20号），开展城镇居民医保试点，并明确到2010年在全国全面推开。该指导意见明确“城镇居民基本医疗保险基金用于支付规定范围内的医疗费用，其他费用可以通过补充医疗保险、商业健康保险、医疗救助和社会慈善捐助等方式解决”。

这一时期，政策文件在引入市场机制方面，主要是通过明确基本医疗保险和商业保险各自保障范围，划分政府和市场边界。但在实践中，为了解决新农合制度推广建设中面临的政府经办队伍不足、专业能力不够、经办服务费用高、系统信息化水平低等现实困难，河南新乡、江苏江阴等地方逐步开始探索引入商业保险公司参与新农合经办管理服务。

2009年，中共中央、国务院出台《关于深化医药卫生体制改革的意见》（中发〔2009〕6号）（以下简称《医改意见》），启动新一轮医疗卫生体制改革，提出要加快建立和完善以基本医疗保障为主体，其他多种形式补充医疗保险和商业健康保险为补充，覆盖城乡居民的多层次医疗保障体系。《医改意见》中明确提出要“积极发展商业健康保险”，“在确保基金安全和有效监管的前提下，积极提倡以政府购买医疗保障服务的方式，探索委托具有资质的商业保险机构经办各类医疗保障管理服务”。这是我国第一次从国家政策层面提出引入市场机制参与社会医疗保障管理服务，为商业保险公司参与基本医保经办管理提供了政策依据。

2011年4月，卫生部、民政部、财政部联合下发《关于做好2011年新型农村合作医疗有关工作的通知》（卫农卫发〔2011〕27 号），“鼓励各地在规范有序，强化监管的基础上采取政府购买服务的方式，委托具有资质的商业保险机构开展新农合经办服务”，“有条件的地区，可依托商业保险机构的统一经办平台，积极探索建立补充性医疗保险”。同时，明确规定“不得将基金用于支付商业保险机构的经办管理费用”。

2012 年 4 月 11 日，卫生部、保监会、财政部和国务院深化医药卫生体制改革领导小组 4 部门联合发布了《关于商业保险机构参与新型农村合作医疗经办服务的指导意见》（卫农卫发〔2012〕27 号）（以下简称“27 号文”），要求充分认识商业保险机构参与新农合经办服务的重要意义，明确了商业保险机构参与新农合经办服务的基本原则、准入条件、服务管理要求等。“27 号文”是对《医改意见》的贯彻落实，也是对地方引入商业保险参与新农合经办管理服务探索实践的认可和肯定，有力激发和促进了商业保险参与基本医保经办，服务多层次医疗保障体系建设。

2012 年 8 月 24 日，针对基本医保实际保障比例有限，重大疾病患者基本医保报销后个人经济负担仍然较重的问题，国家发展改革委等 6 部门联合下发《关于开展城乡居民大病保险工作的指导意见》（发改社会〔2012〕2605 号）（以下简称《大病意见》），要求各地政府针对城乡居民重大疾病经济负担，通过从城镇居民医保基金、新农合基金中划拨保险基金，采取向商业保险机构购买大病保险的方式，开展城乡居民大病保险，对城镇居民医保、新农合补偿后需个人负担的合规医疗费用给予保障，并要求实际报销比例不低于 50%。不同于以往医疗保险制度建设，城乡居民大病采取政府筹资主导、商业保险承办的模式，实现了政府与市场在社会医疗保障领域的有机结合。这一模式体现了政府职能的转变和管理服务方式的创新，在社会保险公共管理服务领域引入市场机制，是政府购买服务的重要尝试和管理方式的机制创新。

在此合作初探的阶段，政府的多项政策不断出台，积极探索保险机构参与基本保险管理的有效途径，激励商业保险以多种形式参与到基本医疗保险。

这一时期，以新一轮医药卫生体制改革的强力推进为主线，新农合和城镇居民医保在全国范围内建立，逐步建立了覆盖全民的基本医疗保障制度。其间，越来越多的地区在自身经办力量不足的情况下，加快引入商业保险公司参与新农合经办管理服务，产生了河南洛阳、北京平谷等一些典型模式，使得政府对商业保险参与社会医疗保障制度建设有了更加深刻的理解和认识，并在政策上形成突破性进展。此外，广东湛江、江苏太仓等地区为了提高人民群众医疗保障水平，在基本医疗保险基础上，由政府主导探索引入商业保险机构开展大病补充医疗保险取得明显成效，得到国务院领导和医改办等部门的认可。

《大病意见》的出台，为商业保险机构参与社会医保核心领域开辟了渠道，标志着社会医疗保障制度引入市场机制在制度层面取得突破。

（二）商业保险介入大病保险的全面探索（2012 年—2015 年）

国务院印发的《“十二五”期间深化医药卫生体制改革规划暨实施方案》和国家发展改革委等 6 部门联合下发的《大病意见》高度重视商业保险在多层次医疗保障体系中的作用，为积极发展商业保险、推动商业保险参与社会保险运管给予政策支持。从 2012 年开始，针对城乡居民大病保险，在国家层面出台了一系列的重要政策，有效地推动了大病保险制度的发展和完善。尤其是《大病意见》中明确指出，城乡居民大病保险，是在基本医疗保障的基础上，对大病患者发生的高额医疗费用给予进一步保障的一项制度性安排。提出大病保险可通过商业保险机构承办，由政府招标选定承办大病保险的商业保险机构，中标后以保险合同形式承办大病保险，承担经营风险，自负盈亏。该政策既明确了商业保险机构承办大病保险的合法地位，而且也对其中的相关流程作出明确指示。这极大地激励了商业保险机构对于承办大病保险的信心，国内试点地区不断增加，积极展开政企合作的探索。如 2012 年起，湖北省襄阳市开始探索城乡居民大病保险，实施在基本医疗保障基础之上，对大病重症患者产生的高额医疗费用给予进一步保障，并于 2014 年开展人力资源和社会保障局与阳光人寿保险股份有限公司合作的城乡居民大病保险，将政府力量与市场力量对接，提升保障水平和制度实行效率。在该阶段，商业保险机构从新农合等基本医疗保险进一步拓展延伸到大病保险领域，采用多种方式利用自身优势，发挥市场机制作用，提高大病保险的服务水平和质量，优化运作机制，完善与政府等主体的合作方式，积极介入并研究提升大病保险制度的效率。

（三）商业保险补充大病保险的定位转型（2015 年至今）

2015 年，国务院办公厅印发《关于全面实施城乡居民大病保险的意见》（国办发〔2015〕57 号），我国大病保险由国内试点迈向全国全面覆盖的新阶段。该意见在规范大病保险承办服务方面提出：要支持商业保险机构承办大病保险，不断提升大病保险管理服务的能力和水平，同时探索标准化的基金管理方式以确定基金的安全。商业保险机构要建立专业队伍，增强专业能力建设，优化服务流程，并提供种类丰富的商业健康保险产品。国家政策的大力扶持，促进了商业保险机构补充大病保险和参与建设医疗保障体系。深层次参与到其中的商业保险，不仅体现在商业健康保险机构对重大疾病医疗保险的经营管理上，更体现在商业健康保险与医疗机构双方的合作上，以及在参与健康产业链的健康系统集成和管理方面的新探索。商业保险可以充分管理、利用政府委托的大病保险基金，更有助于经办大病保险业务效率的提高。

2020 年，中共中央、国务院出台《关于深化医疗保障制度改革的意见》，提出深化改革要促进多层次医疗保障体系发展，促进各类医疗保障互补衔接，提高多元医疗需求保障水平，加快发展商业健康保险。该意见还提出，将商业健康保险划归为医疗保障制度的重要组成部分，到 2030 年形成基本医疗保障与商业健康保险共同发展体系。商业健康保险在医疗保障体系中的地位又得到了一次极大提升，同时也反映了政府重视保障结构的调整和体系各环节的衔接。通过商业保险与其他医疗保障模式合作发展（如大病保险的合作），可以满足人们多样化的大病医疗保障需求。也就是说在之后的发展进程中，商业保险参与大病保险的合作模式只会更加深入，并且商业保险承担的角色会越发重要。

目前，我国基本医疗保险全民覆盖已基本实现，我国基本医疗保险参保率稳定在 95%以上，医保制度改革由扩大覆盖范围向强化覆盖深度、提高保障水平转变。从“全民医疗”向“公平医疗”迈进，必然要转向完善以城镇职工和城乡居民医保为主体，其他补充性医疗保险、商业健康保险和医疗救助为辅助的多层次医疗保障体系。

商业保险作为多层次医疗保障体系的重要组成部分，是公立社会医疗保险的补充，两者在发挥作用、具体业务范围、资金来源及目标群体等方面都存在互补性。商业保险不仅可以为民众提供补充性、附加性和替代性的医疗保险服务，满足多层次医疗健康服务需求，还可以以第三方的身份参与社会医疗保险的运营管理。政府通过服务外包的形式，让商业保险机构参办基本医疗保险或社会补充医疗保险，不仅可以巩固其在整体医疗保障体系中的地位，还有助于提升社会医疗保险服务的质量和效率。

因此，随着商业保险的逐步发展和政策环境的进一步优化，许多地方试点商业保险机构直接或间接参办社会医疗保险，如湛江、太仓、新乡、江阴、厦门等地通过政府购买（服务外包）的形式，将商业保险公司引入基本医疗保险或补充医疗保险的运营管理，形成了委托管理模式、大病保险模式、全额承保模式和共保联办模式等典型经验。医疗保险外包也成为商业保险与社会保险合作的典型途径。

三、我国医疗保险社商合作的效应分析

（一）减轻政府负担，转嫁政府风险

大病保险是由社保部门经办还是委托商业保险公司办理，曾经存在较大争议，但是将该项业务交给商业保险公司运作，可以转嫁理赔风险，政府不再有财政压力，从而减轻政府的医疗保障责任。

社保机构同时经营两块业务，导致筹资比例越来越高，从而导致“广覆盖”的目标很难实现，不利于国有企业的改革。以北京市为例，那些医疗费用超过“封顶线”以上的人员虽然只占总参保人员的 0.23%，但是费用总额却占北京市医疗总费用的 13.8%，而且存在很大的不确定性。[①] 因此，虽

① 张琪．中国医疗保障理论、制度与运行［M］．北京：中国劳动和社会保障出版社，2003.

然人数不多，但影响却相当的大。相比较而言，厦门市大额医疗保险在实行商业医疗保险公司承办后，1999 年厦门市医疗费用支出比上年减少 1 000 多万元，年人均医疗费从医改前的 1 044 元下降到医改后的 643 元。[①] 通过这种改革方式，没有增加政府支出，同时满足了城镇职工的医疗保险需求，保证了医疗保障体系的正常运转，从而形成了两张安全网，切实保障了城镇职工的医疗需求。

（二）一定程度上增加政府财力

医疗机构通过医疗行为对医疗保险的影响是显而易见的。同样，劳动部门承担了承保理赔的大量基础工作，付出较多的人力、物力、财力。目前，各地承办该业务的商业保险公司均按保费收入的一定百分比向社保（医保）中心支付手续费。这样在减轻财政压力的情况下又可以获得一定收入来弥补政府工作人员的付出，对于地方政府来说非常有利。既能够摆脱一定的财政风险，又能够获得相应的服务收入，这是地方政府推动商业保险公司承办大额医疗保险发展的又一动因。

在医疗保险中，医疗财政负担是推动外包式合作兴起的直接动因。飞速上涨的医疗费用和由此带来的庞大财政压力是推动外包式医疗社会保险与商业保险合作的最直接动因。引入商业保险机构经办基本医疗保险，是在面临严重的财政压力和社会保障水平不充分的状况下，借助医保外包这一途径，以更低的公共成本提供覆盖范围更广、效益更高的医疗保障服务。

（三）商业保险公司取得良好的社会效益和间接的经济效益

商业保险公司在承办大额医疗保险的过程中，既获得了一定的经济效益，又获得了良好的社会效益，为其赢得了口碑，树立了形象。通过承办这项业务，商业保险公司拥有了庞大的客户群，对公司来说是非常重要的资源。由于商业医疗保险所具有的灵活性使其在实施方式、服务手段、保障范围、保费等方面可以根据个人的意愿和经济条件加以选择，满足不同层次人

---

① 卢祖询．社会医疗保险学［M］．北京：人民卫生出版社，2003.

们的医疗保险需求。通过挖掘这些客户的潜在需求，在满足大额医疗保险需求的同时促进其他保险业务的发展。中国太平洋保险股份有限公司（以下简称“太平洋保险”）厦门分公司通过开展大额医疗保险，普及了保险知识，使厦门人的保险意识大为提高，很多享受不到职工医疗保险的人纷纷购买该公司推出的其他医疗保险，如大病保险、门诊保险等，使得商业医疗保险业务越来越红火。

例如，新华人寿保险股份有限公司（以下简称“新华人寿”）天津分公司虽然承保前 3 年连续亏损，但 2002 年，实现了保费收入 5.5 亿元，其中，营销业务新契约标准保费 7 174 万元，团体业务保费收入 9 686 万元。① 2003 年，吉林延吉太平洋保险个人营销业务较上年增长 126%，2004 年上半年，同比增长 177%。② 上述的业绩与各保险公司承保大额医疗保险赢得的口碑是密不可分的。太平洋保险通过开展大额医疗保险积累了高额医疗保险的经验和基础数据，其及时总结，在全国范围内大力推广企业补充医疗保险业务，先后承保了东风汽车、辽河油田、胜利油田等大型企业的补充医疗保险业务。为公司健康保险的发展开创了新的局面。另外，由于大额医疗保险承保面广，收益面大，无形中起到了巨大的宣传作用。人们对商业医疗保险更加了解，大额医疗保险独特的社会保险背景和政府的积极推动增强了人们对商业保险公司的信任感，促进了医疗保险市场的发育，为商业保险公司提供了可持续的业务增长基础。

（四）有利于商业保险公司专业人才的培养和管理成果的吸收

商业保险公司介入大病保险，与社保部门合作开展业务，可以充分利用社保部门对医疗机构管理的成果，因而经营风险相对容易控制。商业保险公司通过借助社保机构的征缴网络、电脑平台和组织体系，完善自身的管理。另外由于补充医保是在社会医疗保险的基础上开展的，具有保障额度高、交费少、参保范围广的优势，且起付点以下有社会医疗保险机构监控，医疗费用的开支比较规范，便于审核，有利于商业保险公司的稳定经营。在开办医

① 邱冉．新华独享天津大额医疗险［J］．中国保险，2003（3）：23-24.

② 姜华．对商业保险参与医保的调查思考［J］．中国保险，2004（11）：42-45.

疗保险的实践过程中，保险公司自然地培养了一支专业性较强的员工队伍，他们积累了一定的经验，掌握了一定的技术，为进一步深入开展工作奠定了基础。

因此，承保大额医疗保险，有利于商业保险公司健康险专业人才的培养，同时吸收社会保险的先进管理成果。

（五）促进商业保险公司整体经营管理水平的提高

我国商业健康保险市场的发展历程已有二十余年的时间，但一直得不到有效发展，长期处于“供给缺位”状态。从保险密度（人均年保费收入）来看，我国商业健康保险普及率偏低。据统计，2011—2022 年我国的健康险保险密度呈不断上升趋势,2021 年突破 600 元/人，达 623. 22 元/人，2022 年出现负增长，健康险保险密度为 613. 06 元/人。德国等保险市场成熟的国家，保险密度于 2018 年已达 3000 元/人/年。与国外成熟市场相比，我国健康险保险密度存在较大差距。我国商业健康保险占国内生产总值的比重偏小。国家统计局数据显示，2022 年我国国内生产总值为1 210 207亿元，健康险保费收入为 8 653 亿元，健康险保费收入占国内生产总值的比重仅为 0. 72%。而随着国家医疗保险制度的推行和人民生活水平的提高，商业健康保险的市场需求越来越大。根据全国 50 个城市的保险需求调查显示，居民对商业健康保险的预期需求高达 77%。在如此巨大的市场面前，保险公司却普遍缺乏热情。从市场运行状况看，健康险业务的经营效果均不太理想，主要表现为高赔付率、高成本、无利润或微利润。据统计，目前，在我国开办的百余个健康险种中，有近 1/3 的险种是亏损的，个别险种赔付率甚至高达 500%以上，加之代理费用和管理费用等经营成本支出，市场面基本上处于亏损状态。而在所有开展的健康保险业务中又以附加险业务为主，附加险占比例大约为 60%，但赔付率相对较高。这主要是我国缺少专门经营医疗保险的医疗保险公司，保险公司缺乏医疗保险的经营经验和风险控制的能力，而且管理难度高。

商业医疗保险参与大病保险，为健康保险风险控制进行了有益的探索，积累了一定的成功经验，促使商业保险公司在其他健康险种开发中更加注重风险控制。对于寿险公司来讲，经验数据尤为重要。新华人寿天津分公司的135万客户反映的理赔信息，对新华人寿进军商业医疗险市场、准确厘定费率至关重要。与其价值相比，前期的投入将显得微不足道。因此，社会医疗保险同商业医疗保险的融合互补可以促进商业保险公司健康险业务管理水平的整体提高和完善，从而促进商业保险公司走上专业化经营的道路。

第四节　长期护理保险社商合作必要性与可行性分析

一、长期护理保险社商合作必要性分析

（一）医疗护理服务需求多样化

随着市场经济的发展，以及人民生活水平的不断提高，人们对公共物品的需求呈现出多样化和差异化的特征，尤其是个性化公共需求不断增长。政府作为公共物品的单一供给者，其服务具有普遍性与同质化，很难对社会多元化、个性化的需求做出反应。长期护理保险仅依靠政府以完全统筹规划的模式进行运作已不能满足城乡居民对护理服务的日益个性化的需求。人民日益增长的高水平医疗保险服务需求与有限的政府公共服务水平与能力之间的矛盾，促使政府迫切需要寻求一种有效的运作模式。社商合作式作为一种多元主体参与的公共服务模式，能够在整合公私资源的基础上，以顾客为导向，充分发挥各参与主体的管理、技术、专业等优势，为人民群众有效提供专业、高效、便捷、优质的医疗服务。

（二）政府职能转变的落实

政府作为公共权力的象征、承载体和实际行为体，承担着政治、经济、文化、社会等众多职能，统领着社会生活的方方面面。与计划经济体制下全能型的政府模式不同，随着社会主义市场经济的发展与完善，政府作为行政资源配置的主体，迫切需要按照有限政府和服务型政府的基本要求，转变政

府职能。目前，在政府的主导下，我国已经初步建立起包括医疗救助、基本医疗保险、大病保险在内的多层次、广覆盖的医疗保障体系。护理保险制度的实施在一定程度上增加了政府的财政压力、管理压力与技术压力。商业保险公司引入可以使政府从繁重的管理事务中脱身出来，把有限的精力集中于重大的管理决策上去，从而有利于政府公共服务职能的转变。

（三）弥补市场失灵政府失败

由于公共物品具有效用的不可分割性、消费的非竞争性、受益的非排他性，人们完全有可能在不付任何代价的情况下，享受通过他人的捐献而提供的公共物品的效益，即所谓的“搭便车”。一个社会的成员越多，人们免费搭车的欲望越强烈，从而导致公共物品供给不足。然而，政府同样也不是万能的，政府的活动并不总像应该的那样或像理论所说的那样“有效”。

在我国，基本医疗保障属于公共产品，属于利国利民的民生工程。长期以来，基本医疗保险一直由政府向居民提供，然而由政府垄断供给的基本医疗保险服务常常出现管理成本高、服务低效和服务态度不端正等问题。公共决策失误、政府机构工作低效率、政府扩张或膨胀以及政府寻租活动等都会导致“政府失败”。单纯依靠市场提供护理保险会导致护理保险服务供给不足，单纯依靠政府提供护理保险会导致效率低下，二者均无法实现资源的最优配置。护理保险引入公私合作，采取政府主导，商业保险公司参与经办的公共物品联合供给模式，能够取长补短，发挥政府与市场各自的优势，克服“市场失灵”与“政府失败”弊端，实现资源的有效配置。

（四）提高政府服务效率

政府处于主导地位，商业保险公司承办相关项目的社商合作模式对政府与商业保险公司来说是一个双赢的选择。作为首批社会长期护理保险试点城市之一的青岛，其运作模式就是商业保险公司经办社会长期护理保险相关服务项目，自运营以来，效果良好，为社商合作提供了宝贵经验。中国人民健康保险股份有限公司（以下简称“人保健康”）青岛分公司在2015年开始承办青岛市社会长期护理保险，总计覆盖243万参保人，人均年保费153

元。人保健康青岛分公司独立承担需求等级评估，并且细化评估标准，在政策引导下，人保健康青岛分公司积极参与其中，并取得一定成效，保障范围从最初的失能失智扩大到预防失能失智，并且通过发挥保险公司专业高效的管理优势，为5.2万失能老人提供了护理保险待遇，累计为失能老年人购买照护服务2 504万人次，帮助10 000多名在重症监护病房发出病危通知之后被转移到护理机构的老年人有尊严地度过生命的最后阶段。商业保险公司介入社会长期护理保险的运作是一个三赢的过程。对于政府而言，可以利用商业保险公司市场化运作的高效率，由商业保险公司负责参保人员的失能评估，核保理赔，审查监督。据统计，仅仅在2015年至2016年间，人保健康青岛分公司就已经审查出96家不合格的定点社区卫生服务中心，3 081位不合格养老护理人员，追回1 888万元的违规保险赔款，商业保险公司市场化的运行机制助力了社会长期护理保险的健康发展。对于商业保险公司而言，虽然承办社会长期护理保险带来的利润很少，但是商业保险公司在承办的过程中可以积累老年人长期护理数据，为今后商业保险产品的精准定价奠定良好基础。对于参保人员来说，商业保险公司不仅可以提供专业的健康管理计划和贴心的护理服务，还可以利用现有的网络平台完成一整套理赔流程，提高长期护理保险的赔付效率。

二、长期护理保险社商合作可行性分析

党的十八届三中全会后，随着财政体制改革的推进，地方政府融资逐渐从隐性债务向显性债务转变，加之经济新常态下各地财政收入压力增大，主要依靠财政投入建设公共设施的模式难以为继，公私合作模式逐渐成为我国政府着力推广的一种公共设施和公共服务供给模式。继2014年11月财政部发布了30项公私合作模式示范项目后，2015年5月，国家发展改革委又发布了1 043个公私合作模式，涉及总投资达1.97万亿元，逐渐把公私合作模式的研究和应用推向高潮。

现阶段，我国正处于经济结构调整的重要历史时期，社会发展对公共服务的需求呈现出不断增加的发展趋势，为了发挥社会力量在公共服务方面的重要作用，外包已经成为一种新型的建设手段，并在公共事业发展的过程中

取得了非常突出的实践成果，激发了公共服务的活力。而将商业保险公司引入护理保险的经办业务供给，可以借助市场机制打破传统公共服务供给局面，从而实现医保资源的高效配置，改善护理保险供给服务的质量和效率。基于公共服务外包理论的分析可以得出：在目前良好的大环境下，引入商业保险公司参与经办基本护理保险是可行且合理的。

（一）准公共物品的市场政府联合供给模式

护理保险作为准公共物品，具有一般公共物品的部分属性，其供给与运作必然以政府为主导，依靠强制性的融资方式，确保护理保险的资金来源充分发挥政府在弥补市场失灵方面的作用。同时，作为价格排他性的公共物品，其特性之一就是价格排他，价格的排他决定了护理保险具有市场供给的特征，在护理保险资金来源稳定的前提条件下，可以引入公私合作模式，借助社商合作的方式，遵循市场经济运行的一般规律，实现资源的最优配置。

（二）基本医疗保险政保合作积累经验

城乡居民大病保险制度的建立是基于地方实践的推动。在大病保险制度正式出台之前，在医疗及养老领域已存在部分采用公私合作模式实施的案例，如新农合领域出现的“江阴模式”，基本医疗保险领域出现的“湛江模式”，大病保险领域出现的“太仓模式”等（第五章重点介绍）。各地的探索实践表明，基本医疗保障建设引入公私合作模式不仅具有可行性，同时具有无可比拟的优越性，其成功经验具有迁移性，长期护理保险的运作机制完全可以借鉴其成功经验。长期护理保险引入商业保险公司承办，符合部分公共医疗和医保实行混合提供的发展趋势。

（三）长期护理保险社商合作政策依据

2016 年 11 月发布的《指导意见》标志着我国正式开启长期护理保险试点工作。该指导意见对经办工作职责进行了详细的划分，同时提出社会保险经办机构在可行的前提下，可“积极发挥具有资质的商业保险机构等各类社会力量的作用，提高经办管理服务能力”。这是长期护理保险领域的第一个专门性的中央政策文件，它对各地开展长期护理保险试点实践具有重要的指导意义。同时，明确提出商业保险公司应开发适销对路的保险产品和服务，发展与社会长期护理保险相衔接的商业长期护理保险。各地做了有益探索，

2020 年，国家相继出台《扩大指导意见》和《关于促进社会服务领域商业保险发展的意见》（银保监发〔2020〕4 号），从国家层面支持商业保险公司参与到长期护理保险的经办服务中去。在《扩大指导意见》中，“经办管理”部分提出要“引入社会力量参与长期护理保险经办服务，充实经办力量”，这表明包括商业保险机构在内的社会力量参与长期护理保险制度建设具有明确的政策依据，有助于试点城市调动社会力量参与的积极性，促进长期护理保险制度试点工作更好地开展。

2021 年，我国在“十四五”规划中明确提出，我国要一步一步发展长期护理保险制度。2021 年，银保监会办公厅印发了《关于规范保险公司参与长期护理保险制度试点服务的通知》（银保监办发〔2021〕65 号），对保险公司参与长期护理保险制度试点需要的专业服务能力、项目投标管理、经营风险管控、信息系统建设、护理机构管理等方面提出明确要求，这是我国首次对保险公司参与长期护理保险制度试点服务工作进行规范和指导的文件。

这一系列的政策与文件为商业长期护理保险的进一步发展奠定了基础，为商业保险公司深度参与社会长期护理保险的运营提供了支持，也更加肯定了商业长期护理保险在多层次护理保障体系中的重要地位。

（四）长期护理保险社商合作满足消费者多样化需求

随着我国经济文化水平的不断提高，消费者产生了对长期护理保险多样化的需求，社会长期护理保险只是保障最基本的生活照料，社会长期护理保险的普惠性原则注定了社会长期护理保险无法满足不同层次人群的保险需求，而商业长期护理保险和其他险种的结合可以让不同人群享受到个性化、多样化、高水平、有弹性的服务。商业长期护理保险可在服务方式、服务内容等方面为不同失能老年人提供多样化的选择方案。社商两者在保障程度上的互补促进了其协同发展，共同健全了我国护理保障体系，实现了保险制度多元化。

第五章　商业保险公司参与基本医保经办管理的实践探索

2009年，中共中央、国务院出台的《医改意见》中明确提出，“在确保基金安全和有效监管的前提下，积极提倡以政府购买医疗保障服务的方式，探索委托具有资质的商业保险机构经办各类医疗保障管理服务”。自2009年起，国家加大了对社会医疗保障制度引入市场机制的政策支持力度，地方政府也不断探索与创新引入保险公司参与新农合、城乡居民大病保险等社会医疗保险经办管理的运作模式，并取得了斐然的成绩，获得了政府和社会公众的高度认可。

本章主要选取“江阴”“湛江”“平谷”等典型案例，介绍商业保险公司参与基本医疗保险经办管理的实践探索，总结我国基本医疗保险社商合作的经验，以期为我国保险公司参与长期护理保险的经办管理提供有益借鉴。

第一节　我国大病保险社商合作实践探索

一、江苏江阴大病保险社商合作——基金管理型

江阴市位于我国东部沿海地区，属于江苏省无锡市代管的县级市，北近长江，南靠太湖，是中国历来的江防要塞，也是江海联运的天然港口。也正是以这优越的地理条件为基础，江阴市以良好的经济实力率先开展了城乡居民大病保险的试点工作。而江阴模式最大的特点是政企合作，由江阴市政府与江阴市太平洋保险公司共同成立合管中心，共同制定城乡居民大病保险的

相关政策。

江阴市于2001年，利用信息化手段，与太平洋保险公司展开合作，于同年11月份建立太平洋保险江阴新农合业管中心，将新农合委托给商业保险公司办理，太平洋保险公司承保了江阴市全体城乡非从业居民的基本医疗保险。江阴市于2005年在建立太平洋保险新农合业管中心的基础上探讨重大疾病和特定人群的医疗救助，大病基金主要源于新农合基金，并以居民支付与财政补贴作为补充。江阴市新农合实行两年一次的免费医疗服务，使医疗补贴由治病转向预防，并与社会、经济的发展相结合，进一步提升了新农合的整体保障能力。2010年，为了进一步增加城乡居民大病保险的报销比例，江阴市按照个人自愿的原则，向参保人员增加了50元的医保费用，并在此基础上增加了医疗费用。并设定封顶线、起付线，分段补偿。

2012年，江阴市成为全国率先试点大病保险的城市。次年，江阴市由太平洋保险江阴新农合业管中心制定大病保险支付制度，在降低百姓医疗费用的同时，确保了基金安全，调动了医疗从业者的积极性。2015年，国务院办公厅出台了《关于全面实施城乡居民大病保险的意见》，对江阴市实行大病保险的试点成效和从基本医保基金中提取一定额度用于购买大病保险产品的模式进行了肯定。

（一）总体情况

江阴市与商业保险公司在医疗保险领域的合作开始于新农合的政策，于2001年起步，并且利用信息化的手段搭建了专门的高效管理服务平台，将新农合业务委托给商业保险机构承办，明确了各方的责任，确保了基金使用的安全和效率。2020年，江阴市政府办公室发布了《关于实施江阴市城乡居民大病保险制度的意见》（澄政办发〔2020〕34号），其中明确规定向商业保险机构购买大病保险的方式，由商业保险机构的商业健康保险对大病进行补充，并细化规范相关业务配套流程。

“江阴模式”是政府委托商业保险机构对医疗保险基金进行管理和运作，政府承担风险，商业保险机构收取管理费用，但不承担风险。基金管理型，是指政府主办，保险公司提供具体经办服务，不承担盈亏风险的运作模式，在这种模式下，保险公司和政府双方签订委托管理合同，明确双方的权利和义务。[①] 保险公司按照合同提供方案测算、筹资水平咨询和建议、管理审核并收取相应的管理费用，但不对基金盈亏承担责任。这种模式下，政府和保险公司之间是一种停留在浅层次的委托代理关系，其实质是政府向商业保险机构购买服务，可以说是政府委托管理模式，这一模式的具体实践以江阴为代表。

（二）合作主体

实行群众缴费、政府补贴，由中国太平洋人寿保险股份有限公司（以下简称“太平洋人寿”）无锡分公司为首席承保人，泰康人寿保险有限责任公司（以下简称“泰康人寿”）江苏无锡中心支公司和太平财产保险有限公司无锡中心支公司为共保人，三家公司组成共保体承办大病保险。

（三）运作机制

（1）在筹资方面，江阴市政府负责统筹制定大病医疗保险政策、制度，以及年度缴纳费用方案，并由江阴市社保部门负责大病保险的保费征缴。

（2）在业务运营方面，政府向商业保险机构购买大病保险，委托后者管理，商业保险公司按照“管理统一、筹集统一、资金专项、征管分离、固定赔付、收支平衡”的指导方向，实施以定点医院、信息网络、特殊医疗三管齐下的综合管理模式。

（3）在监管方面，医保部门、市场监管部门等相关部门对大病保险业务进行监督管理和对商业保险公司合规运行进行监管。

（四）模式特征

（1）行政效率高。明确了政府的角色定位，使政府专注于监管，实现了政府职能转变，提高了行政管理效率。

（2）管理费用降低。一定程度上降低了政府的各项管理支出，政府在

---

① 吴海波，何冲．商业保险参与社会医疗保障的现实模式与发展方向［J］．西部论坛，2014，24（5）：52-58.

机构设置和人员配备等方面的前期投资减少，有效地节约了管理成本。

(3) 风险集中。在模式运作中，商业保险公司只提供专业化审核，以及各项管理服务，不对盈亏风险负责，仍由政府兜底保障盈亏，存在着保险公司不对基金亏损承担责任的局限性，双方缺乏合理的风险分担机制。

(4) 激励机制弱。保险公司参与的深度受限制，只需按双方签订的委托合同中的要求，提供部分大病保险业务的服务即可，其停留在合作的浅层，对保险公司的激励程度较弱，合作模式下双方的工作绩效有待提高。

二、广东湛江“基本医疗”社商合作——保险合同型

湛江属于广东省地级市。虽然地处广东省这样的发达地区，但是湛江的经济实力却不容乐观，缺乏支柱产业，距离发达的珠三角地区又较远，地势多为半岛或岛屿，丘陵较多。可在这样的条件下，湛江通过不断创新，构建城乡居民大病保险体系，为我国经济欠发达地区城乡居民大病保险制度的建立提供了一个典型案例。湛江模式的特点是政府主导，商业化运作，群众无需额外缴费，利用保险机制的杠杆作用，扩大保障金额，放大保障效应。

商业保险机构同时参与基本医疗保险和补充医疗保险，人保健康积极参与湛江居民社会医疗保障体系建设，以“管理+经营”思路为基础，全面推进医疗保险制度的完善与创新。在此过程中，人保健康对城乡居民医保和城镇职工医保进行免费管理，并以合同的方式对城乡居民巨额补贴保险和城镇职工大病救助保险的发展进行了推进。这种模式在湛江得到了广泛的认可和支持。随着湛江模式的成功实践，广东省政府下发了通知，要求各地进一步完善并推广这种模式。同时，湛江也在全国城乡居民大病保险工作视频会上分享了他们的经验，得到了充分的肯定和认可。这种创新的城乡居民大病保险管理和经营模式也受到了国内不少城市的关注和借鉴。

（一）总体情况

湛江引入商业保险经办大病保险和基本医疗保险基金管理的实践，是较为典型的外包式商业保险与社会保险融合。可以理解为保险合同型，政府使用筹集的资金为参保人集体投保，并通过与保险公司协商赔偿标准后，双方

签订正式协议，针对大病医疗补充保险的保险责任和赔偿限额已经确定，中标承办的保险公司可按照协议规定提供服务。因而，在该种模式的运作下，保险公司有着基金透支的风险。湛江社保机构以再保险的形式将大病保险基金的部分业务委托给商业保险公司管理，但是与纯粹的商业再保险不一样，该模式医保部门须确定其支付范围和责任范围。同时，商业保险机构承诺保本微利运营。①

2007 年，人保健康承接了湛江公务员补充医疗保险及企事业单位城镇职工大额保险项目。2008 年，湛江市政府正式下发《湛江市城乡居民基本医疗保险试行办法》（湛府〔2008〕43 号），在充分利用原有医保管理服务体系的基础上，将新农合与城镇居民医保相结合，形成了城乡一体化的新型合作医疗体系，并对引进了商业保险公司参与基本医保的统筹管理和服务运作等方面进行积极探索。自 2008 年起，湛江市政府开始尝试将商业保险与社会保障体系相融合。2009 年，湛江开展城乡居民医保一体化改革，将城镇居民医保和新农合合并。湛江用合并后城乡居民医保个人缴费的 15%投保人保健康公司城乡居民大额补充医疗保险。此后，又以参保人每人 2 元的标准，从医保基金结余中划拨部分资金交付给保险公司运作，保险公司自承风险、自负盈亏。通过改革和与人保健康保险公司合作，湛江城乡居民医保保障水平得到明显提高。2012 年，国家发展改革委等 6 部门发布《关于开展城乡居民大病保险工作的指导意见》（发改社会〔2012〕2605 号），湛江引进商业保险公司，并由商业保险公司统一负责管理承办城乡居民大病保险工作，设置了保险封顶保障线，并在大额的大病医疗保险赔付或者补助的数额基础上对参保人进行了一定分段或者一定比例的保险补偿。2016 年，湛江市政府发布《关于调整城乡居民医保大病保险待遇的通知》，开始逐步实施了针对特定大病人群的精准报销保障，并对于贫困失业人员、最低基本生活保障支付对象、特定大病人群的保险起付线以上部分，均按照一定的支付比例足额予以精准报销。

保险公司在湛江模式中的业务主要分为三个保险项目，分别为公务员补

① 刘玉娟．商业保险与社会医疗保险合作的实践——基于湛江模式和番禺模式的比较分析［J］．卫生经济研究，2016（6）：41-44.

充医疗保险、城镇职工大额补充医疗项目及城乡居民大额补充医疗保险。前两种保险产品是针对社会基本医疗保险的补充，参保人员需要为这两类保险额外进行缴费，并不包含在之前个人缴纳的社会医疗保险金之中。第三种城乡居民大额补充医疗保险即为湛江模式的独特创新之处，它不需要居民额外出资保费，在总缴费不变的情况下，能够使社会医疗保险基金收入最大化利用。

（二）合作主体

湛江市政府制定政策，人保健康湛江中心支公司及医保部门、医疗机构等参与大病医保建设和管理。

湛江模式的核心是政府推行管理制度、筹资标准、待遇标准、服务规程的统一，按照“政府主导、专业经办、基本+补充”的原则，引入人保健康参与城乡居民医保的统筹管理。湛江市社保局、医疗保险定点医院、人保健康三方合作，通过协议形式明确各方责任义务，并依托人保健康专业技术优势，建立起一体化合署办公，为参保群众提供包括政策咨询、清单审核、资金赔付等服务。

在湛江模式中，政府负责制定法律政策、设定标准和目录、征缴保费和监督调控，也同商业保险机构一起承担具体的医保运营管理。政府预先对私营保险机构的资质进行核查，通过公开招标或邀请招标、谈判等方式选择合作方。在这一模式下，政府可能没有全面寻找或邀请所有可能的承包商，因此竞争相对有限。保险机构的实力、提交的方案设计、成本，以及此前合作成效等均是考量是否选择该公司的标准。也就是说，湛江模式下，政府出现在从规则制定、确定范围、选择机构到日常运营管理、监督、绩效评估等全流程，具有较强的主导性；私营机构可以有一定的服务计划设计自由度和灵活性，可与政府协商解决遇到的问题或不确定性事件；两方合作互补，协同管理，维护较好的合作关系。

政府参与度主要表现为政府参与服务外包流程的程度和方式，包括政府在外包程序及具体医疗保险供给管理中所担任的角色。例如：政府在动议提出上是否占据了主导性，政府是否直接参与医疗保险运营管理活动，政府调控方式等。市场参与度则是用来衡量市场在公共服务外包中承担的角色和作用，主要通过健康保险市场竞争程度来展现，包括承包商选择的方式和竞争程度、市场规模、私营保险部门在医疗保险运营上的话语权和自由度等。

（三）运作机制

（1）在筹资方面，大病保险基金由参保人征缴的保险费，以及从一般基本医疗保险基金中提取的费用组成。

（2）在承办大病保险运营上，人保健康不仅与相关医疗机构开展了医疗服务检查、赔偿案件审查、费用结算、参保信息档案管理、定点医院评估和专科诊所资格审查，还成立了专门的医疗服务检查小组。而且部分人员长期驻扎在就医人流大的三甲医院，进行流动检查，严格审核大病医疗保险费用清单，加强院内走访，提出专业诊疗建议，查处虚假医疗、挂床住院等虚假医疗行为。在涉及病前、病中、病后三个环节时，由政府在病前向参保群众提供健康管理服务，降低大病风险患病率，病中则适当干预医疗服务和价格、规范、规章制度，商业保险公司则负责在病后实施“二次补偿”，减轻参保人合规医疗费用中的自付部分。

（3）在合作监管方面，建立湛江社保部门、医保定点医院、人保健康三方的合作监管机制。并且人保健康和社保部门对定点医院采取“总量控制、按月预付、年终结算”的先预付后审核结算方式。严格控制不合理的医疗费用，以及规范商业健康保险公司的业务合规办理。

（四）模式特征

（1）行政效率较高。政府和商业健康保险机构共同构建医疗安全数据平台，共享标准化医疗健康数据信息，有助于政府提高行政运营效率。

（2）管理费用降低。实现了政府、商业保险机构、医疗服务部门、参保群体等各方面的共同赢利。政府节约开支，减少人员用工；商业保险公司得到宣传，提高了企业知名度，树立了企业形象；参保群众从中受益，获得更优质的医疗服务，增强其获得感。合作模式充分利用有限的医疗资源，使其资源配置合理，减轻了不必要的各项管理支出成本。

(3) 风险分担欠缺。以“再保险”的形式委托商业保险机构办理大病保险业务，并采取由商业健康保险机构承担大病保险基金的盈亏风险的方式，商业保险公司的风险较大，不利于合作模式的可持续运营。

在与商业保险的合作方式上，湛江市政府制定政策，人保健康湛江中心支公司及医保部门、医疗机构等参与大病医保建设和管理。从医疗业务和管理事项上的合作增加至资金、财务上的合作，从各个方面极大地降低了医疗成本。降低了政府负担，提高了医疗保障水平，增强了医疗资源利用率。在监管方式方面，为了提高服务质量和监管效果，湛江社保部门、医保定点医院、人保健康公司形成了三方协作的监督管理机制。人保医疗保险与社会保障机构对定点医院实行“总量控制，月末预收，年底结算”的先行预收，再审核结算，可以有效控制医疗费用的支出，保障医保基金的安全和稳定。

(4) 激励效果较强。政府向商业保险公司购买商业保险，并以“再保险”的形式委托保险公司办理大病保险，这使得商业保险公司在其中的运营责任较大，其为了降低业务实施风险必然以提升业务效率、降低市场风险等为目的，以维持并获得一定的保费剩余，达到保本微利效果。因而商业保险公司对于承办的大病保险业务具有较强的激励效果。

湛江的大病保险外包模式是基于公共服务市场化的视角，政府是主导者，市场是辅助者，但双方优势互补，政府的主导性源于医疗保险本身的社会性、公平性特征和政治传统。为了充分发挥私营部门在技术效率上的优势、更好地满足社会需求，政府往往通过招标、谈判、邀约等形式预先选择潜在合作者，但受地域、经济发展水平等因素限制，市场中有资质的保险机构数量相对较少，竞争有限。

三、北京平谷大病保险社商合作——共保联办型

（一）总体情况

共保联办型也称为混合型模式，是结合了基金管理型和保险合同型两者运作模式的一种模式。以人保健康为代表的“平谷模式”属于共保联办型

运作模式，这种模式是指政府部门和保险公司双方联合办公，作为基本医疗保险和补充医疗保险的参与者，共同承担医疗保险的基金筹集、运营、赔付，以及赤字风险的责任，联合对医疗机构的医疗行为进行监督，对医疗费用的合理性进行审核的医疗保险模式，它的特点在于政府与商业健康保险公司实行共保联办。①

共保联办最先试用于平谷区政府与人保健康北京分公司合作的新农合制度领域，平谷区在 2014 年提出平谷区的农村居民大病保险试点由卫生计生部门和商业保险机构“共保联办”，并实施统一的政策，保证全区水平统一，而后才由此延伸到大病医疗保险制度。鉴于平谷区的大病保险是延续之前新农合“共保联办”的合作方式进行的，而农村居民的大病保险是新农合制度的延伸，较大程度地借鉴了先前的经验。

（二）合作主体

“平谷模式”采取由平谷区政府与人保健康双方共同签订合作协议，政府与人保健康二者共同办理大病保险业务。

（三）运作机制

（1）在筹资方面。由平谷区医保部门负责筹款工作，划转基本医疗保险基金的一定比例或金额分别转入大病保险基金专用账户。筹集的总资金的 50%将作为保费转移给人保健康北京分公司，此前参加城乡居民医保的参保群体，不再额外缴纳大病保险费用。

（2）在合作运营方面。一是引入人保健康专业队伍参与经办管理，减少政府人员经办管理成本、信息建设费用支出等各类费用。② 二是人保健康与相关部门联合成立共保联办办公室等机构，通过讲座、健康大讲堂等方式，提供管理和服务，为参保人员提供全流程经办服务，并建立标准化管理体系，突出了保险公司对医院与患者的精细化管理等。三是在制度建设上进

① 王晓慧．健康保险与社会医疗保险的衔接研究［D］．唐山：华北理工大学，2018.

② 喻华锋．我国医疗保障制度引入市场机制改革研究［D］．北京：中国社会科学院研究生院，2017.

一步规范化、标准化，建立 ISO9001 国际质量管理体系。

（3）在基金管理方面。若出现超支，则双方各自承担一半亏损；若出现结余，则结余滚存使用。同时，人保健康也将从政府财政获得相当于结余部分一定比例的奖励收益。

（4）在风险管理方面。双方实行集体投保，各自按 50%的比例共同承担保障责任。在优化报销服务、简化服务流程、加强医疗风险管控和日常健康管理等方面，双方缔结了更为紧密的合作关系，实现了风险共担与高效协同。

（四）模式特征

（1）行政效率高。保险公司以日常监督、巡逻等为中心进行工作；社保机构则侧重以保险公司提供的信息对违规行为进行惩处，双方明确职责，合作办理医疗报销等业务，大幅提升了大病保险业务实际办理的成效。

（2）管理费用降低。通过共保联办形式，实现医疗控费和制度良性运行的双重目标，减少了非必要的其他运营成本，提高了管理服务水平与质量。

（3）风险责任共担。保费由政府征缴，实际运作的赔付责任由社保机构和保险公司按照一定比例共同承担责任。保险机构组建专门队伍，与社保机构经办人员联合开展理赔审核、费用管控及医疗行为监督等业务。

（4）激励效果良好。在该模式下，平谷区政府与人保健康双方的合作较基金管理型与保险合同型更具深度，政府与商业保险公司都是其中的利益责任共担的主体，因而双方对合作实施的大病保险具有较高的工作积极性，激励效果良好。

四、江苏太仓大病保险社商合作——再保险

太仓位于江苏省东南部，临近上海，位于长江三角洲经济发达地区。但是太仓常住人口较少，不足江阴市人口的一半。可是太仓利用最少的人口，成了大病保险筹资额最多的县级市。太仓模式最大的特点是政府将城乡居民大病保险工作全权交给商业保险公司，全市无论在职员工，或是城乡居民，

皆享受同等待遇。

（一）总体情况

2008 年，太仓实行了城乡居民医保统筹，将医疗救助划归到医保部门管理，提高信息化服务管理水平，实现医保各类资源整合。这一改革使得城乡居民的医保待遇更加统一，医保制度更加公平。2011 年，太仓下发了《关于社会医疗保险大病住院医疗实行再保险的规定（试行）》（太人社规字〔2011〕5 号），决定从医保基金结余中划拨一定比例作为大病保险基金，由商业保险公司承办，对超过起付线标准的人群实行再次分段按比例补偿，不设封顶线。这一政策的实施，大大提高了太仓大病保险的保障水平，让更多的居民受益。2015 年，印发了《太仓市大病门诊医疗保险办法（试行）》，规定在原有基础上进一步扩大了保障范围，筹资标准为每人 20 元，分别由基本医保统筹基金和财政各筹集 10 元，由商业保险公司承办，分段按比例补偿，不设封顶线。这一政策的实施，为太仓居民提供了更加全面的医保保障，让居民更加放心地就医。

太仓模式是在江苏省开展大病医保工作中，探索出的一条具有创新性的工作之路。2012 年 2 月，新华社《江苏领导参考》第 6 期刊发了《医保"太仓模式"破解"因病致贫"难题》的重要稿件。8 月，新华社驻江苏记者来到太仓，就重大疾病再保险太仓模式的有关政策和执行等问题，以多种方式进行了专访。太仓首创的太仓模式大病再保险被引入国家医保新政，从而使重大疾病再保险的太仓模式成为全国各地学习和借鉴的对象，成为新一轮医保制度顶层设计的参考。

2011 年 4 月，太仓人力资源和社会保障局和财政局出台了《关于社会医疗保险大病住院医疗实行再保险的规定（试行）》（太人社规字〔2011〕5 号），并于发文之日起开始实行。由此，太仓正式在全国范围内率先启动大病保险制度。太仓于 2011 年以公开投标的方式，确定了当地的城乡居民大病保险由商业保险公司负责运营和管理。在太仓的城乡居民大病保险体系中，不存在城镇职工和城乡居民在大病医疗保障待遇方面的差别，全市范围内形成了一个统一的城乡居民大病保险体系。根据制度设计，市医保部门运用社会医疗保险统筹基金，通过向商业保险机构招标，引入商业保险运作机制，为社会医疗保险参保人员在享受社会医疗保险待遇的基础上，对重大疾病发生的自理住院费用再次补偿，减轻参保人员的负担，从而有效遏制因病致贫、因病返贫现象。

太仓“大病保险”采用政府主导、商业保险公司承办的方式，即通过公开招标的方式引入商业保险公司承办大病保险业务，利用基本医保结余基金向人保健康购买大病保险。太仓市政府通过对历年医保数据、大病患者人数及其他相关因素的分析与测算，粗略计算出大病保险所需资金总额，得出在群众无需额外缴费的情况下，基本医保结余基金能够提供资金支持的结论，并据此确定大病保险的资金来源。同时，以太仓城乡居民人均年收入为基础，划定大病保险起付线，并根据筹资规模和待遇目标，通过公开竞标方式科学确定各费用段的补偿比例。

（二）合作主体

通过引入商业保险公司，太仓最终形成了以参保人员为核心，医保经办机构、商业保险公司、医疗服务机构协同发力的大病保险运行机制。在该运行机制中，医保经办机构处于绝对的主导地位，主要负责大病保险政策的制定与宣传、保险费用的筹集与划拨、商业保险公司的遴选与委派、商业保险公司的利润控制与监管，以及违规医疗行为的鉴定与处罚等；商业保险公司主要负责开展住院巡查、医疗费用审核、医疗费用管控等，最终为参保人员提供优质、高效的大病保险基金的支付与结算服务；医疗服务机构主要负责提供基本医疗服务，包括门诊服务与住院服务，不断改造服务流程，提高就医效率，改善就医效果，用最少的钱治好患者的病。

（三）运行机制

（1）在筹资方面。在保障对象方面，太仓将职工医保和城乡居民医保的参保人都统一纳入了全市的大病再保险中，让职工和城乡居民可以一起享有相同的保障待遇。

（2）在基金来源方面。太仓大病保险基金从基本医保基金的结余中提取，提取的标准是城乡居民每人每年 20 元，职工每人每年 50 元。

（3）在承办大病保险运营上。医保经办机构采用公开招标的方式，遴选出有资质的商业保险公司承办大病保险业务，并按照筹资标准，从参保人员缴纳的基本医疗保险基金中划出一定比例到商业保险公司设立的大病保险专项账户。经医保经办机构授权，商业保险公司配备医疗巡查队进入医疗服务机构开展住院巡查、医疗费用审核、医疗过程监管等活动，并及时将结果上报医保经办机构。医保经办机构对于医疗服务机构的过度医疗、诱导消费、医患合谋等违规行为进行惩处，并对商业保险公司的运作进行监管与利润控制。

（4）在合作监管方面。商业保险公司对于审核通过的参保人员的合规医疗费用进行支付或报销。大病保险“太仓模式”将商业保险公司纳入利益共同体，使原有的三方主体运行机制被打破，形成了以医保经办机构为主导、以商业保险公司为主体、以参保人员为核心、以医疗服务机构为重点的四方主体运行机制，产生了四组带有制约性质的关系。一是医保经办机构与商业保险公司共同监督医疗服务机构的医疗费用支出；二是医保经办机构与参保人员共同监督商业保险公司的保险基金支出；三是商业保险公司向参保人员支付大病保险基金并对医保经办机构负责；四是医疗服务机构与参保人员受到医保经办机构和商业保险公司的严格监管。在大病保险四方主体运行机制中，各个主体之间形成了相对稳定的监督与制约关系，医保经办机构与商业保险公司联防、联动、联控，强化了对医疗费用与保险费用的控制，保证了大病保险良好有序地运行。

（4）在报销方式上。太仓大病保险独有的二次补偿，就是在有了保险之后，再通过有关流程，将多余的医药费进行二次补偿。该制度打破了疾病种类及最高限额的规定，改为按照患者的实际医疗费用来进行补偿，在国内尚属首创。除此之外，将医保目录外的自费部分也包括在了赔付基数之中，使其实际赔付比例得到了极大提升。

城乡居民大病保险是保障人们在面对严重疾病时不至于因为巨大的医疗费用而陷入贫困的一项重要制度。在这个制度下，保险公司会对参保人员收取一定的费用，以此来保障他们在遇到大病时的医疗费用。

（四）模式特征

（1）行政效率高。政府主导、商业保险公司承办的方式，即通过公开招标的方式引入商业保险公司承办大病保险业务，利用基本医保结余基金向保险公司购买大病保险。

（2）管理费用降低。商业保险公司运营的基本原则就是收支平衡和保本微利。太仓设定的基础盈亏率是4.5%，也就是说，商业保险公司必须保证在这个范围内收支平衡，不得出现亏损的情况，出现的亏损由商业保险公司负责。

（3）风险分担。政府也要在每个医保年度内收取5%的再保险基金，这个基金的作用是防止保险公司的亏损，确保大病医疗保险制度的长期稳定。①

（4）激励效果较强。政府向商业保险公司购买商业保险并以“再保险”的形式委托保险公司办理大病保险，这使得商业保险公司在其中的运营责任较大，其为了降低业务实施风险必然会提升业务效率。

第二节　湖南“意外医疗费用支付管理”社商合作实践探索

一、总体情况

医疗保险是重要的社会保险制度，其在缓解农村家庭和低收入家庭贫困脆弱性等方面发挥了积极的作用。2020年2月，中共中央、国务院出台的《关于深化医疗保障制度改革的意见》中明确提出，到2030年，全面建成以基本医疗保险为主体，医疗救助为托底，补充医疗保险、商业健康保险、慈善捐赠、医疗互助共同发展的医疗保障制度体系。通过每个层次保障的叠

① 吴仁广．大病医疗保险制度实施效果评估研究［D］．济南：山东大学，2017.

加，逐步为城乡居民家庭提供更加全面的医疗保障。从湖南的情况来看，自2021年国家出台《关于巩固拓展医疗保障脱贫攻坚成果有效衔接乡村振兴战略的实施意见》后，湖南省及时响应，密集出台《湖南省城乡居民大病保险实施办法》（湘医保发〔2021〕41号）、《湖南省医疗救助办法》（湘政办发〔2021〕62号）等系列文件，全力推动新医保体系建设。

在医保工作实践中，有不少参保人因第三人或非第三人的原因受到意外伤害。对于因第三人造成的意外伤害，《中华人民共和国社会保险法》已就其医疗费用垫付和追偿机制作出了明确规定。而对于意外伤害案例中占较大比例的非第三人造成的伤害，参保人的医疗费用负担如何解决，一直是医保工作者思考和探索解决的问题。意外伤害导致的医疗保障问题是关系职工、城乡居民切身利益的重要民生问题，直接影响到群众最关心、最现实的生活保障。为提高意外伤害医疗费用确定、支付结算的效率，充分发挥医疗保险的保障作用。近年来，湖南省已经将意外伤害纳入医保管理。为参保人减负方面发挥了积极作用。湖南省积极探索基本医疗保险参保人员意外伤害医疗费用报销认定管理的办法，采取了一系列的措施，形成了一定的经验，取得了较好的效果。

委托商业保险公司经办可充分发挥商业保险查勘优势，弥补社会保险经办力量不足。方明旺、贾晓灿等认为，通过创新公共服务提供方式，向商业保险公司购买意外伤害医疗保险产品和服务，有效提高了案件勘查效率，排除了部分故意骗保的行为，节约了基金，降低了运行成本，提升了管理水平，最大程度地保护了参保者的利益。在委托商业保险经办意外伤害医疗保险业务时，政府与保险公司签订经办服务协议，以合同的形式明确责任、权利和义务关系，并建立利益共享、风险共担机制，促进了商业保险公司参与社会医保机构的可持续发展。

自2021年1月至2021年12月底，湖南省城乡居民医保的参保人数为5 723.5万人，城镇职工医保的参保人数为1 849.5万人，意外伤害医疗费用专项筹资金额为219 978.5万元，意外事故发生件数为522 278件，意外事件发生率为0.92%，年度基金支付为237 216.4万元。全省职工医保的参保人数为979.5万人，意外伤害医疗费用专项筹资金额为30 483.0万元（部分地区含大病互助)，意外事故发生件数为 57 157 件，意外事件发生率为 0.58%，年度基金支付为 104 685.5 万元。通过对部分地区保险公司抽样调查可见，意外伤害医疗费用支付类型方面，意外摔伤类占比最大（平均占比 65%)，其次是交通事故类。

二、商业保险公司参与经办的方式

随着湖南省全民医保体系的基本建立，参保人数陡增，基金规模扩大，基本医疗保险的资金筹资、支付、结算等工作管理量剧增，给医疗保险的经办管理和服务的效率提出了巨大的挑战。虽然湖南省医保经办机构通过内部挖潜，不断提升信息化应用水平，在一定程度上缓解了部分压力。但是受制于人员编制、工作经费、政策规定等的约束，医保经办管理过程中仍存在效率低下，成本控制难等问题，引入商业保险机构等社会力量参与医保业务经办就成了一个基于现实需要的选择。早在 2014 年，国务院办公厅《关于加快发展商业健康保险的若干意见》（国办发〔2014〕50 号）中就曾提出，"稳步推进商业保险机构参与各类医疗保险经办服务"。2020 年，中共中央、国务院《关于深化医疗保障制度改革的意见》中再次重申，"积极引入社会力量参与医疗保障经办服务"。

意外伤害医疗费用支付管理主要采取政府购买服务的方式，委托其他第三方机构经办，医保经办机构委托商业保险公司经办。例如，湖南省益阳市城乡居民医保意外伤害医疗费用支付则实行市级统筹，采取"全市统一政策、县（市）具体经办、商业保险机构参与经办"的管理模式。湖南省永州市规定入围商业保险公司独立承办城镇职工医保意外伤害业务，县（市、区）城乡居民医保意外伤害承办机构不超过 2 家，并对承办此业务的商业保险机构必须具备的条件做出了严格的规定。

从湖南省情况来看，其意外伤害医疗支付管理主要有商业保险公司承办与医保经办机构自办两种模式（表 5.1）。其中城乡居民医保参保人员意外伤害医疗费用支付由商业保险公司承办的占比为 98.37%，由医保经办机构自办的占比只有 2.63%；职工医保参保人员意外伤害医疗费用支付由商业保险公司承办的占比为 70.18%，由医保经办机构自办的占比 29.82%，可见，由商业保险公司承办参保人员意外伤害医疗费用支付已成为各地市的主要做法。

表 5.1　湖南省基本医疗参保人员意外伤害医疗费用支付管理模式

地区	城乡居民医保	职工医保
长沙市	长沙县由商业保险机构承办，其他地区由医保经办机构自办	长沙县由商业保险机构承办，其他地区由医保经办机构自办
株洲市	商业保险公司承办	市本级、渌口区由医保经办机构自办，其他地区由商业保险公司承办
湘潭市	商业保险公司承办	市本级、雨湖区、岳塘区、湘乡市、韶山市由医保经办机构自办，湘潭县由商业保险公司承办
衡阳市	商业保险公司承办	除高新区外，其他地区由商业保险公司承办
邵阳市	商业保险机构承办	邵东市、洞口县、隆回县由医保经办机构自办，其他地区由商业保险机构承办
岳阳市	商业保险机构承办	君山区、屈原管理区、汨罗市、岳阳县由商业保险公司承办，其他地区由医保经办机构自办
常德市	商业保险公司承办	除西湖区外，其他地区均由商业保险公司承办
张家界市	商业保险公司承办	医保经办机构自办
益阳市	商业保险公司承办	商业保险公司承办
郴州市	商业保险公司承办	商业保险公司承办
永州市	商业保险公司承办	商业保险公司承办
怀化市	商业保险公司承办	鹤城区、芷江侗族自治县、中方县、通道侗族自治县、洪江市由商业保险公司承办，其他地区由医保经办机构自办
娄底市	商业保险公司承办	商业保险公司承办
湘西土家族苗族自治州	商业保险公司承办	商业保险公司承办

商业保险公司承办的模式有如下三种：

（1）大病保险协办模式。大病保险协办模式即基本医疗意外伤害经办服务与城乡居民大病保险同步委托承办，意外伤害实行免承办费经办，政策性亏损由医保基金承担，管理性亏损由承办机构承担。

（2）购买服务模式。购买服务模式即医保管理部门通过招标、定向委托、邀标及竞争性谈判等形式向商业保险公司购买保险专业服务，与其签订经办协议，明确双方的权利、义务和盈亏分担机制，商业保险公司根据提供的经办服务收取相应的经办管理费用。该模式能充分发挥医疗保险经办机构和商业保险机构的专业联合优势，实现医疗保险意外伤害审核、报销的合法、公平、及时、便民的整体目标。购买服务模式是湖南省内各省市医保由商业保险公司经办的主要模式。

（3）增值服务模式。增值服务模式即商业保险公司在承办城乡居民大病保险业务的基础上，以增值服务的方式承办基本医疗意外伤害支付的部分业务，如查勘业务。在这种模式下，商业保险公司和医保管理部门没有委托协议，不计承办费用。这种模式无法进行权利和义务的约束，考核难度较大。承办机构因无绩效考核压力，势必疏于调查核实，骗保情况将无法有效遏制，与意外伤害业务委托专业保险机构承办的初衷相违背。

三、商业保险公司承办模式中盈亏分担

在商业保险公司不同的承办模式中，其基金运行的盈亏分担机制是不同的，其中居民医保意外伤害医疗基金由保险公司自负盈亏的占比 24.79%；政策内亏损由保险公司与医保比例分担的占比为 45.46%；由医保负担的占比 29.75%。职工医保意外伤害医疗基金由保险公司自负盈亏的占比 20.51%；政策内亏损由保险公司与医保比例分担的占比为 41.03%；由医保负担的占比 38.48%（图 5.1）。

关于意外伤害医疗保险的理赔管理规定各地差异不大，鉴于意外伤害发生的特殊性，各地基本要求发生意外伤害的患者在意外伤害发生的一定时期内向经办机构登记或提出申请，对意外伤害发生时间、地点、原因、经过等情况进行如实说明，经办机构（受委托的商业保险公司）会派出调查人员对事故的真实性等情况进行调查，并对理赔的时效性进行规定，同时规定应

当由第三人负担的、应当从工伤保险基金中支付的等情形的意外伤害医疗保险不予以补偿。

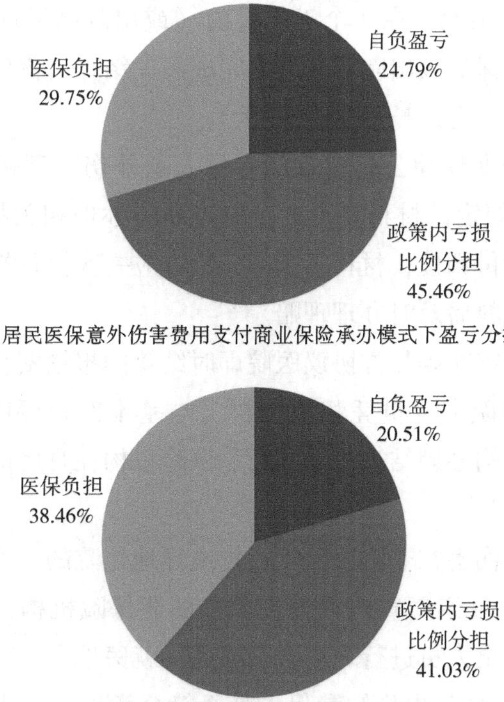

（a）居民医保意外伤害费用支付商业保险承办模式下盈亏分担比例

（b）职工医保意外伤害费用支付商业保险承办模式下盈亏分担比例

图 5.1　商业保险公司经办模式下的盈亏机制

四、商业保险公司参与意外医疗经办流程

用委托商业保险公司经办的模式，可提高服务效率，缓解社会医疗保险的经办压力。从商业保险公司具体经办流程中可见，保险公司参与了接、报案，查勘，反馈认定结果，结算等环节，特别是在非协议医疗机构或异地治疗特殊情形时，商业保险公司可发挥其优势，利用遍布全国的查勘队伍实现异地机构的异地代勘并出具勘查结论。

湖南省 cz 市商业保险公司参与意外医疗案件处理流程：

（1）报案：参保人在委托方协议医疗机构住院的，自入院 48 小时内，由协议医疗机构或参保人（或亲属）向承办商业保险机构报案。

（2）查勘：承办商业保险机构在接到报案后 48 小时内派人进行现场查勘。

（3）反馈认定结论：在 7 个工作日内（或出院结算前）向医院反馈认定结论，原则上确保病人出院后 3 天内完成医保结算（案情复杂的，经委托方同意可适当延长，但最长不超过 15 天）。

（4）结算：商业保险公司在收到参保人意外伤害理赔申请材料后根据“一次办结”管理规定，材料齐全的，应当即时办理相关报账手续，并在 7 个工作日内审核赔付到位；材料不全的，乙方应一次性告知所需材料，并在参保人补齐相关材料后及时办理理赔。

对于因意外伤害在委托方协议医院即时结算的报销资金可由医疗机构先行垫付，次月初由院方人员凭相关资料（与基本医疗保险规定保持一致）到承办商业保险机构办理结算，承办商业保险机构在月底前完成协议医院的垫资结算。

参保人因意外伤害在非协议医疗机构或异地住院的，参保人应于入院后 72 小时内由本人（或亲属）电话报告承办商业保险机构，承办商业保险机构 5 个工作日内派出人员进行现场查勘或通知就医地承办商业保险机构进行代勘，并在 10 个工作日内告知参保人是否符合意外伤害报销政策。对于无责任方的或部分责任的，由参保人先行垫付，出院后参保人将申请报销的资料（与基本医疗保险规定保持一致）报送承办商业保险机构结算窗口办理报销手续。

意外伤害的受益人为参保人本人，若参保人死亡，其意外伤害理赔款项可由其法定继承人依法提交相关手续后申请办理、领取。

第三节　我国基本医疗保险社商合作实践探索总结

一、我国基市医疗保险社商合作发展现状

2009 年，中共中央、国务院出台了《医改意见》，并在其中明确我国要

建立健全覆盖城乡居民的多层次的医疗保障体系，体系中以基本医疗保险为核心，外加其他以商业健康保险为代表的其他形式保险作补充。自《医改意见》出台后，国家正在通过政策不断扶持商业健康保险健康发展，国务院印发的《关于促进健康服务业发展的若干意见》（国发〔2013〕40号）、《关于加快发展商业健康保险的若干意见》（国办发〔2014〕50号）等相关文件都表明了国家对于商业健康保险发展赋予的期待。商业保险也从最开始的“补充地位”逐渐转变为“重要支柱”，在健全社会保障体系的过程中，商业保险承担着前所未有的重要责任。

从城镇基本医疗保险和商业保险公司的合作情况来看，在和城镇基本医疗保险进行结合发展时，融合方向聚焦在大病医疗保险上。商业保险机构针对社会医疗保险的保障水平有限这一关键点，针对性地开发出类似城镇职工大额医疗补充保险的产品，这一产品主要是用来承担超出社会医疗保险的最高给付标准线之外的费用，对于购买保险的居民而言，能够很好地填补社会医疗保险所不能覆盖的空白。最初开始尝试这种模式的城市是2000年左右的厦门，紧接着福建省也将这种商业健康保险的模式引入，并进行探索。这样的产品对于保险公司而言可获得的利润空间有限，但是对于社会整体构建医疗保障体系而言却有着重要意义。对于保险公司自身而言，也是一个建立良好形象和扩展市场的机会。目前，这种健康保险产品所建立的模式在我国的大部分城市中仍然发挥着作用。

从农村医疗保险和商业健康保险的结合发展情况来看，商业健康保险一直在积极融入新农合保险，这也是商业保险深入乡村居民基本保障战略中影响程度最深的合作。在合作中，保险公司接受地方卫生部门的基金委托，相当于政府将保险机构看作中介，通过购买中介的服务，委托保险公司管理与支付这笔基金。地方政府负责医疗保障基金和筹集，资金来源包括政府补贴和参加保险的个人所缴纳的费用，而保险公司在实际中主要负责对这笔基金进行管理、运作与补偿，并收取管理费用。虽然这种模式在运行中能够使商业保险公司和新农合制度达到一个相对和谐的状态，但其在十余年前便已在农村地区推广，到今天为止，商业保险与新农合的合作模式并未有重大突破。对于如今而言，这种合作方式略显浅显，保险公司虽在其中发挥了一定的主动性，但其收益仅仅是中介管理费用，这种模式对保险公司而言仅可称之为经办业务，保险公司并不负责基金的盈亏，也无法在这一过程中对产品进行开发或优化，显然不是最佳的合作模式。

二、我国基本医疗保险社商合作实践中的成功经验

在基本医疗保障领域引入市场竞争机制，创新公共服务及公共产品的供给模式，采取商业保险机构承办城乡居民大病保险的运作方式并非我国独创，在国际上也很盛行。美国、英国、德国、日本等主要发达资本主义国家在医疗保障体系的建设方面不谋而合，高度重视商业保险机构在医疗保障方面的作用，纷纷引入市场竞争机制。实践证明，商业保险机构参与医疗保障体系的建设有其无可比拟的优势，是一次毋庸置疑的成功的探索。我国城乡居民大病保险制度在设计之初就明确规定，采取商业保险机构承办的方式进行运作，由此奠定了商业保险机构在大病保险制度中的坚实基础，初步形成了包括医保经办机构、商业保险机构、医疗服务机构及大病保险参保人在内的四方主体运行机制。商业保险机构作为医保经办机构和参保人的共同代理人，是连接参保人和医疗服务机构的关键纽带，在整个大病保险运行机制中占有举足轻重的地位。

（一）实现公益性、商业性、公平性的有机统一

在太仓，商业保险公司承办大病保险实现了保本微利，有效加强了职工与城乡居民之间的互助共济，显著促进了社会公平。以新农合制度为基础，太仓率先实行了城乡居民医保全面并轨，建立了统一的城乡居民医保制度，由人力资源和社会保障部门统一进行管理，实现了“三保合一”。城镇职工、城镇非从业居民、农民三大群体首次打破身份的界限，实行差异化缴费（城镇职工每人每年 50 元，城乡居民每人每年 20 元）与公平化待遇享受。“三保合一”的城乡统筹体现了向弱势群体倾斜的政策导向，实现了社会资源的二次分配，极大地促进了社会公平。大病保险“太仓模式”实现了大病保险的公益性、保险机构的商业性和政府政策的公平性的有机统一，既盘活了基本医保的结余基金，放大了基本医保基金的保障效应，又深化了商业

保险公司参与全民医保体系建设的程度，加快了大病保险制度在全国的建立和推广进程。

新农合、大病保险与长期护理保险都是社会保险，而且大病保险与长期护理保险的资金来源均是依赖于基本医疗保险基金，在一定程度上都属于基本医疗保险的衍生品。新农合和大病保险在引入商业保险公司参与经办服务方面积累了丰富的实践经验，对长期护理保险委托保险公司经办的长效运行有一定的借鉴意义。

（二）政府积极主动引入商业保险公司

第一，政府应该有转变职能的需求。就一个地市级城市，政府的职能转变存在较大难度，大多数依靠上级政府的文件来带动。商业保险公司只有证明自己的经办模式能产生正面效果，才能得到政府认可。第二，政府可以接受经办服务转变带来的成本问题。商业保险公司经办就意味着商业保险机构将会取代政府相关部门，政府将会面临大量政府工作人员重新安置的问题，相关部门不配合甚至抵制的问题。第三，政府有强有力的组织能力。要满足参与各方合理诉求、合理利益，又能保证他们之间的互相制约，设计合理有效的利益导向机制，保证各方持续参与的积极性。第四，政府补贴足额到位。政府对社会医疗保险补贴水平和资金到位情况，将会影响百姓医保保障水平的满意度和商业保险公司经办的积极性。当政府补贴水平等于或者高于国家预定水平时，会推进各商业保险机构参与服务竞争，实现优胜劣汰。但是，医保资金不能挪作他用的规定对政府收入提出了更高要求。

（三）商业保险公司发挥专业优势，减少政府的行政成本

基金管理型模式有诸多优势：一是发挥了商业保险公司的专业化优势，有利于政府经办机构精简人员。如在“湛江模式”中，人保健康参与到全部基本医疗的就医巡查、现场监督和部分医疗费用审核工作中，减少了社保工作人员 20 多名。[1] 二是有利于减少政府的行政成本。在“江阴模式”中，

① 孙祁祥，郑伟．商业健康保险与中国医改——理论探讨、国际借鉴与战略构想［M］．北京：经济科学出版社，2010：124.

政府委托保险公司管理，节省了在管理网络、办公设备等方面的投入，每年的费用只需付300万元，仅为政府成立专门机构直接办理成本的50%左右①，一定程度上也减少了政府财政支出，提升了经办效率，提高了基金的抗风险能力和使用效率。

三、我国基本医疗保险社商合作实践中的问题教训

（一）商业保险机构定位偏差

在大病保险制度实际运行的过程中，商业保险机构的制度定位与其实际发挥的作用之间存在偏差。引入商业保险机构承办大病保险的初衷是利用商业保险机构在政策宣传、医疗费用审核、医保基金支付、医疗巡查等方面的专业优势，从而弥补政府人力、物力的不足，降低运行成本，提高服务质量，使公共目标得以实现，使人民群众得到更多的实惠。但从各地的地方实践来看，商业保险机构在大病保险运行的过程中扮演的角色更像是“二次报销员”，对经基本医疗保险报销后的合规医疗费用进行二次报销，仅仅是一个支付工具而不是一个风险控制工具。大病治疗往往是一个长期而复杂的过程，受到众多因素的影响。如果商业保险机构只是被动支付保费，而不主动地与医保经办机构协作，不对医疗服务机构治疗方案的合理性、医疗费用的真实性等进行检查与监督，不对参保人实际发生的合规医疗费用进行核实，那么大病保险引入商业保险机构承办的制度优势也就不复存在。

（二）商业保险公司权责不对等

商业保险机构在大病保险的运行过程中，实际上处在一个相对弱势的地位，与其承担的责任极度不匹配的是其拥有的权力。作为庞大的市场经济体制中微不足道的组成部分，论权力，比不上医保经办机构作为政府机构所拥有的强制性的行政权力；论专业，比不上医疗服务机构在医疗领域的专业优势；再加上参保人员对保险行业由来已久的偏见，商业保险机构的弱势地位

① 毛明华，邹烨．新型农村合作医疗“江阴模式”的创新与启示［J］．卫生经济研究，2008（2）：31-32.

不言而喻。作为企业，商业保险机构既没有医疗服务的定价权，也没有对违规违法行为的行政处罚权，究竟该以何种身份介入医疗服务机构内部开展住院巡查等活动始终是一个问题，政策的缺位导致商业保险机构在整个大病保险运行中的地位十分尴尬。除此之外，医疗服务机构利用其在医疗专业方面的信息优势，参保人员利用其在自身健康风险方面的信息优势，各自或者联合利用信息不对称进行逆向选择，导致严重的道德风险，使得商业保险机构处于更不利地位。

医保经办机构作为政府的代言人，其主导大病保险的制度定位并不准确。在大病保险的制度设计、商业保险机构的招标遴选过程中，医保经办机构确实应该居于主导地位，但在大病保险运行的核心环节，即住院巡查、医疗监督、费用管控及基金支付等关键环节，应给予商业保险机构更大的自主权，使其有更大的空间发挥自己的专业优势。当然，由于商业保险机构与生俱来的逐利性，医保经办机构必须对其进行严格的监管。也就是所谓的该主导的必须主导，不该主导的必须监管。

（三）保险公司参与经办的准入和退出机制不完善

目前，在我国的几个典型地区，参与到社会医疗保险管理中的商业保险公司大多是大型的国有商业保险公司。实际上，在刚开始实行委托管理模式时，并没有较为健全的制度保障，在选择保险公司参与社会医疗保险管理的过程中，有些地区并没有进行正式的招标程序，准入机制没有实现公开和透明。我国还没有建立起较为完善的退出机制，这就容易导致以下问题的发生：首先，如果保险公司要退出参与经办，就会影响到社会医疗保险体系的运作，这不利于参保居民获得稳定、持续的医疗保障；其次，如果没有其他的商业保险公司及时承保，提出退出的保险机构可能会借此来要求政府给予其更优惠的政策和条件，该保险公司才会继续承保；再次，社会医疗保险的经办工作是商业保险机构和政府共同参与的，如果没有较为完善的退出机制，一旦发生保险公司退出，相关固定资产的产权及信息安全问题将会容易产生纠纷。

因此，我国政府针对商业保险公司参与医疗保险的经办，需要建立起完善的准入和退出机制。在建立和规范准入机制方面，除了大型的国有商业保险机构以外，也应该鼓励其他有实力、有资质的商业保险公司参与社会医疗保险的管理和经办，增强市场主体的竞争性；并且随着各项制度的逐渐完善，准入机制实现透明公开化，使整个委托管理过程都能够达到公平公开。

第六章　我国长期护理保险社商合作实践探索典型案例

2016 年 6 月，人力资源和社会保障部明确提出，将上海、苏州、承德、长春等 15 个城市作为首批长期护理保险试点，并发布试点工作的原则性要求，将长期护理保险以社会保险的形式引入社会保障体系。2020 年 9 月，国家医疗保障局和财政部联合发布扩大试点城市范围的名单，在第一批试点城市的基础上，新增了北京、天津、福州、昆明、湘潭等城市。

国内关于社商合作的讨论主要集中于新农合、大病保险等领域，关于长期护理保险方面的讨论稍显不足。目前国内学者关于社商合作模式的划分有两种观点，原彰等将长期护理保险经办划分为政府管理、民营机构参与经办和商业保险提供产品 3 种模式。① 而张继元等将政府通过购买服务的方式引入商业保险公司参与长期护理保险经办的途径分为委托管理、购买服务和购买产品 3 种模式。②

随着商业保险公司参与经办服务程度的不断加深，政府部门将更多的服务内容转至商业保险负责。本书将社商合作划分为政府完全委托、政府购买、政府委托、政府经办（政府自办）4 种形式。本章选取青岛、上海、广州、湘潭、北京等地的实践探索。重点介绍政府委托与政府完全委托模式的实践探索，并对各地参保对象、筹资情况、待遇给付、社商合作的经办管理进行了总结对比。

---

① 原彰，廖韵婷，李建国．我国长期护理保险典型发展模式研究［J］．卫生软科学，2020，34（4）：60-64.

② 张继元，王建云，周富玲．社商协作的多层次长期护理保险体系研究——学界探讨、业界探索与国际经验［J］．华东理工大学学报（社会科学版），2018，33（4）：93-98.

第一节 政府委托商业保险公司独家承办的模式实践

一、青岛长期护理保险制度基本情况

青岛在1987年就已进入老龄化社会，当时全市65岁及以上人口超过总人口的7%。青岛的65岁及以上户籍人口在近几年，不管是具体数量还是占总人口的比重都继续保持上升的态势。

第七次人口普查显示，2020年青岛65岁及以上人口为142.98万人，占比14.20%；60岁及以上人口达到204.26万人，占比20.28%，与2010年第六次人口普查数据相比，比重上升了5.53个百分点。根据联合国标准，青岛已经进入了中度老龄化社会，也凸显了青岛人口老龄化的严峻形势。

青岛是我国长期护理保险制度试点较早的城市，作为最早开始探索长期护理保险的城市，青岛结合实践经验与实施状况，积极探索引入具有资质的商业保险机构参与护理保险经办服务，提高长期护理保险经办管理服务能力和基金风险管控力度，创新完善护理保险公共服务机制。

早在2006年青岛便要求建立家庭病床制度，将退休参保人员老年医疗护理纳入社区医疗保险管理，实行了包括老年护理、门诊大病和家庭病床在内的社区门诊统筹，并于同年根据文件精神公布了首批承担社区医保老年医疗护理和家庭病床定点单位名单，共计4家，为全国首创。

2012年6月，《关于建立长期医疗护理保险制度的意见（试行）》（青政办字〔2012〕91号）由青岛人力资源和社会保障局等部门联合发布，文件中规定了参保对象包括城镇职工医保和城镇居民医保参保人，也规定了保险费筹集从医保基金中划拨。2015年，青岛城镇居民与农村居民实现了医保领域的城乡统筹，长期护理保险也因此受益，开始逐步实现对城乡居民的全覆盖，也是全国第一个对城乡参保人实现护理制度全覆盖的地区。

2016年，《指导意见》发布长期护理保险制度首批试点城市，青岛位列其中，青岛长期护理保险制度也得到了进一步的发展。2017年，青岛依照

《关于将重度失智老人纳入长期护理保险保障范围并实行“失智专区”管理的试点意见》（青人社发〔2016〕27号），开始对失智和失能人群进行分类，将重度失智老人纳入保障范围，保障内容也从医疗护理扩大到对失智人群的生活照料服务。2018年2月28日，《青岛市长期护理保险暂行办法》（青政发〔2018〕12号）发布，推动“全人全责”长期护理保险制度，以需求为导向，为参保人员提供更及时、更有效率的照护服务，逐步往将长期护理保险脱离医疗保险成为独立险种的方向努力。2020年，青岛开始试点对长期护理保险定点机构进行评鉴工作，并出台《长期护理保险护理员职业技能等级标准》，要求护理人员必须通过相关考核才能进行护理工作，进一步规范护理服务供给。

2021年3月25日，《关于印发青岛市长期护理保险办法的通知》（青政发〔2021〕6号）发布，标志青岛长期护理保险进入3.0阶段，对职工参保和居民参保的条件等方面进行了统一，开拓了青岛的农村长期护理服务，同时居民参保人也可以像职工参保人一样报销生活照料费。2022年2月，《关于鼓励发展“两院一体”服务模式推进农村长期护理保险工作的通知》发布，鼓励基层卫生机构承担长期护理保险业务，进一步提升农村护理保险的普及程度。2023年1月，《关于加强长期护理保险委托经办机构监督管理有关问题的通知》（青医保字〔2023〕4号）发布，要求加强智能化、信息化建设，对委托经办机构服务过程全程监督，提升服务质量。

（一）参保对象

根据青岛长期护理保险办法相关规定，社会医疗保险参保人员应同步参加职工或居民护理保险，这一政策从青岛开始推行长期护理保险时就一直在正式文件中体现。目前，青岛长期护理保险参保人包括职工医保和居民医保参保人，基本做到了全民覆盖。

（二）筹资情况

青岛的筹资对象覆盖了城乡居民，覆盖群体比较广泛，虽然在办法中规定了个人与单位都是缴费主体，但是试点期间企业缴费责任是被免除的，更多是通过医保基金进行划转。在职工护理资金的筹集方式上，分为医保划拨，即每月从医保统筹基金中按医保缴费基数总额（也就是职工上一年度月平均工资的 0.3%）的比例划拨。以青岛 2022 年医保缴费基数为例，大致在 3 980 元到 19 899 元的区间范围，也就是划拨金额在 11.94 元到 59.68 元之间。个人缴费，即在职职工和退休员工都是按每月 0.2%的比例缴费，职工缴费基数是个人医保缴费基数，退休员工则为医保个人账户划转基数，2022 年个人缴费区间大致在 7.96 元到 39.8 元之间。财政补贴，即按照每人一年 30 元标准补贴。

在居民护理资金的筹集方式上则分为医保划拨和财政补贴两种方式，其中医保划拨是从居民医保个人缴费资金中按每人每年不低于 10 元的标准按年度划转，财政补贴则是从居民医保财政补贴资金中按每人每年不低于 20 元的标准年度划转。除了以上的筹资方式，青岛还建立了护理保险调剂金及预防和延缓失能失智保障金，用于防范护理资金可能存在的收不抵支情况，以及预防失能失智的相关工作，其中福彩公益金和社会捐赠是调剂金的重要资金来源。

（三）待遇给付

青岛的长期护理服务内容主要包括健康管理、医疗护理、生活照料、精神慰藉等基本照护，其内容全面且随着护理服务人员队列培训和机构建设机制的运行，服务质量在不断提升。根据办法规定，要享受相关长期护理保险待遇，参保人需要向定点护理机构或者评估机构申请评估，然后由相关人员按照《失能人员照护需求等级评估表》或者《失智人员照护需求等级评估表》进行筛查，过程中先对基本情况和疾病健康情况进行调查，再从日常生活活动、精神状态、感知觉沟通与社会参与 4 个方面对参保人进行评估，参保人再按照评估结果申请相应的照护服务。表 6.1 为青岛失能失智评估的主要指标内容，可以看到失能评估考察了疾病等健康状况，能力评估上从日常生活活动等 4 个维度出发，失智评估考察了定向力、语言能力等指标，体现了一定的科学性。青岛长期护理保险照护失能等级共分为 6 级（0 级—5 级），失智人员评估等级则分为轻度、中度、重度 3 个级别。失智人员和需求等级评估为3级及以上的失能人员才能享受照护服务，其中失能失智老人归为5级失能。照护服务的形式则分为居家照护、机构照护和日间照护3种。同时，在失能评估上青岛还坚持开发系统加速评估流程，如老年人可通过“爱山东·青e办”App在线提交待遇评估申请，据统计通过技术创新，青岛失能评估平均耗时仅5.5个工作日，远低于文件中要求的20个工作日。

表6.1　青岛失能失智评估指标

调查表	调查维度	调查内容
基本情况调查	基本信息	经济状况、生活环境、家庭支持等
	健康状况	疾病状况、营养状况等
	信息提供者及联系人信息	监护人信息等
能力评估	日常生活活动	进食、洗澡、大小便控制、行走等
	精神状态评估	认知功能、攻击行为、抑郁症状等
	感知觉与沟通	视力、听力、沟通交流等
	社会参与	空间定向、社会交往能力等
失智评估	定向力、记忆力、注意力、计算力、回忆能力、语言能力等	

资料来源：青岛市医疗保障局官网整理。

给付待遇上，青岛基本上采取的是“定额包干，超支不补”的基金支付方法，对不同护理服务形式分别确定基金包干标准。青岛长期护理保险的给付待遇分为医疗服务和照护服务两种，两种待遇支付方式下又都有三种服务方式，即居家照护、机构照护和日间照护，满足了不同人群的照护需求。与国内长期护理保险各大试点城市一致，青岛长期护理保险职工参保人员不管是报销比例还是报销限额都相对比居民参保人员高。同时，针对参保居民，青岛根据他们的医保缴费分为一档和二档。以2022年为例，一档居民缴费标准为462元/年，二档居民缴费标准为395元/年，不同档次的居民参保人报销比例和限额也不一样。新版的青岛长期护理保险试点办法将二档居民医保缴费人员的报销比例从70%提升至75%，在给付的公正性上还是取得了一定进步。

2012—2021年，青岛长期护理保险护理给付人数从不到1万人增长至7.1万人，累计支出35亿元，青岛与商业保险机构的长期护理保险合作也取得了初步成效。截至 2021 年 3 月，人保健康青岛分公司 6 年里累计独立完成长期护理保险各类评估近 3 万人次，支付长期护理保险赔款 17. 94 亿元，赔付 41. 09 万人次，对青岛长期护理保险的发展起到了有效补充。

（四）护理服务

在护理机构上，青岛护理机构一直坚持市场化运营，降低机构运营成本，引导长期护理保险服务机构合理布局。此外，青岛还制定了《长期护理保险定点护理服务机构评鉴规范》和《青岛市长期护理保险定点护理机构评分细则》，编制护理保险地方评价机制，引入第三方机构对护理机构进行评价，根据机构提供的不同照护服务类型和规模大小适用不同的评定标准，并坚持机构“有进有出”，培育了一大批本地照护品牌企业。最后，青岛还建立严格的准入监管机制，应用信息化技术，如 App 等对照护对象、服务内容等全程监管。

青岛长期护理保险定点服务机构提供的服务主要有居家护理（包括家护、巡护）和机构护理（包括院护、失智专区和专护）。其中：巡护更多针对的是人员居住分散，医疗资源相对不足的农村地区；院护则指机构护理；专护主要针对的则是需要专业医疗服务的重症失能老人。在这些服务中，提供居家护理服务的机构最多。截至 2021 年底，青岛长期护理保险定点服务机构已经有 978 家，地区分布上较为不均衡。如市北区总人口仅在全市排行第五，65 岁及以上人口也仅排在全市第四，却有 615 家机构，占比 62. 88%，占据绝对优势，机构类型上民营机构占 87%，是机构中的主要类型。

在护理资源上，2021 年青岛护理机构共计提供了 3 万余张护理床位，44 078名护理人员，67 748 个床位。护理人员性别构成上主要是女性，年龄偏大且学历较低，月工资较低，离职率较高。为了提升护理服务质量，青岛一方面颁布了护理人员等职能等级标准，通过相关培训和考核提升护理人员的照护水平，另一方面推动新技术在护理领域的深度应用和开发，做到护理智能化及信息化。

（五）管理机构

青岛由医保局负责长期护理保险的实施和监督管理，由医保局下设机构医保事业中心负责经办管理等相关工作。此外，由民政局负责行业管理工作，财政局负责资金保障工作，人力资源社会保障局负责职业培训等工作，卫生健康委负责给予医疗护理技术指导，金融监管总局青岛监管局负责商业长期护理保险的监管，其他机构如发展改革委、教育局等也有协同管理的职责。

（六）基金管理

青岛长期护理保险基金纳入财政专户管理，采用市级统筹、分级管理，由医保局、财政局和审计机关统筹监督护理保险基金使用情况，缴费上由医保局主导，会同财政局等部门根据社会发展、护理成本等因素适时变动。

（七）经办管理——商业保险公司独家承办的模式

医保事业中心是青岛长期护理保险的主要经办人，但它也会把部分管理职责通过政府采购的模式包办给商业保险公司。不同于广州的片区共保模式，青岛采用的是独家承办的模式。从 2017 年到现在，青岛的长期护理保险经办机构都是青岛人保健康保险公司。人保健康除了拥有青岛长期护理保险失能评定、系统建设等管理职能外，还有一定的基金收支管理职能。以最新的招标文件为例，医保经办机构须每月将保费的 80%拨付给商业保险机构作为预留保费。在资金的加持下，商业保险公司参与经办管理的积极性显著提升，服务质量也得到了更多的保障。此外，青岛的长期护理保险参保人失能评定结果最终要由护理机构审核并保管，能有效规避商业保险公司逃避保险责任的风险。除此之外，青岛还通过采购平台对长期护理保险研究、长期护理保险平台建设等项目进行公开招标，有效运用第三方机构精进长期护理保险的管理工作。

青岛仅人保健康中标参与长期护理保险经办管理。其合作主体单一化，存在两个弊端：一是商业保险公司缺乏竞争机制，形成一家独大；二是整个长期护理保险经办管理业务全部归于一家商业保险公司，工作量巨大，在兼顾长期护理保险合作业务的同时也不能放弃其原有业务。这样一来，长期护理保险经办效率势必会大打折扣，难符预期。

二、上海长期护理保险制度基本情况

上海市政府于 2016 年 12 月 29 日首次印发《上海市长期护理保险试点办法》，并在 2017 年和 2021 年进行修订。

（一）参保对象

上海对参加长期护理保险的人群做了相应的规定。一是参加本市职工医保的人员（以下称“第一类人员”）；二是参加本市城乡居民医保的 60 周岁及以上的人员（以下称“第二类人员”）。由此可知，上海长期护理保险有其适用范围，仅将城镇职工和 60 周岁及以上的城乡居民包含在内。

（二）资金筹集

上海的长期护理保险资金筹集渠道相对比较简单，主要资金源于医保统筹基金划转。上海长期护理保险资金筹集按照“以收定支、收支平衡、略有结余”的原则实行，根据上海经济社会发展和基金实际运行情况，再进行及时调整。在试点刚开始阶段，第一类人员由用人单位按照本单位职工医保缴费基数之和 1%的比例进行费用缴纳；在职职工个人按照其本人职工医保费基数 0. 1%的比例进行缴费，并提出试点阶段个人暂不缴费，退休人员无需缴费。第二类人员则按照略低于第一类人员的人均筹资水平确定筹资标准，个人缴费部分占总筹资额的 15%左右。其余部分，由市、区财政按照 1∶1 比例分担。在经过一年的试点之后，在资金筹集方面作了相应的变动，修改后的文件规定：对第一类人员，按照用人单位缴纳职工医保缴费基数 1%的比例，从职工医保统筹基金按季调剂资金。对于第二类人员，根据 60 周岁及以上城乡居民医保的参保人数，以略低于第一类人员的筹资水平按季调剂资金，作为长期护理保险筹资。2021 年，对第一类人员的筹资标准又进行了变动，修改后的文件规定：对第一类人员，按照用人单位缴纳职工医保缴费基数 0. 5%的比例，从职工医保统筹基金中按季调剂资金，作为长期护理保险筹资（表 6. 2）。长期护理保险基金归入社会保障基金财政专户，专款专用，对两类人员进行分账核算，当分账支付出现不足时，可报市政府批准，并由财政部门进行补贴。

表 6.2　上海长期护理保险筹资标准

参保人员	缴费渠道	筹资标准
第一类人员	医保基金划拨	用人单位缴纳职工医保缴费基数的 0.5%
第二类人员	医保基金划拨	略低于职工缴费水平，从居民医保统筹基金中按照季度调剂资金，由医保局和财政局另行制定

资料来源：上海市医疗保障局官网。

（三）待遇给付

上海对有护理需求且符合规定条件（本市户籍、已参加职工医保和居民医保）的老年人，按照全市制定的统一标准，对申请人的失能程度、疾病状况、护理情况等进行综合评估，最终确定评估等级，并依据评估等级享受长期护理保险待遇等政策。上海参考国外做法，并结合本地区的实践，率先在本市制定《上海市老年照护统一需求评估标准（试行）》，并以此作为需求评估的依据。对通过评估流程的申请人进行等级评定，从自理能力和疾病状况两个维度进行评估，按照 0—100 的分值，分值越高，所需要的护理等级越高，具体分为正常、照护一级至照护六级和建议至相关医疗机构就诊。值得注意的是，2019 年底，上海市卫生健康委、民政局和医保局联合印发《上海市老年照护统一需求评估标准（试行）2.0 版》，自理能力和疾病轻重两个维度的具体内涵更加广泛、全面。

上海老年长期护理的服务形式有三种，分别为居家上门照护、社区日间照护和养老机构照护。其待遇给付如下：

一是在居家上门照护。对经评估等级达到二至六级的人员，可享受居家上门照护。其中：评估等级为二级或三级的，每周上门服务 3 次；评估等级为四级的，每周上门服务 5 次；评估等级为五级或六级的，每周上门服务 7 次；每次上门服务的时长规定为 1 小时。同时，为体现鼓励居家养老，对评估为五级或六级的居家参保人员，连续接受居家照护服务 1 个月以上 6 个月（含）以下的，可自主选择在规定的每周 7 小时服务时间的基础上，每月增加 1 小时的服务时间或获得 40 元现金补助；连续接受居家照护服务 6 个月以上的，可自主选择在规定的每周 7 小时服务时间的基础上，每月增加 2 小时的服务时间或获得 80 元现金补助。对参保人员在评估有效期内发生的居家上门照护的服务费用，长期护理保险基金的支付水平报为 90%。

二是在社区日间照护。对经评估等级为二至四级的参保人员，可以享受社区日间照护。其中：评估等级为二级或三级的参保人员，每周服务 3 天；评估等级为四级的参保人员，每周服务 5 天。对参保人员在评估有效期内发生的符合规定的社区日间照护的服务费用，长期护理保险基金的支付水平为 85%。

三是在养老机构照护。对经评估等级为二至六级的参保人员，可以享受养老机构照护。对参保人员在评估有效期内发生的符合规定的养老机构照护的服务费用，长期护理保险基金的支付水平为 85%。见表 6.3 所示。

表 6.3　上海护理保险待遇标准

护理方式	等级	服务时间	支付比例
居家上门照护	二级或三级	3 次/周，1 小时/次	个人支付 10%；基金支付 90%
	四级	5 次/周，1 小时/次	
	五级或六级	7 次/周，1 小时/次	
社区日间照护	二级或三级	3 天/周	个人支付 15%；基金支付 85%
	四级	5 天/周	
养老机构照护	二至六级		个人支付 15%，基金支付 85%

资料来源：上海市人民政府网站。

除此之外，上海还规定了相应的补贴政策，如对最低生活保障、低收入家庭的老年人，选择居家上门照护、社区日间照护和养老机构照护服务的，期间发生的长期护理保险费用的个人自负部分予以补贴，低保家庭老年人全额补贴，低收入家庭老年人补贴 50%。

综上，长期护理保险基金在一定程度上向社区居家照护和养老机构照护进行倾斜，加大对社区居家养老服务形式的鼓励，可以帮助节省开支，促进资金的合理配置。

（四）护理服务

根据上海长期护理保险文件规定，长期护理保险服务形式分为三种。一是居家上门照护，是指养老服务机构，以及护理站、门诊部、社区卫生服务中心等基层医疗卫生机构和护理院，为居家的参保人员，通过上门照护形式，提供基本生活照料和与基本生活密切相关的医疗护理服务；二是社区日间照护，是指养老服务机构为社区日间照护场所内的参保人员，在规定时间段，提供基本生活照料和与基本生活密切相关的医疗护理服务；三是养老机构照护，是指养老机构为入住其机构内的参保人员，提供基本生活照料和与基本生活密切相关的医疗护理服务。

护理机构根据护理对象经过评估后的评估报告和结论，制定对应的护理计划，为护理人员开展护理服务提供依据。护理服务内容具体包括 27 项基本生活照料和 15 项常用临床护理（表 6.4）。

表 6.4　上海长期护理保险服务项目

服务分类	数量	具体项目
基本生活照料	27 项	头面部清洁梳理、洗发、指/趾甲护理、手足部清洁、温水擦浴、沐浴、协助进食/水、口腔清洁、协助更衣、整理床单、排泄护理、失禁护理、床上使用便器、人工取便术、晨间护理、晚间护理、会阴护理、药物管理、协助翻身叩背排痰、协助床上移动、借助器具移动、皮肤外用药涂擦、安全护理、生活自理能力训练、压疮预防护理、留置尿管的护理、人工肛门便袋护理
常用临床护理	15 项	开塞露/直肠栓剂给药、鼻饲、药物喂服、生命体征监测、物理降温、吸氧、灌肠、导尿（女性）、血糖监测、压疮伤口换药、静脉血标本采集、肌肉注射、皮下注射、造口护理、经外周静脉置入中心静脉导管（PICC）维护

资料来源：上海市人民政府官方网站资料整理。

（五）管理机构

上海长期护理保险制度的管理机构包括上海市医疗保障局、上海市医疗保险事业管理中心、上海市医疗保障局监督检查所，以及各区医疗保障行政管理部门和各区医疗保险事务中心。各部门具体职责如下：

上海市医疗保障局是上海长期护理保险定点管理工作的行政主管部门，

负责上海长期护理保险定点规划、协议规则、工作程序，以及长期护理保险相关管理工作。上海市医疗保险事业管理中心负责上海长期护理保险协议化管理，并履行相应的经办管理职责。上海市医疗保障局监督检查所以市医疗保障局的名义，负责对上海长期护理保险定点护理服务机构执行长期护理保险政策法规履行服务协议情况及监管制度落实情况进行监督检查。各区医疗保障行政管理部门负责辖区内长期护理保险定点护理服务机构长期护理保险相关管理工作。各区医疗保险事务中心负责辖区内长期护理保险具体经办工作。此外，卫生健康、民政等部门按照各自职责，协同做好行业管理工作。

（六）基金管理

长期护理保险基金的管理，参照国家和本市社会保险基金管理的有关规定执行。长期护理保险基金纳入社会保障基金财政专户，实行统一管理、专款专用，经办机构按照第一类人员和第二类人员分账核算。分账部分支付不足时，需要财政部门予以补贴的，报市政府批准后执行。长期护理保险基金按照规定，接受财政、审计部门的监督。

（七）经办管理——商业保险公司独家承办模式

上海在2021年前一直采用的是社保机构提供长期护理保险的经办服务，直到2021年才开始根据新的试点办法，在普陀区尝试使用第三方机构参与长期护理保险的经办管理服务。目前，上海同样采用独家承办模式，参与经办管理的保险公司为太平洋人寿上海分公司，经办内容包括需求评估管理，护理服务的全流程管理（包括数字化经办平台建设和服务质量巡查），机构管理（包括护理机构和人员管理，以及建立诚信档案）。同时，上海还积极建设长期护理保险平台系统，采购的项目包及护理数据交换共享系统、费用结算系统、护理过程全监督系统等，进一步提升了管理效率。

第二节　政府委托商业保险公司片区共保模式实践

一、广州长期护理保险制度基本情况

1992年，广州便步入了老龄化社会，近30年的发展更是让人口老龄化程度进一步加深。2022年底，广州户籍人口1 034.91万人，其中65岁及以上老年人口142.31万人，占户籍人口的13.75%，比2021年（134.83万人）增加7.48万人；80岁及以上老年人口29.93万人，占户籍人口的2.89%，比2021年增加0.61万人。2022年，广州“纯老家庭”人数有12.79万人。

2015—2021年，广州老龄人口数量一直在稳步上升，60岁及以上人口比例也保持在18%左右。《2018年广州老龄事业发展报告和老年人口数据手册》显示，2018年广州失能人口总数已达到17.58万人，占老年人口比例10.39%，高于全国平均水平，这也体现出广州长期护理保险的巨大需求。

广州是全国首批、省内唯一的长期护理保险试点城市，2016年是广州长期护理保险制度发展的第一年。2017年，广州市政府办公厅发布《关于开展长期护理保险制度试点工作的意见》（穗府办函〔2017〕67号），同年5月22日，广州市人力资源社会保障局发布《广州市长期护理保险试行办法（征求意见稿）》，向全社会征求意见，并在修改完善后于同年7月28日印发《广州市长期护理保险试行办法》，广州正式开始实施长期护理保险。该办法首次规定了广州长期护理保险制度的参保范围、资金来源、待遇支付等方面，并在一开始便鼓励居家护理的支付方式，将护理机构的补贴与年度考核结果挂钩，以及明确用购买服务方式委托第三方机构经办长期护理保险工作，为广州长期护理保险制度的发展打下了良好的基础。

2019年、2020年和2024年《广州市长期护理保险试行办法》都有进一步的修订。2019年将评估程序进行简化，增加了更多医疗护理项目等。2020年则将18周岁及以上的城乡居民医保人员纳入覆盖范围，不再局限于城镇职工参保人，同时建立单位、个人缴费及财政补助的多元筹资机制，将

护理耗材费首次纳入支付范围等。2024 年对筹资机制进行优化，明确社会力量经办服务费用从基金列支等。此外，广州在 2018 年还颁布了《广州市长期护理保险协议定点服务机构管理办法》，在 2020 年对文件进行修改，并改名为《广州市长期护理保险协议定点服务机构及评估管理办法》，修改后沿用至今，成为长期护理保险制度发展的重要配套政策。2019 年以来，广州医保部门不断完善长期护理保险各项制度，初步建成符合市情、筹资多元、待遇合理、层次丰富、保障普惠的长期护理保险制度体系，重点解决长期失能人员基本生活照料和相关的医疗护理服务及设备使用服务保障需求。2019—2023 年，长期护理保险待遇享受人员累计超 12 万人，基金支出 43.3 亿元。

（一）参保对象

根据《广州市长期护理保险试行办法》，广州长期护理保险的参保对象必须为本市职工社会医疗保险参保人员，以及年满 18 周岁的城乡居民社会医疗保险参保人员。将城乡居民参保人员纳入长期护理保险，这一点上广州与上海、青岛等城市是基本一致的，也符合我国长期护理保险不断扩大覆盖范围的趋势。2019 年，广州常住人口有 1 530.6 万人，长期护理保险参保人员有 752.0 万人，皆为城镇职工，参保率不到 50%，随着新的办法正式实施，到了 2021 年 12 月，广州长期护理保险已经有了 1 173 万参保人员，包括 895 万职工参保人员和 278 万居民参保人员，其中职工参保率 100%。广州 2021 年底有 1 881.1 万常住人口，所以广州长期护理保险参保率大致为 62.36%，三年内提升超过 13 个百分点。截至 2023 年 12 月底，广州长期护理保险制度覆盖全市 925.8 万职工社会医疗保险参保人和 253.2 万城乡居民社会医疗保险参保人。

（二）筹资情况

作为一项新险种，长期护理保险制度的确立一定会涉及人才队伍建设、护理设备生产、运营网络软件、社会调查研究、政策宣传等活动，只有充足的启动资金才能确保上述活动的顺利进行，因而筹资来源对于长期护理保险制度的建设具有关键作用。

目前，我国长期护理保险筹资渠道广泛应用的主要有医保统筹基金、个人缴费、单位缴费、政府补贴及福彩公益金 5 种。其中个人缴费加上政府给予一定的财政补贴，以及从医保基金中进行划拨是我国最常用的筹资组合，广州采取的也是这种筹资方式，在具体操作上则运用比例筹资的支付方式为不同的人群作出区分（表 6.5）。

表 6.5　广州长期护理保险筹资标准

参保人员	缴费基数	缴费主体	筹资标准
职工参保	(1) 在职职工、失业人员、灵活就业人员、退休延缴人员、因工致残被鉴定为一级至四级伤残的工伤职工，缴费基数为当年度职工社会医疗保险缴费基数； (2) 享受职工社会医疗保险的退休待遇人员，缴费基数为 2021 年度本市在岗职工月平均工资的 60%	单位缴费	月缴费费率：在职职工、失业人员、灵活就业人员、退休延缴人员、因工致残被鉴定为一级至四级伤残的工伤职工，以及享受职工社会医疗保险的退休待遇人员为 0.15%
		个人缴费	月缴费费率： (1) 未满 35 周岁参保人员个人不缴费； (2) 满 35 周岁至未满 45 周岁参保人员为 0.02%； (3) 满 45 周岁至退休前参保人员、退休延缴人员为 0.08%； (4) 享受职工社会医疗保险的退休待遇人员为 0.12%
居民参保	以当年度城乡居民医保缴费基数为基数	城乡居民	年缴费费率为个人缴费和财政补助各为 0.15%

资料来源：广州市医疗保障局官网整理。

广州长期护理保险在缴费上按职工参保和居民参保作出区分。缴费基数上，除享受职工社会医疗保险的退休待遇人员外，职工参保以当年职工社会医疗保险缴费基数为基数，而享受职工社会医疗保险的退休待遇人员，缴费基数为 2021 年度本市在岗职工月平均工资的 60%。居民参保缴费基数则为当年年度城乡居民医保缴费基数。

由表 6.5 可知广州长期护理保险的筹资标准与社会保险一样分为职工参

保和居民参保两大类。其中职工参保人以个人缴费为主，单位缴费为辅。职工的单位缴费由医保经办机构从医保统筹基金按月划转，缴费费率统一为0.15%。个人缴费则由医保经办机构从其职工社会医疗保险个人账户按月代缴，费率则通过年龄进行划分，未满35周岁参保人员个人不缴费，满35周岁至未满45周岁参保人员为0.02%，满45周岁至退休前参保人员、退休延缴人员为0.08%，享受职工医保退休待遇参保人员费率则为最高，达到0.12%。按月缴费期间的退休延缴人员参加长期护理保险的个人缴费，从其缴纳的职工医保费中按月划转。居民参保缴费则由个人缴费和财政补助构成，个人缴费和财政补助由医保经办机构分布从城乡居民社会医保基金个人缴费和财政补助部分按年度划转，各为0.15%。

（三）待遇给付

给付规定包括给付条件和给付待遇。根据广州长期护理保险办法规定，参保人员申请长期护理保险待遇时要先进行长期护理保险失能评估，如果需要使用设备则要进行设备使用评估，而如果要延长护理期限还需要延续护理评估。以失能评估为例，共有评估申请、受理审核、评估实施和公示与结论4步程序，它从日常生活活动、精神状态、感知觉与沟通、社会参与4个方面对申请人员进行系统性评估。

广州可以通过申请评估，享受长期护理保险给付待遇的有长期失能人员、延续失能人员和设备使用人员3类人群，不同人群可享受的长期护理保险待遇也规定了不同条件。其中长期失能人员数量最多，它是指因年纪、残障等原因，有6个月以上无法日常生活自理，经失能评估为失能等级1—3级的人员。长期失能人员享受给付待遇的主要条件各不同。当前，广州已经实现线上线下一体化办理失能评估申请，在2021年广州在小程序和公众号“广州医保”推出了针对长期护理保险失能评估。在给付待遇上，与国内大部分城市一样，广州的长期护理保险政策也更鼓励居家养老模式，在基金最高支付限额和基金报销比例上都是居家护理得到的支持更多，赔付金额上限占优，这有利于引导保障对象优先利用居家和社区护理服务，减轻护理机构的负担。广州长期护理保险具体待遇标准见表6.6。

表 6.6　广州长期护理保险具体待遇标准

<table>
<tr><th colspan="2" rowspan="3">人群</th><th colspan="4">生活照料待遇</th><th rowspan="2">医疗护理待遇</th><th colspan="2" rowspan="2">设备使用待遇</th></tr>
<tr><th colspan="2">机构护理</th><th colspan="2">居家护理</th></tr>
<tr><th>纳入支付范围标准</th><th>支付比例</th><th>纳入支付范围标准</th><th>支付比例</th><th>基金最高支付标准</th><th>纳入支付范围标准</th><th>支付比例</th></tr>
<tr><td rowspan="2">长期护理 3 级待遇的长期失能人员、延续失能人员</td><td>职工</td><td>120 元/天</td><td>75%</td><td>105 元/天</td><td>90%</td><td>1 000 元/月</td><td>300 元/月</td><td>90%</td></tr>
<tr><td>居民</td><td>60 元/天</td><td>70%</td><td>50 元/天</td><td>85%</td><td>500 元/月</td><td>200 元/月</td><td>90%</td></tr>
<tr><td rowspan="2">长期护理 2 级待遇的失能人员</td><td>职工</td><td>30 元/天</td><td>75%</td><td>900 元/月</td><td>90%</td><td>500 元/月</td><td>200 元/月</td><td>85%</td></tr>
<tr><td>居民</td><td>15 元/天</td><td>70%</td><td>450 元/月</td><td>85%</td><td>250 元/月</td><td>150 元/月</td><td>85%</td></tr>
<tr><td rowspan="2">长期护理 1 级待遇的失能人员</td><td>职工</td><td>300 元/月</td><td>75%</td><td>300 元/月</td><td>90%</td><td rowspan="2">无</td><td>100 元/月</td><td>80%</td></tr>
<tr><td>居民</td><td>200 元/月</td><td>70%</td><td>200 元/月</td><td>85%</td><td>100 元/月</td><td>80%</td></tr>
</table>

资料来源：广州市医疗保障局官网整理。

（四）护理服务

护理机构上，广州自试点以来，一直在加强护理机构的建设。2017 年开始试点后到当年年底已经有长期护理定点机构 29 家，截至 2023 年 12 月，广州共有长期护理保险定点服务机构 305 家。

（五）管理机构

广州长期护理保险的管理机构与医保管理机构有很多重叠的地方，市医疗保障局是管理广州长期护理保险工作的主要机构，并负责监督它的实施情况。市医疗保障局下的医疗保险服务中心则负责长期护理保险的协议管理、参保筹资等日常工作。此外，财政局、民政局等部门也参与了一定的管理工作。

（六）基金管理

广州长期护理保险基金纳入市财政社会保险基金财政专户，按照《扩大指导意见》规定，专款专用，由财政部门和医保服务中心做好财务结算工作，并规定独立编制基金收支计划，上报市政府。基金的收入主要包括医保基金的划转，参保人医保个人账户的划转，基金的利息收入等。基金不足支付时由医保基金进行分担。

（七）经办管理——商业保险公司片区共保模式

广州的长期护理保险经办管理人是医保服务中心，但在部分经办管理职能上采取政府购买服务方式确定，由医保服务中心在市政府采购中心公开招标。广州的长期护理保险经办采购分为失能评估经办和待遇给付经办两部分。商业保险公司的经办模式采取片区共保，其中失能评估经办地区分为 4 个片区，选取 4 家保险机构进行管理，待遇给付经办地区分为两个片区，选取 2 家保险机构管理。以最新的招标为例，2023 年 2 月，广州长期护理保险招标结果公布，中国人寿保险股份有限公司（以下简称“中国人寿”）、太平洋人寿、泰康养老保险股份有限公司（简称“泰康养老”）和中华联合财产保险股份有限公司（以下简称“中华财险”）成为其失能评估经办公司，中国人民保险股份有限公司和中国太平洋财产保险股份有限公司成为待遇给付经办管理公司，委托费用共计 2 275 万元。通过有效地借助市场力量，广州长期护理保险的管理效率得到了提升。

二、湘潭长期护理保险制度基本情况

2016 年 6 月，我国在 15 个试点城市和山东、吉林两省开始开展长期护理保险制度试点工作。2020 年，湘潭市政府将探索长期护理保险制度作为重点任务之一纳入《健康湘潭行动实施方案》，同年 9 月，《扩大指导意见》将湘潭列为长期护理保险扩大试点城市。2021 年 1 月，湘潭市医保局、民政局、财政局、卫生健康委印发了《湘潭市长期护理保险失能评定管理办法（试行）》，同年 2 月 22 日，湘潭开始首次长期护理保险评估工作。

第七次人口普查数据显示，湘潭常住人口约为 272.6 万人，60 岁及以上人口为 59.8 万人，占常住人口比 21.93%，高于全省 19.88%的水平，65 岁及以上人口 46.0 万人，占常住人口比 16.89%，湘潭已进入中度老龄化社会，长期护理保障需求迫切。

为促进护理服务市场的健康发展，湘潭市医保局等部门联合印发了《湘潭市长期护理保险定点护理服务机构管理办法（试行）》与《湘潭市长期护理保险护理服务管理办法（试行）》，加强和规范定点护理服务机构管理，建立了统一的长期护理保险护理服务项目清单和服务标准，规范长期护理保险服务，保障护理服务质量。另外，通过护理机构自查与经办商业保险公司巡查，开展一系列护理市场乱象专项专治工作，积极地维护了长期护理保险市场秩序。截至 2023 年 2 月，湘潭累计受理失能评估申请 2 965 人，享受待遇 2 269 人，基金支出 2 100 余万元。政策的出台极大减轻了重度失能人员家庭经济负担、提高了失能人员疾病管理质量、促进了本土医养康养相结合的养老产业发展，形成了鲜明的“湘潭长期护理模式”。2023 年 11 月，对各相关政策文件作了一定的修订。

（一）参保对象

湘潭长期护理保险的参保对象为湘潭城镇职工医保的参保人员，包括用人单位在职职工、退休人员、无雇工的个体工商户和非全日制从业人员，以及其他灵活就业人员。湘潭市统计局数据显示，截至 2023 年末，湘潭全市常住人口 270. 12 万人，基本医疗保险参保人数 256. 3 人，其中城乡居民医保的参保人数 202. 9 万人，城镇职工医保的参保人数 53. 4 万人。这也意味着，未来还有更多的人群需要纳入长期护理保险的保障范围中来。

由于农村地区的人均收入相对较低，且劳动强度大，医疗条件和保养意识都相对薄弱，加上老龄化城乡倒置的问题，农村地区更需要长期护理保险来应对失能风险。如何尽快有序地将农村居民纳入参保范围之内，是当前长期护理保险制度亟待解决的一个问题。目前，全国各地试点城市中，大部分参保对象都是以城镇职工为主，但成都、上饶、广州、南通、呼和浩特、北京市石景山区等地目前已经扩展至城乡居民。

（二）筹资情况

湘潭在 3 年的实践中形成了自己的特色。例如，在评估时最先采用国家标准，在筹资时采用按比例筹资形式等。湘潭长期护理保险基金按年度筹集，以单位和个人缴费为主，政府补助和社会互助相结合的多渠道筹资方式。单位和个人缴费原则上按同比例分担。

针对在职职工，用人单位缴费部分以基本医疗保险年缴费基数为标准，按0.12%的费率缴纳，起步阶段为不增加单位负担，从其缴纳的职工基本医疗保险费中划出。个人缴费部分，按个人基本医疗保险年缴费基数的0.12%，从其职工医保个人账户代扣代缴。

针对2023年的退休人员，长期护理保险筹资标准为100元/人/年，基本医疗保险统筹基金和个人各承担50%。2024年筹资标准根据上年度全省企业退休人员和机关事业单位退休人员平均基本养老金动态调整。

针对灵活就业人员，以上一年度湖南省全口径城镇单位就业人员平均工资为基数，按0.24%的费率由个人缴纳。

有个人账户的参保人员每年从个人账户一次性代扣代缴当年度长期护理保险费，参保人员因个人账户余额不足以缴纳长期护理保险费的，可从下月的个人账户资金中代扣代缴，直至足额缴纳长期护理保险费为止。

无个人账户的退休人员及灵活就业人员通过网络平台或指定银行缴费。

（三）待遇给付

2021年8月国家失能等级评定标准出台，湘潭立即组织评估员、评估专家相关人员进行学习培训，及时将地方标准向国家标准平稳过渡，率先使用国家失能评估标准。

市医保局会同市民政局、市财政局、市人力资源社会保障局、市卫生健康委等部门成立湘潭市长期护理保险评定委员会，办公室设在市医保局，负责失能评定工作，探索委托第三方评定机构负责失能评定的具体业务。各级医保经办机构分别组织本辖区内参保人员的失能评定工作，承办机构协助失能评定工作。评估员和评估专家劳务费用由长期护理保险基金按标准支付。

湘潭长期护理保险待遇享受方式共四类：一是医疗机构护理。入住长期护理定点二级及以上医疗机构可按每日100元标准享受护理服务，一级及以下医疗机构则为每日80元，费用由基金支付70%。二是养老机构护理。入住长期护理保险定点养老机构，可按每日50元的标准享受护理服务，费用同样由基金支付70%。三是机构上门护理。由长期护理定点护理服务机构指派护理员上门开展护理服务，可按每日40元的标准享受护理服务，由长期护理保险基金支付 80%。四是异地小额补助。主要是针对参保人员在异地接受护理服务的情况而设立的，按照每日 20 元的标准给予小额补助，实行按月支付（表 6.7）。由于参保人员可能因各种原因在异地居住或接受护理，为了保障他们在异地也能获得一定的护理保障，设置了异地小额补助。补助标准的确定是在综合考虑异地护理的实际情况和基金承受能力的基础上制定的，旨在为异地护理的参保人员提供一定的经济支持，减轻其护理费用负担。

表 6.7　湘潭长期护理保险护理服务

服务方式	支付标准
医疗机构护理	入住长期护理定点二级及以上医疗机构可按 100 元/人/天标准享受护理服务，一级及以下医疗机构则为 80 元/人/天。费用由基金支付 70%，个人支付 30%
养老机构护理	入住长期护理保险定点养老机构，可按 50 元/人/天的标准享受护理服务。费用由基金支付 70%，个人支付 30%
机构上门护理	由长期护理定点护理服务机构指派护理员上门开展护理服务，每周上门 3—4 次，限额为 40 元/人/次。费用由基金支付 80%，个人支付 20%
异地小额补助	限额为 20 元/人/天，实行按月支付

（四）护理服务

湘潭首批长期护理定点护理服务机构共有 14 家，经过 3 年多的发展，现在已增长到 63 家。覆盖全市所有县、区。政企联合开展专业护理培训，为护理市场持续不断输出近万名养老专业护理人才，在提高本市就业率的同时大力促进了本土养老护理行业的发展。

（五）管理机构

湘潭市医保局负责牵头制定长期护理保险政策，指导并监督长期护理保险试点工作的实施。各级医保经办机构负责经办工作。按政府主导、社会参与、专业承办的管理模式，将受理评定、费用审核、结算支付、稽核调查等经办服务，通过政府公开招标委托有资质的专业机构参与经办，提高经办服务能力。医保经办机构负责参保登记管理、城镇职工医保统筹基金和个人账户资金划转；税务部门负责基金征收工作（表 6. 8）。政府部门、商业保险公司、护理服务机构、参保人四方关系见图 6. 1。

表 6. 8　湘潭医保经办机构与承办机构工作内容表

机构	管理工作	具体负责
市医保经办机构	经办管理工作	（1）与中标的承办机构签订年度服务协议； （2）基金拨付和结算工作； （3）组织市本级失能评定工作，在失能评定委员会办公室的委托下作出评定结论； （4）参与护理服务机构的定点及协议管理； （5）做好数据统计分析、汇总和上报等工作； （6）接受企业、社会团体和个人捐赠； （7）接受失能评定委员会交办的其他工作
承办机构	部分经办业务	（1）长期护理保险政策宣传； （2）重度失能人员的实名制管理； （3）失能评定相关工作； （4）参与护理服务机构的定点，并与定点护理服务机构签订服务协议； （5）定点护理服务机构所发生护理费用的审核、结算与支付，评估员、评估专家劳务费用的支付，小额补助金发放； （6）护理服务质量的监督和管理； （7）长期护理保险信息系统建设和维护，做好与医保系统及定点护理服务机构的对接； （8）其他需要委托经办的业务

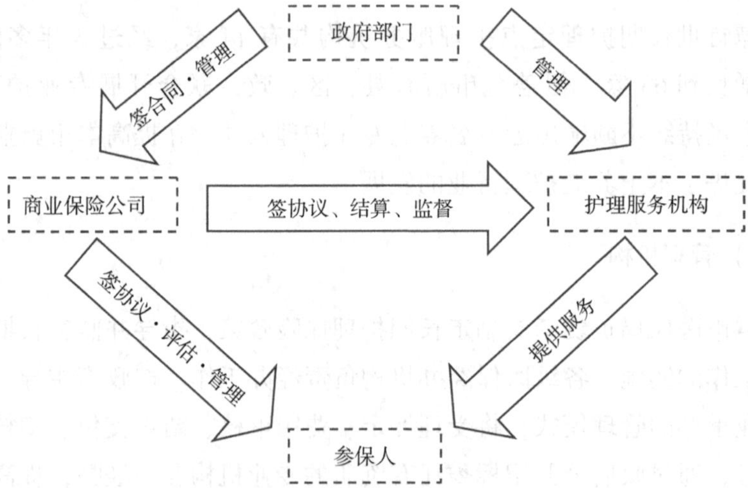

图 6. 1　四方关系与运行机制图

（六）基金管理

湘潭长期护理保险筹资按年度筹集，以单位和个人缴费为主，保费由征缴部门统一征收。企业、社会团体或者个人对长期护理保险基金的捐助，由市医保经办机构作为受捐对象，并协调相关部门，为捐助方出具湖南省公益事业捐赠票据，捐助资金归入长期护理保险基金财政专户。

（七）经办管理——商业保险公司片区共保模式

湘潭医保经办机构负责全市长期护理保险经办管理工作，县（市、区）医保经办机构负责本辖区内长期护理保险经办管理工作，湘潭市医保局将部分经办业务委托给承办机构。例如，长期护理保险政策宣传，重度失能人员的实名制管理，失能评定相关工作等。

长期护理保险具体经办业务由各级医保经办机构和通过公开招标的商业保险公司共同承担。商业保险公司主要在以下三个方面助力长期护理保险开展。一是扩大湘潭长期护理保险经办服务队伍，提升经办服务能力。由于商业保险公司人员配置的灵活性和快速响应能力，保险的经办服务网络在开展上门服务等延长服务方面发挥了很大的优势，使参保人可以获得更便捷的服务。二是发挥商业保险风险控制的专业优势，进一步提升医保基金监管效率，有效控制欺诈骗保的行为。三是有效分散风险，建立基金的超支分担机制，以此增加承办机构的工作责任心，确保长期护理保险的可持续发展。

2021 年初，中国人寿、太平洋人寿、泰康养老、中华财险、中国人民财产保险股份有限公司（以下简称“人保财险”）、财信吉祥人寿保险股份有限公司（以下简称“吉祥人寿”）参与湘潭长期护理保险试点工作。吉祥人寿于 2023 年 1 月成为一个片区长期护理保险主承办单位。吉祥人寿成为主承办单位后，公司在最短时间内组建服务经办团队，配备齐全电子设备、车辆等硬件设施。专门开设了吉祥人寿长期护理保险管理系统，专项处理长期护理保险的各项经办业务。在原有长期护理保险系统经办过程中总结了相关经验，简化系统操作流程，使之更适用于长期护理保险业务经办。

第三节　政府完全委托模式的实践探索

2016 年，北京市海淀区成为全国唯一的商业型失能互助保险试点地区，截至 2021 年底，失能护理互助保险试点个人参保 374 人，保费规模 160 万元，已有 16 人享受待遇。2020 年，北京市石景山区成为第二批长期护理保险试点地区，《北京市老龄事业发展报告（2021）》数据显示，石景山区长期护理保险政策已覆盖 42.2 万人，3 228 名重度失能人员享受待遇。2022 年，北京市发布《北京市长期护理保险制度扩大试点实施意见》（征求意见稿）。北京市同时探索商业型长期护理保险、社会保险型长期护理保险和失能老年人护理补贴政策，在全国长期护理保险试点城市中具有典型性。

2016 年 6 月，北京市海淀区政府出台《海淀区居家养老失能护理互助保险试点办法》（海行规发〔2016〕7 号），正式启动居家养老失能护理互助保险试点。以下对海淀区长期护理保险实践情况进行介绍。

（一）参保对象

海淀区居家养老失能护理互助保险以户为参保单位，年满 18 周岁（在校学生除外）以上的具有本区城乡户籍的居民，以及在本行政区域内各类合法社会组织工作的具有本市户籍人员可以自愿以户参保。其中享受生活困难补助人员、具有残疾证的残疾人可个人参保。

（二）筹资情况

长期护理互助保险资金实行社会统筹基金账户与个人账户相结合，个人缴费计入个人账户，政府补贴和照护服务机构互助基金计入统筹基金账户。基金缴费标准基数，2016 年暂按每人每年 1 140 元的标准筹集，个人缴费按年龄段实行差别化缴费，政府按不同年龄段缴费额度 20%的比例予以补贴，其中，市、区财政按 1∶1 比例负担。本区农业户籍参保人员由镇财政每年补助 120 元。个人连续缴费不得低于 15 年，财政补贴不超过 15 年。

失能护理互助保险的人均年筹资水平约为社会保险型长期护理保险试点地区的20倍，缴费负担较重。没有连续缴纳15年的参保人如需享受保险待遇，需要一次性按当年缴费额度补缴至15年，但这无疑增加了失能老人的经济负担。

（三）待遇给付

年龄达到65岁、连续缴费满15年的参保人，达到失能标准的，可以申请享受护理保险待遇。如果参保人年龄达到65岁、达到失能标准，但缴费年限不足15年的，在一次性付清剩余年限保费的情况下，也可以申请享受护理保险待遇。未享受保险待遇的参保人身故时，个人账户其受益人可以继承参保人的保险，在达到保险基金支付条件时享受护理保险待遇。

（四）护理服务

参保人申请享受护理保险待遇时，商业保险公司委托第三方评估机构对参保人的日常基本生活能力进行评估，经认定达到失能标准的参保人，由符合准入条件的养老服务机构提供护理服务。海淀区失能等级分为重度、中度和轻度失能，分别享受1 900元、1 400元、900元标准的护理服务。海淀区居家养老失能互助保险服务类型有居家照护服务、社区照护服务、机构照护服务、其他照护服务（表6.9）。

表6.9　海淀区居家养老失能互助保险服务类型

服务类型	具体内容
居家照护	日常生活照顾、基本护理、基础康复、辅具购买和租借、家庭无障碍设施改造、送餐、帮助进食、紧急救援
社区照护	日间照料、社区康复护理
机构照护	在定点照护服务机构中接受长期照护服务
其他照护	亲情家庭互助服务、安宁关爱服务、精神安慰、志愿服务

资料来源：《海淀区居家养老失能护理互助保险试点办法》。

（五）管理机构

海淀区实行商业型长期护理保险制度，政府与商业保险公司合作，按照

“政府主导、商业运作、联合办公、多方参与”的原则，为失能老人提供护理服务。即政府为护理保险制度的实施和完善提供政策支持和部分财政支持，履行监管职能，具体来说，政府对护理保险制度建设实施统一规划，为护理保险制度完善提供有效的政策和部分财政支持，完善政策体系、养老服务体系建设，规范养老服务市场运行机制，对保险资金的运营、服务进行监管。

商业保险公司负责具体经办工作，包括失能等级评定、经费管理、服务支持等。鼓励保险公司开发企业护理年金等长期护理保险附加产品，以满足社会不同层次的需求。

（六）基金管理

商业保险公司负责经费管理。具体来说，商业保险公司负责具体基金业务经办工作，负责长期护理互助保险投保人的资格管理，负责保险金的收缴与保险金的保值增值，服务支持、运行管理与服务金支付。

保险基金建立动态稳定的筹资和待遇调整机制。缴费与待遇调整参照当地社会平均工资增长水平和基金承受程度建立调整机制，逐步调整个人缴费、政府补助在筹资额中的比重。政府主管部门或其指定的第三方机构根据评估情况，定期公布年度缴费标准和待遇支付标准。保险基金使用与管理接受社会监督。

（七）经办管理——政府推动、商业化运作

在海淀区，作为经办机构的商业保险公司，不仅负责保险资金的收缴与支付，参保人的投保及资格审定，基金的风险防控等经办业务，还需承担长期护理保险定点服务机构的审核与确定等工作，其职能范围较部分委托模式更为广泛。但商业保险公司毕竟有逐利的倾向，因此完善的监管机制在完全委托模式中至关重要。毕竟外包的只是服务，而非政府的公共责任。

与其他试点城市相比，海淀区失能护理互助保险的商业化色彩更浓厚，独立于社会保险之外，这一点在经办管理上体现得更为明显。北京海淀区采用“政府推动、商业化运作”的经办管理模式，并按照“政府引导，商业

运作，政府补贴，企业担险”的原则，建立护理保险合作互助机制，充分调动养老院、护理院等社会力量广泛参与养老服务的积极性，形成了一个完全依托商业保险机构承办失能护理互助保险的模式。

在具体运作环节中，北京海淀区政府通过招标的方式，引入商业保险公司承办失能护理互助保险，双方签订合作协议，约定权利与义务。政府部门负责服务机构的资格审核和商业保险公司经办服务的监督管理，其余所有经办管理业务均交给商业保险公司承办。2016 年，中国人民人寿保险股份有限公司（以下简称“人保寿险”）北京分公司成功中标，成为海淀区失能护理互助保险的保险人，除了经办失能护理互助保险投保人的资格管理，保险金的收缴与保险金的保值增值，服务支持、运行管理与服务金支付，承担失能护理互助保险后续的服务工作等日常业务外，人保寿险北京分公司还为海淀区居民提供定制的“人保寿险安享无忧团体长期护理保险”产品，该产品规定 18 岁及以上有海淀区户口的居民均可购买，但缴费至少 10 年，民政局对所缴纳保费给予 10%—30% 的财政补贴。政府还对那些年满 60 岁且出现失能情况的老人缴纳保费给予 20%—60% 的补贴。保险公司负责全流程的项目管理及基金管理，政府只负责制定服务标准并进行监督。有海淀区户籍的居民可以以家庭为单位自愿投保，政府给予参保人员一定的补助。

在该模式下，人保寿险北京分公司自负盈亏，独自承担基金运行风险，政府部门不参与基金的盈亏分配。商业化运作的经办管理模式，是保险合同模式的一种实践，充分发挥了各参与主体的优势，提高了基金运行效率，但其稳定性较弱，可持续性有待商榷。

第七章　商业保险公司参与长期护理保险经办模式分析

基于护理人员短缺和护理费用高昂的现实背景，2016 年 7 月，人力资源社会保障部办公厅印发的《指导意见》指出，要探索建立长期护理保险制度以保障失能人员基本生活权益。文件中除了对长期护理保险的保障范围、参保范围、资金筹集、待遇支付等内容提出指导性建议之外，还提到了“社会保险经办机构可以探索委托管理、购买以及定制护理服务和护理产品等多种实施路径、方法，在确保基金安全和有效监控前提下，积极发挥具有资质的商业保险机构等各类社会力量的作用，提高经办管理服务能力”，并强调各地要坚持因地制宜，坚持机制创新。本章将对我国长期护理保险发展现状与长期护理保险经办模式进行总结梳理。试图发现其中问题并对问题成因进行分析，明确商业保险公司参与长期护理保险经办的机遇与挑战。

第一节　我国长期护理保险发展现状

一、我国长期护理经验发展历程

我国建立长期护理保险旨在应对老龄化的严重挑战，并实现社会经济的健康长久发展，同时也是中国共产党和政府对为人民服务宗旨的具体践行，实现发展成果由人民共享的一项伟大的民生工程。长期护理保险制度的建立，不仅完善了我国现有的社会保障体系，为失能、失智人员提供基本生活保障，还促进了我国养老服务产业的发展，起到拉动地方就业和培养专业护理人才的作用。

（一）试点启动阶段

青岛在1987年进入老龄化城市，是我国较早进入老龄化的城市之一，因此，失能老人家庭照料负担问题较早显现。为应对失能失智老人长期照护难题，青岛于2012年在全国率先颁布了《关于建立长期医疗护理保险制度的意见（试行）》（青政办字〔2012〕91号），该意见开启了我国以失能老人为保障对象的长期护理保险的政策试点，青岛也成为我国长期护理保险试点的第一个城市。

青岛在实践中不断创新和发展，陆续颁布了一系列与长期护理保险相关的政策文件，其中《青岛市长期护理保险暂行办法》（青政发〔2018〕12号）为主政策，围绕失能等级评估的《青岛市长期照护需求等级评估实施办法》、明确保险基金筹集和给付的《关于实施〈青岛市长期护理保险暂行办法〉有关问题的通知》、规范长期护理服务提供及标准的《青岛市长期护理保险定点护理服务机构协议管理办法》、针对服务机构考核的《青岛市长期护理保险定点护理机构考核实施方案（试行）》及《青岛市长期护理保险照护需求等级第三方评估工作监督管理办法（试行）》为辅，由此，青岛构建起了较为完善的长期护理保险制度框架。制度先行，推动了青岛长期护理保险实践的良性发展，积累了大量有益的本土经验，进而推动了长期护理保险全国层面的扩大。

（二）试点推广阶段

“十三五”期间，国家卫生计生委印发了《全国护理事业发展规划（2016—2020年）》，该规划中要求扩大护理服务范围，为老年人提供一体化的健康养老服务。2016年，人力资源社会保障部办公厅发布的《指导意见》提出，探索建立以社会互助共济方式筹集资金，为长期失能人员的基本生活照料和与基本生活密切相关的医疗护理提供资金或服务保障的社会保险制度。

2016年，有15个城市入选第一批长期护理保险制度试点城市：上海、广州、青岛、宁波、重庆、成都、苏州、南通、长春、荆门、承德、上饶、齐齐哈尔、安庆、石河子。同时，山东省和吉林省作为国家试点的重点联系省份，在这两个省中的20个城市全部开展试点工作。这个阶段，长期护理保险制度试点工作在全国35个城市得到推广（表7.1）。

表7.1 长期护理保险制度原有试点城市

序号	省份	试点城市
1	河北省	承德市
2	吉林省	长春市、吉林市、通化市、松原市、梅河口市、珲春市
3	黑龙江省	齐齐哈尔市
4	上海市	上海市
5	江苏省	苏州市、南通市
6	浙江省	宁波市
7	安徽省	安庆市
8	江西省	上饶市
9	山东省	济南市、青岛市、淄博市、枣庄市、东营市、烟台市、潍坊市、济宁市、泰安市、威海市、日照市、临沂市、德州市、聊城市、滨州市、菏泽市
10	湖北省	荆门市
11	广东省	广州市
12	重庆市	重庆市
13	四川省	成都市
14	新疆生产建设兵团	石河子市

资料来源：国家医疗保障局网站。

分析我国首批长期护理保险制度试点城市的运行情况，发现法律法规不健全、专业服务人员缺乏、护理机构评估机制不完善、筹资渠道较少、服务范围较窄等，这是该时期我国长期护理保险发展的共性问题。我国应完善长期护理保险的相关法律法规，加快长期护理保险的基础建设，注重基金筹集多元化，不断丰富长期护理保险服务项目，完善护理机构的评估机制，以及充分发挥商业长期护理保险的补充作用。

（三）试点扩大阶段

在前期试点的基础上，2020 年，国家医保局和财政部发布了《扩大指导意见》，该扩大指导意见中将北京石景山、天津、晋城等 14 个城市作为新增试点城市，加上前期试点城市，我国长期护理保险试点城市共有 49 个（表 7.2）。

表 7.2　长期护理保险制度新增试点城市

序号	省份	试点城市
1	北京市	石景山区
2	天津市	天津市
3	山西省	晋城市
4	内蒙古自治区	呼和浩特市
5	辽宁省	盘锦市
6	福建省	福州市
7	河南省	开封市
8	湖南省	湘潭市
9	广西壮族自治区	南宁市
10	贵州省	黔西南布依族苗族自治州
11	云南省	昆明市
12	陕西省	汉中市
13	甘肃省	甘南藏族自治州
14	新疆维吾尔自治区	乌鲁木齐市

资料来源：国家医疗保障局网站。

新增试点开启“社保第六险”长期护理保险试点的加速进程。《扩大指导意见》明确了长期护理保险将设计成独立险种，从职工医保参保人群起步，先行保障重度失能人员。长期护理保险试点从原试点城市的各自为政逐步过渡到较为统一的保障范围和标准。值得关注的是，《扩大指导意见》还提出长期护理保险管理服务可以引入社会力量，且在医保基金里面列支经办管理费用，这为商业保险公司参与长期护理保险制度完善留出发展空间。新增的14个长期护理保险试点城市在护理市场供需失衡的背景下，使老年人长期护理问题成为国家和个人面临的严峻挑战。长期护理保险是养老服务中解决照护支付能力的重要一环，在2019年的政府工作报告中首次被提及后，加速推进试点已成定局。目前，我国长期护理保险分为政策性保险和商业护理保险两部分，并由医保部门为主导，针对高龄失能老人提供基本生活照料和常用临床护理服务。从国际长期护理保险运行模式来看，除了美国的纯商业保险模式外，大多数国家都建立了以政府的强制力作为保障，独立融资、覆盖面广的长期护理社会保险制度。而我国现阶段的目标是，扩大长期护理保险制度试点，发展商业护理保险产品，在经济条件具备时过渡到以社会保险为主、商业保险为辅的发展模式。

二、我国长期护理保险制度的指导原则及内容

（一）我国长期护理保险制度的指导原则

我国长期护理保险制度的指导原则遵循党的十八大以来历届全会的精神及领导人的重要思想，紧紧围绕着“五位一体”的总体布局和“四个全面”的战略布局，体现出以人为本的人本主义精神。坚持基本保障为先，权责对等，统筹协调，并可结合地方经济发展水平和实际，因地制宜发展各具特色的长期护理保险制度。把握特殊性，立足当下，坚持具体情况具体分析，独立设计险种，合理确定保障范围及待遇标准，划分筹资责任，同时做好各险种之间的衔接与配合。

（二）我国长期护理保险制度的内容框架

长期护理保险制度试行的首要目的是为建立互助共济的筹资模式，保障失能、失智人员的生活和基本医疗需求，旨在建立具有中国特色的长期护理保险制度新格局，健全和完善我国的社会保障体系。

以长期失能人员为主要保障对象，重点解决其基本的生活需要和医疗支出费用。在试行阶段的资金筹集可通过划转职工医保结余，优化职工医保结

构等方式，逐步探究互助共济的多渠道筹集机制。基金支付水平控制在70%左右，对长期护理保险基金需单独管理，并建立有效的监督和管理机制。除此之外，加强对护理人员的管理和培训工作，做好机构社区等平台的建设、管理和监督工作。试点期间覆盖范围可由城镇职工医保人群逐步扩展到城乡医保人群，同时各地可结合自身发展实际，灵活调整。未来资金筹集主体部分由个人和单位承担，对于特殊群体可适当给予资助，待遇给付水平需与当地经济发展水平协调，建立动态调整机制。

（三）我国长期护理保险制度的配套设施

做好配套设施衔接工作，首先保证长期护理保险制度与其他保障制度的有机协调，避免出现多种制度由一人重复享受。其次做好长期护理服务体系的建设，引导社会力量、组织等积极参与，同时支持相关产业和机构的发展，加大补贴，落实相关人员的培训工作，鼓励人员投入护理领域，加强政策引导。最后发挥社会力量，如商业保险、慈善事业等，建立多层次保障，同时积极引导和帮助商业性保险的开发，实现社会性和商业性保险协同发展，共同促进的局面。未来需建立、健全基金监督管理机制，同时引入从业人员协议管理与稽查制度，完善第三方监管，大力发展科技，推进创新型科技应用，实现信息互联互通互享。

三、我国长期护理保险发展现状

（一）覆盖人群

从覆盖人群看，2023年所有试点地区均覆盖城镇职工医保的参保人群，其中26个试点城市覆盖城乡居民医保的参保人群（4个城市覆盖至个别区域）。国家医保局数据显示，2020年长期护理保险在49个城市试点。2023年6月1日起，江苏通过地方立法，确定实行长期护理保险制度。2023年10月份，仅剩的4个城市（连云港、淮安、镇江、宿迁）也已陆续开展了长期护理保险制度试点。至此，江苏省实现了长期护理保险制度全覆盖。国家医保局数据显示，截至2023年6月底，长期护理保险制度参保人数约1.7

亿人，累计超过200万人享受待遇，累计支出基金约650亿元。

（二）制度规范建设情况

国家医保局和相关部委高度重视制度规范建设，出台了多项规范文件，且在《扩大指导意见》中明确提出长期护理保险的保障范围、资金筹集、待遇支付、管理服务等要求；制定的《长期护理失能等级评估标准（试行）》《长期护理保险失能等级评估操作指南》明确了长期护理保险服务评估指标、实施要求、评估结果判定方法等；全面推进服务机构和人员资质认定、定点机构服务监管等制度规范的研究起草工作。

（三）试点成效情况

目前，试点地区基本形成了稳定的筹资机制，建立了较为完善的长期护理服务体系，探索了“政商合作”的经办模式，在制度体系建设方面取得了一定进展。根据《2022年全国医疗保障事业发展统计公报》，49个试点城市中参加长期护理保险人数共16 990.2万，享受待遇120.8万人。2022年基金收入240.8亿元，基金支出104.4亿元，长期护理保险定点服务机构7 679个，护理服务人员33.1万人。据中国医疗保险媒体公开报道，自试点建立长期护理保险制度以来，人均报销水平每年约为1.6万元，基金支付占到个人基本护理费用的70%左右，有效减轻了失能人员家庭的经济负担和护理压力。

第二节　我国长期护理保险经办模式总结

一、完全委托模式

在我国现有的试点中，运用完全委托方式的地区少之又少，以北京市海淀区为典型，政府定政策，商业保险公司经办并承担相应运营风险。完全委托式是更彻底的公私合作方式，通常采用政府公开招标的形式，选择具有合格资质的商业保险公司，与其签订公共服务外包合同，由其直接承担长期护理保险的经办业务。中标的商业保险公司即是该市的保险经办机构，这与部分委托中商业保险公司的“参与”经办地位不同，但监管都由同级或上级的政府职能部门进行，以确保经办业务的过程合法合规。

北京海淀区长期护理保险社商合作实践严格意义上来说是一种“管办分离、社保搭台、商保竞技”的市场化运营模式。在此种模式中，商业保险公司作为运营主体，发挥核心作用，政府行政部门发挥政策性引导和监督职能。2016 年，海淀区政府与人保寿险北京分公司签订合作协议，由该公司在海淀区开展长期护理保险服务，政府提供一定的补贴。

在具体实践中，涉及以下几个方面：

一是人保寿险北京分公司对自愿投保的参保人进行核保，委托第三方评鉴机构进行失能等级评估。

二是行政管理机构负责照护服务机构的准入审核、协议商业保险结构的监督管理，以及对参保者进行补贴。

三是人保寿险北京分公司作为经办机构，一方面与行政管理部门签订服务协议，负责参保者保费收缴、服务支付结算及基金运营管理，另一方面，与照护服务机构签约，对其进行服务费用审核与结算支付。

海淀区实行自愿参保，参保以户为单位，这会导致健康状况良好的家庭不愿意参保，而失能风险较大的家庭积极参保。逆向选择的存在，增大了基金透支风险。这对以盈利为目的的企业而言，在制度运行过程中出现较大的亏损或没有长期盈利时，商业保险公司会选择退出。在海淀模式中，保险公司全力承担赔付风险，因风险的不确定性，这需要中标的保险公司具有承担巨额亏损的预期及相应的偿付能力。

商业保险机构负责开发相关的长期护理保险产品，政府统一向其采购。从严格意义上看，这种模式已经是一种商业保险模式，或者说是一种政策性的商业长期护理保险，商业保险机构要经办大部分业务并自行承担风险，政府只负责制度规划和监督管理，并对参保的居民对象给予一定的财政补贴。年度内参保人缴费与护理人员报销护理费之间的差额即为商业保险机构的收入。

二、政府购买模式

政府购买模式中，商业保险机构只拥有基础经办业务和失能等级评定权限，不参与基金收缴、基金投资经营管理和制度设计。济南、宁波试点中即采取这种模式。济南 2016 年实施长期护理保险制度，通过招投标，太平养老保险股份有限公司中标，主要负责窗口服务、失能评定、长期护理服务管理、信息系统建设、稽核控费等工作。长期护理保险的基金管理工作由政府自行承担。宁波 2018 年通过政府购买方式，通过对外招标采购长期护理保险第三方机构评估与经办服务项目，泰康人寿成为中标供应商，根据合同要求组建长期护理保险评估与经办服务专业机构，负责失能评估工作、待遇确认及费用审核工作、管理护理服务机构、稽核巡查及宣传培训，但不参与基金筹集和管理。

三、政府委托模式

政府委托型模式中，商业保险机构除了经办基础业务和失能评估外，还介入了基金管理的部分领域。即政府在购买服务的基础上，将基金的结算支付、投资等运作也交由商业保险机构进行管理，如果发生亏损，则由政府和商业保险机构共同承担，但可以在次年通过财政补贴等方式进行适当调整。概括起来就是“基金管理、保本微利、有限风险共担，亏损次年调整”的原则。该模式已成为试点制度建立的范式，逐渐推广适用。

南通、青岛采取政府委托型模式。南通由 4 家商业保险公司组成共同体，参与长期护理保险的经办管理，管理费率为 1%—3%，按照“运行风险共担、保险事务共办、管理费率固定、年度考核退出”的原则，超支 5%以内由共同体承担，超支 5%—10%则由政府与共同体一起承担。政府主要负责制度规划、基金筹集、监督管理等工作。

青岛通过公开招标方式选择经办长期护理保险的商业保险机构，中标的保险公司还拥有部分的基金管理职能，但只限于基金收支管理，不包括对基金进行投资运营管理。《青岛市长期护理保险办法》明确提出要引入社会化力量参与护理保险经办服务和管理，在具体实践中，涉及四大主体：医疗保障行政部门、长期护理保险经办机构（医保）、商业保险公司和护理服务机构。首先，政府管理部门居于整个制度设计的顶层，负责总体统筹、经办机构和护理服务机构的行政管理工作。其次，护理保险经办机构负责长期护理保险的组织实施，具体包括资金收支、基金投资运营、定点护理服务机构管理和业务经办管理，这对医保机构来说，工作量无疑是巨大的，因此，在这一环节引入商业保险公司，委托其承担部分长期护理保险经办职能。通过政府招标，中标的保险公司扮演“出纳”角色，协助医保机构开展经办业务，具体负责参保人员失能等级评定、待遇给付结算、护理服务机构管理、评鉴考核等事项，此外，保险公司还拥有部分基金收支管理职能。青岛的社商合作实践从本质上来说，属于政府主导下的公私合作机制，经办机构将部分经办职能委托给商业保险公司，商业保险公司参与长期护理保险经办管理，并根据服务人口、运行成本、工作绩效等因素收取经办服务管理费用。一方面，极大减轻了医保机构的工作压力，另一方面，也充分发挥商业保险机构的效率优势。

医保中心下面的医疗保险经办机构承担长期护理保险的基金管理、日常协议管理和参保人的权益管理等职能。这一安排一方面能借用成熟的医保管理部门的人力、财力、物力，另一方面可以依凭医疗卫生定点服务机构资源，增加了管理便利性。这类经办机构多是事业单位性质，人员构成方面有许多窗口经办的劳务派遣员工，工资待遇较差，工作积极性不高。考虑到由医保机构经办管理是为其增加工作量，而人力、财力资源的有限性，使商业保险公司参与经办服务成为多地试点的现实选择。但由于公共经办机构的存在，商业保险公司只是其协作者，地位上是“通过公开招标确定的具备长期护理保险承办资质并与经办机构签订协议的承办机构”。具体承担职责体现在两者签订的协议上，不同试点间有差异。一般负责保险费用的结算、失能人员的鉴定、长期护理保险配套信息系统的建设等基本经办业务及监管由经办机构和政府行政部门开展。

四、政府经办模式

从长期护理保险经办的实践逻辑看，除了上文 3 种商业保险参与经办模式之外，还有一种类型为社会保险经办模式。如上海 2021 年之前的长期护理保险由经办机构负责经办。

上海市卫健委发布的 2022 年上海老年人口和老龄事业监测统计信息显示，截至 2022 年 12 月 31 日，上海全市 60 岁及以上户籍人口为 553.66 万人，占户籍总人口的 36.8%。上海已经是深度老龄化社会了，照护需求巨大。所以上海长期护理保险制度的历史最早可以追溯到 2013 年，由市人力资源社会保障局医保办牵头开始建立高龄老人医疗护理保障计划，在闵行区、杨浦区和浦东新区 3 区 6 个街道开始试点，这也成为上海长期护理保险制度的前身。

2014 年 12 月，上海市卫生发展研究中心在有关部门牵头下制定了全市统一的评估工具《上海市老年照护统一需求评估调查表》，走在了全国前列。2016 年《指导意见》发布后，上海也在同年 12 月发布了《上海市长期护理保险试点办法》（沪府发〔2016〕110 号）及相关文件，这也标志着上海长期护理保险制度的正式建立。从 2017 年开始，在上海徐汇区、普陀区和金山区 3 区开展试点工作，并从 2018 年开始全市推行。2018 年 2 月，上海市物价局、医保办公室等相关部门规定，公立医疗机构长期护理保险评估费用为每次 200 元，规范了长期护理保险评估收费行为。2020 年 2 月，上海发布将社区日间照护服务正式纳入长期护理保险试点支付范围，拓展了给付待遇的内容。2023 年 2 月，上海市医保局发布《上海市长期护理保险定点护理服务机构管理办法（试行）》，对定点服务机构和护理人员的资质都做出了相关要求，推动了护理服务高质量发展。

长期护理保险社会保险经办模式优点如下：减少商业保险机构遴选、监管、考核等业务环节，降低运营成本；不同社会保险项目间数据信息互联互通，保障信息安全；便于各部门与长期护理保险的政策协同；作为公共部门，与人力资源社会保障、医保、民政、卫健、财政、市场监督等部门间的协调渠道更为顺畅。

但社会保险经办模式也面临较大挑战，主要体现在：经办机构人力不足，受编制、人员招录等影响，队伍扩充难以与经办业务量的扩大同步实现；长期护理保险经办信息系统、智慧监管系统、居家照护服务 App 等系统开发建设需要较大的财政资金投入。

随着《扩大指导意见》的发布，上海长期护理保险制度的政策端也对之前的管理办法进行了更新。2021 年 12 月 21 日，《上海市长期护理保险试点办法》发布，进一步发挥了第三方机构等社会力量的作用，开始探索商业公司经办长期护理保险，同时为异地养老提供了结算待遇的支持。

第三节　商业保险公司参与长期护理保险经办成效

一、合理划分经办业务范围，明确盈亏分担方式

由于政府与商业保险公司合作方式的不同，各试点城市的商业保险公司参与长期护理保险业务经办管理的范围、盈亏分担方式，以及保险公司的盈利率也各不相同。在海淀模式中，失能护理互助保险业务由商业保险公司全权负责经办管理，政府仅给予政策支持，其基金盈亏风险也由保险公司一力承担。在该模式下，政府与保险公司的合作层次较深，更有利于发挥商业保险公司的专业优势，但其稳定性和适用性上较弱，只适合在人口密集、经济发展水平高和政府管理能力强的城市推广，在我国进行推广实现的难度较大。青岛采用委托的方式将长期护理保险的部分业务委托给商业保险公司经办，商业保险公司仅提供失能评估服务，即对参保人员进行失能评定，同时收取固定的委托管理费用。在该模式下，商业保险公司与政府合作范围有限，积极性较低，也并未发挥其在费用风险管控等方面的优势，但其模式的稳定性较强。在南通和安庆，商业保险公司与政府的合作范围更广，保险公司参与到费用审核、结算、照护服务机构管理等多个方面，同时基金盈亏风险由两者共同承担。在该种模式下，不仅能有效调动商业保险公司的积极性，也实现了保险公司和政府之间的优势互补，但如何科学合理划分经办业务范围，以及确定保险公司的盈利率是该模式长效运行的一大难题。在应用前景上，以南通和安庆为代表的混合模式稳定性较高，适用性较强，相较于海淀及青岛更值得推广与实施。

二、加强对照护服务供给过程及质量的监管

青岛建立了信息化智能监管机制，并开发智能监管手机 App，通过卫星定位、指纹采集、图像采集等技术手段，对护理机构提供的服务情况进行实时监控，保证服务及时提供、服务到位，确保失能人员享受到优质的照护服务。南通也积极开发信息化管理系统，逐步实现监管的智能化。智能化的监管手段能实现对照护服务情况的全过程监督，让失能人员享受到规范的照护服务，这不仅提高了失能人员的照护服务质量，同时也让保险公司及时掌握失能人员的身体情况，从而降低了保险公司的费用赔付。

三、丰富长期照护服务内容，创新发展照护服务方式

在照护服务内容上，青岛实践经验丰富，医保基金结余充足，因此保障水平较高，保障范围更广。青岛长期护理保险的保障范围不仅仅局限于医疗护理服务和日常照料服务，青岛还为半失能人员、轻中度失智人员和高危人群，提供身体功能维护等训练和指导等服务项目。相比而言，实践经验不足，经济发展水平较低的安庆和南通，其长期照护服务内容更窄一点，侧重于失能人员的基本生活照料，并且缺少预防性的照护服务项目。在照护服务方式方面，青岛的照护服务方式更具针对性，为不同的失能群体设计相应的照护服务方式，能更好地满足不同家庭失能失智人员的多样化、多层次照护服务需求。海淀则根据失能人员的家庭情况对照护服务方式做了相应的限制，只有独居、孤寡的失能老人才能申请机构照护服务，突出了“居家养老”这一制度特色。南通则有所创新，推出义工服务，进一步完善了长期照护服务体系。

四、商业保险公司发挥部分经办的优势

一是人力资源优势。商业保险公司可以根据业务需求，组建专门的队伍，其用人机制较为灵活，可以有效弥补社会保险经办机构人手不足的困境。

二是专业优势。商业保险公司在精算和风险防控等方面具有明显的专业优势，尤其是通过内在机制设计，可以充分发挥商业保险机构人力优势和丰富的监管经验，引导商业保险公司强化费用稽核，提高资金使用效率，同时还可以发挥其专业优势，为政府相关决策提供建议。

三是机构网点优势。商业保险机构可以根据业务需要，灵活设置营业网点，满足参保人的服务需求；并充分利用在全国的服务网络，组织开展异地经办服务，满足异地居住参保人的照护服务需求。

此外，商业保险公司通过开发长期护理保险经办系统、智能健康系统、居家养老 App 等，可以大大降低政府开办长期护理保险的初期成本。

五、引入商业保险公司，积极探索经办模式

商业保险机构参与经办模式，本质上是引入社会力量，服务于长期护理保险经办的探索。商业保险机构参与经办是将长期护理保险经办业务进行分割，通过招投标的方式将部分业务委托给商业保险公司承担。

经办机构是长期护理保险的“经办人”，商业保险公司是部分业务的“承办人”。行政和经办机构依照各自职责对商业保险公司履职行为进行监管；商业保险公司按照一定的标准收取管理费，按照合同约定提供相关服务，不承担财务风险。而商业保险公司经办模式下，商业保险公司承担长期护理保险经办的各环节职责，按照“保本微利”原则承担长期护理保险业务，并需要承担一定财务风险，同时接受行政机构的监管和考核。

从全国试点情况来看，大部分试点地区都引入商业保险公司参与到长期护理保险的部分经营工作中。其中，广州的商业保险公司只参与给付和失能评估相关的管理，并以此分为两类经办机构；上海的商业保险公司除参与给付和失能评估管理外，还参与系统建设等管理工作；青岛的商业保险公司则进一步参与基金管理工作等。

经办模式上，广州采用的是分区承办模式，将广州划分为 4 个片区，由几家保险公司分别负责各片区的经办管理工作，而上海和青岛则采用独家承办模式，由一家保险公司负责整个地区的经办管理工作。

第四节 商业保险机构参与长期护理保险经办问题分析

一、市场集中度高，对承办机构监督不到位

长期护理保险作为我国未来的第六险具有公益性质，是政府提升社会治理能力、转变公共服务职能的重要方式。我国长期护理保险虽然在系列政策指导下取得了显著进步，但商业保险机构参与长期护理保险经办，也面临一些难题。引入商业保险机构参与长期护理保险经办，应通过建立竞争性机制，引导机构发挥优势、提高效率，以体现商业保险机构的专业价值。但是从应用广泛性和专业性来看仍然面临着专业化结构程度低、服务体系缺乏和市场基础薄弱等问题，能够作为经办服务中合格的集成者、支持者和生产者的商业保险公司数量有限。多数小规模保险公司在参与经办长期护理保险中并不具备核心竞争力，难以应付经办过程中一系列评估和管理等方面的要求，大多作为投标和竞标阶段的陪跑者。为了使老年人享受到更加优质的照护服务，也为了降低管理难度，政府往往会青睐与专业程度更高的大型商业保险公司进行合作。大型商业保险公司拥有政府专项资金和政策加持，能够快速扩大自身的社会影响及服务规模，在养老服务供给领域吸引更多资金和资源。一个贴近政府的大型商业保险公司将会同时承担集成者、生产者和支持者 3 种角色，而反观小型保险机构的生存空间则会被逐步压榨，直至完全退出长期照护服务的社会竞争。当垄断市场形成之后，商业保险机构参与长期护理保险经办的市场竞争性会降低，市场集中度会提高，主要集中在几家“头部”机构。

目前，多数试点地区尚未出台对承办机构的日常管理与考核制度，对承办质量缺乏过程监督，考核要求不明确，未建立承办机构退出机制。为此，建议从规范经办模式、界定经办边界、明确经办流程、加强考核管理 4 个方面，分别完善商业保险公司经办管理要求。

二、商业保险的逐利性与长期护理保险的公益性之间的矛盾

商业保险机构参与长期护理保险，是多重因素共同驱动的结果，但本质上，作为市场主体的商业保险机构应以合理的利润回报为基础，才能实现该模式良性可持续运行。要借鉴大病保险商业保险经办实践中的经验教训，清晰界定“保本微利”的内涵外延，以促进良性可持续运行。

社商合作过程中，社会保险旨在满足失能人员的基本生活、照护需求，而商业保险公司的根本目的是获取利益。商业保险公司部分参与长期护理保险经办过程中，只收取基金管理费用，政府对其激励性不足，两者合作深度有限。例如，北京海淀区长期护理保险由商业保险公司提供，参保人自愿以户为单位购买长期护理保险，虽然在一定程度上扩大参保规模，但是家庭成员身体健康的家庭可能不会参保，导致保险覆盖率低、赔付率高的局面，保险公司盈亏存在较大的风险。

三、经办管理能力有待提高，经办标准化水平偏低

尽管社会保险机构经办长期护理保险可能存在效率低下，人手不足等问题，但不代表由商业保险公司来接手经办工作就是万全之策。我国商业长期护理保险起步晚且发展缓慢，加上商业保险公司参与长期护理保险经办的时间短，与发达国家相比，实践经验明显不足。就目前试点地区的实践情况来说，参与经办的商业保险公司涉及人寿保险公司、财产保险公司及养老保险公司，经办能力参差不齐，在业务流程、项目管理和成本控制等方面的经办能力有限。

由于长期护理保险仍处于试点期，各地政策存在较大差异，商业保险参与长期护理保险经办也呈现出“一城一策”的特征，难以形成标准化、规范化的经办规程。

四、未充分发挥商业保险公司专业优势

政府将长期护理保险委托给商业保险公司经办管理的初衷是发挥商业保险公司风险管控、精算专业优势，以及团队优势，以此来提高长期护理保险

制度运行效率和服务质量，为参保人员提供更好的服务。但是，目前商业保险公司在长期护理保险运行过程中的角色更倾向于支付的角色，而不是作为风险管控者，并未发挥其专业优势。

首先，政府与商业保险公司的合作层次较浅。商业保险公司主要承担受理，费用结算及监督等具体经办工作，未能参与到保障方案设计中，再加之分片区的经办管理模式，使得其能够获得的数据有限，这些因素限制了商业保险公司精算专业优势的充分发挥。其次，商业保险公司专业人才不足。虽然各家商业保险公司已初步建立长期护理保险经办队伍，但是面对不断增加的待遇享受人数和协议照护服务机构，要全面系统地对协议照护服务机构进行巡查、监督，100%对个体居家照护服务人员进行回访监督，这些工作人员的数量是无法实现更精准、更全面的服务质量监督等经办管理工作。工作人员工作经验少、护理、医学背景等专业人才的匮乏，限制了商业保险公司风险识别，风险管控能力的体现与提升。最后，商业保险公司经办长期护理保险的时间较短，在经办流程等方面存在着不规范的情况，其经办服务能力和效率较低。

五、承办机构权责不明确

目前，大多数试点城市并未在制度、合同协议中明确医保经办机构、委托承办商业保险公司、护理服务机构三方的职责和权利，如果未来与第三方发生合同纠纷，将对参保人、医保经办机构产生极大的风险。

在经办管理中，即便是第三方机构管理权限较大的青岛，也只是参与了长期护理保险基金的部分管理权限，第三方机构对管理的深入程度还不够。

由于我国长期护理保险制度仍处于试点探索阶段，制度运行时间较短，且各地运行模式存在差异，运行机制还不成熟，初步形成的政府主导、私营部门参与经办和服务供给模式在实际运行中，也存在各方功能定位模糊、权责不清、缺少沟通、协调不当等问题。长期护理保险的管理涉及人社部门、民政部门、卫健委、财政部门等多个部门。

政府部门的多方参与必然造成管理职能的分散，形成“九龙治水”的局面。尽管不同部门各有分工，但相互协调不顺畅会直接导致制度运行成本增加。多方监管看似有力，实则如果各部门之间信息不同步，不共享，则极易引发监管疏漏风险，有损长期护理保险制度运行效率。从社商合作的角度看，合作双方权责是否明晰，功能定位是否准确，沟通和监管机制是否完善都会对长期护理保险运行机制产生影响。要提高商业保险公司照护服务供给水平，就需要精细化权责界限，给予商业保险公司更多独立性，以实现政府职能的有效转变。

六、政策解读宣传力度不够

社会保险经办机构将长期护理保险政策宣传和咨询工作委托给的商业保险公司经办，在政策落地后，商业保险公司积极响应号召，采取走进社区、网络、电视等多种宣传手段，力求政策走进千家万户。但目前保险公司对长期护理保险的政策解读和宣传力度还不够，许多市民并不知晓这一新政策，或对其知之甚少，这将导致失能人员未能及时享受到政策福利。政策宣传是长期护理保险试点工作开展的首要环节，不可忽略，同样，关于政策的解读也不可缺少。

在湘潭进行调查面谈中发现，群众对长期护理保险政策理解存在偏差。例如，一些群众认为政策十分不公平，只有城镇职工可以享受，城乡居民不能享受；还有一些群众未能理解重度失能的含义，认为残疾人员都可以享受；甚至一些参保人员认为是商业保险公司骗人的，不相信这是社会保险的新政策。

群众对长期护理保险政策内容的不了解或理解有误，将导致巨大的信访风险，不仅影响商业保险公司的绩效考核，还会对商业保险公司的品牌形象有所损伤。

七、道德风险日益凸显

随着长期护理保险制度试点的推进，越来越多的人知道这一险种。但由于委托经办机构和协议照护服务机构、参保人员之间存在信息不对称，导致道德风险和逆向选择日益严重。在失能评定阶段，参保人员为享受长期护理保险待遇故意伪装或不配合，误导评估人员作出错误的评定结论，甚至存在着参保人员与评估人员相互串通的情况。在照护服务提供方面，以比例报销的试点地区极易出现照护服务过度消费的情况。由于失能人员可以自主选择照护服务项目，失能人员可能要求超出自身需求的照护服务，甚至有些照护服务机构出于自身利益最大化的考虑，与失能人员合谋或者引诱失能人员增加照护服务项目。在接受护理服务的过程中，以上各种情况都将导致待遇支出和评估费用支付压力过大，长期护理保险基金透支风险增大，最终影响长期护理保险的平稳运行。

第五节　商业保险公司参与长期护理保险经办的机遇与挑战

一、商业保险公司参与长期护理保险经办的外部环境

（一）长期护理需求增加

根据国家统计局的数据显示，2023 年我国 65 岁及以上人口为 21 676 万人，占全国人口的 15.4%。2024 年中国人口与发展研究中心数据显示：预计到 2035 年高龄老人将接近 8 000 万，到 2050 年会达到 1.47 亿。我国将成为拥有全球最多的高龄老人群体的国家。随着人口老龄化程度进一步提高，老年失智的人数也将不断增加。

接受长期护理服务不仅限于老年人，但是主体通常是老年人。中国保险行业协会在 2017 年 7 月至 9 月对老年人长期护理需求进行了专项调查，2017 年 12 月 20 日，中国保险行业协会发布了《2017 中国长期护理调研报告》，准确反映了老年人的长期护理需求状况。报告显示，对老年人来说，70 岁是身体机能和护理服务两方面的临界点。超过 70 岁，老年人的自理能力下降，重度失能的人群比例显著上升。

因此，随着时间推移，我国老年人的数量会持续增加，需要长期护理服务的群体规模将持续扩大，那么商业保险公司参与长期护理保险，参与资源

的整合就显得非常迫切。

（二）长期护理服务供给有限

中国保险行业协会发布的《2017 年中国长期护理调研报告》显示，老年人在获得长期护理服务方面存在没人照顾、经济实力不足、无合适的护理人员或机构等方面的困难。合适的专业护理短缺，将会导致护理费用上升。在专业服务和保险等第三方支付“双失”的情况下，服务和费用负担均集中在家属，尤其是子女身上。因此，长期护理保险制度建设恰逢其时，发展适合中高龄及高龄老年人需要的专业服务体系也迫在眉睫。

当前，我国长期护理服务体系发展滞后，长期护理机构管理方法、服务规范、质量评价都不够健全，服务项目、标准及评价机制尚未自成系统，服务供给相较于需求存在较大缺口，服务内容较为单一，专业化水平不高，尤其是医疗护理服务提供方面存在较大的缺口。同时，护理服务相关配套产业发展也不足，长期护理产业建设基础薄弱，① 长期护理服务供给市场不成熟。长期护理资源稀缺，体现在整个护理市场中护理人员供给不足，以及护理的基础设施供给无法满足实际需求。这里的基础设施除了床位等基础设施之外，包括日常生活护理需要的辅助器具及相关的医疗设备。由于护理行业在我国职业层次中比较低端，大部分的护理人员收入待遇较低、职业素养不高、专业能力不强，需要具备的生活护理和医疗护理技能不够完善，导致整个护理行业人力资源缺失。

《2022 年度国家老龄事业发展公报》显示，到 2022 年末，各类养老机构和设施达 38.7 万个，是 2018 年的两倍，养老床位数量达到 829.4 万个。但从每千名老年人拥有养老床位数量来看，2022 年与 2018 年相比微增，但低于 2020 年水平。和发达国家每千名老人 50—70 张床位的标准相比，仍然有较大差距。我国的长期护理市场服务供给与需求不匹配，相比于实际需求，长期护理供给还存在大量缺口，且护理服务内容不全面，护理人员专业水平有待提升。

---

① 徐敬惠，梁鸿．长期护理保险的理论与实践［M］．上海：复旦大学出版社，2018：137.

因此，通过商业保险公司参与长期护理保险经办与整合长期护理资源，来优化长期护理资源的配置，提高长期护理资源的利用效率，对于长期护理保险制度的持续运行，以及我国长期护理行业的完善具有重要意义。

（三）政府部门经办人手不足

作为社会第六险，长期护理保险是一项新增的险种，其涉及的主体众多，在失能评定，服务情况检查方面需要大量的经办人员对其进行监督管理。如果由政府统一经办管理，就目前的社会保险经办机构的经办人员是远远不够的。政府不仅需要招聘大量的工作人员，组建专业的经办工作团队，还需要增设经办机构，这无疑给政府带来巨大的工作压力及沉重的财政负担。将长期护理保险业务委托给商业保险公司经办，可以直接利用商业保险公司遍布城乡的基层服务网点和管理平台，以及专业化的人才队伍，能有效缓解政府在增设政府经办机构及人员编制方面的压力，减少经办管理成本和财政支出。

在政府自办模式下，政府部门集管理、承办、监督于一身，将面临既是政策的执行者又是政策的监管者的角色冲突。这种管办不分的模式不仅导致经办管理效率低下，还面临着“搭便车”“人情支付”“骗保”等道德风险，以及过度检查引起的群众抱怨等多重压力。除此之外，相较于商业保险公司，政府部门在费用控制、风险管控、基金管理等方面的专业技术能力有限，商业保险公司能有效减轻基金透支风险。

所以，政府引入商业保险公司参与长期护理保险的经办管理，将“征、监、办”分离开来，有利于完善长期护理保险管理运行机制，提升长期护理保险的运行效率和经办服务质量；还能有效发挥商业保险公司在风险管理、费用控制等方面的专业优势，强化了经办机构的管控职责，有利于提高日常经营管理的工作效率。

二、商业保险公司参与长期护理保险经办的内在动力

（一）获取市场竞争优势

企业能力理论认为，企业的竞争优势源于以“比竞争对手更低的成本、

更快的速度”去发展自身的能力，源于能够生产大量具有强大竞争能力的核心能力。一个企业协调资源配置的方法，决定了企业能从特定资源中获得的战略优势。企业能力理论从企业如何获取市场竞争优势的角度研究整合企业资源。当前，随着人口老龄化形势的加剧，社会对于长期护理的需求越来越多，商业保险公司不仅要经办社会长期护理保险，未来还要开发商业保险公司自己的长期护理保险产品。

社会长期护理保险作为国家政策理应由政府部门来办理，相应的政府部门也承担着整合长期护理资源的职责。但鉴于政府部门行政资源紧张，我国绝大多数城市的长期护理保险都是由政府委托商业保险公司来经办的，政府主要负责制定政策和监督运行，部分经办业务委托商业保险公司。然而，不是任何一家商业保险公司都能去经办长期护理保险，需要通过招投标的形式来最终决定哪家商业保险公司具有经办的资格。开展社会长期护理保险的目的就是要让失能人员得到比以前更好的护理服务，要想提供长期护理服务就必须有完善均衡配置的长期护理资源，同时需要发挥市场在资源配置中的作用，那么商业保险公司作为重要的市场力量是整合长期护理资源的重要一方。所以，商业保险公司在经办长期护理保险中整合长期护理资源，能够提升社会长期护理保险开展的效果，进而获得持续的经办资格，对于提升商业保险公司自身的企业形象和自身的竞争力具有重要意义。另外，商业保险公司在经办社会长期护理保险中整合长期护理资源，也能为未来发展商业长期护理保险积累经验，在商业长期护理保险中提升竞争力，获得竞争优势。

另外，商业长期护理保险产品逐渐发展。自2019年开始，我国几大商业保险公司，如泰康人寿，太保安联，华夏人寿，平安寿险，友邦保险等都推出了重疾型长期护理保险，这些产品的市场销量非常好，这也体现了我国商业长期护理保险正处于逐渐发展的阶段，所以在我国老龄化不断增长的现实背景，以及一系列政策制度的保证下，商业长期护理保险有望成为健康保险的下一个增长点。

（二）获取未来无形利益

关于利益，《马克思恩格斯文集》第三卷写道：“每一既定社会的经济关系首先表现为利益。[1]”在人类社会发展的历程中，人们的一切活动都是在利益驱动下的活动，人们所争取的一切都与利益相关，对利益的追求是人活动的最根本的目的。

作为以盈利为目的的企业，商业保险公司整合长期护理资源一个很重要的原因就是盈利，也就是说商业保险公司整合长期护理资源是有利可图的，包括经济利益和无形利益。政府委托商业保险公司经办长期护理保险会给予商业保险公司一定额度的利润点，如果商业保险公司在长期护理资源的整合方面发挥了有利的作用，那么商业保险公司就可以获得利润额度内更多的利润，但长期护理保险是一个准公共产品，其属性决定了商业保险公司不可能通过经办长期护理保险得到高额的经济利润，换句话说，商业保险公司经办长期护理保险的盈利空间是十分有限的。

除了经济利益之外，获取未来的无形利益，才是商业保险公司参与经办长期护理保险的更重要的原因。商业保险公司整合长期护理资源所获取的未来的无形利益是巨大的。首先，在经办长期护理保险的过程中，更能了解到社会对于长期护理的需求，对于商业保险公司开发和创新自己的商业长期护理保险产品有一定的借鉴意义；其次，通过经办长期护理保险，让失能人员享受到更好的护理服务，有助于提升商业保险公司的知名度，树立良好的企业形象，稳定和发展潜在的客源；最后，商业保险公司成功经办长期护理保险有助于长期护理保险制度持续、稳定发展，提升商业保险公司参与其他社会保险项目竞标的竞争力。

三、商业保险公司参与长期护理保险经办的自身优势

（一）专业的精算技术

商业保险公司可以发挥自身精算人才优势和精算技术优势。如果商业保险公司有足够的失能群体相关数据，那么对于长期护理资源的需求就会更明确，能够更好地在时间上和空间上来配置长期护理资源。商业保险公司在经

① 中共中央马克思恩格斯列宁斯大林著作编译局．马克思恩格斯文集（第三卷）[M]．北京：人民出版社，2009：320.

办长期护理保险时，可以积累失能群体的相关数据，通过收集一个地区失能群体的相关数据，充分发挥自身精算人才和经验数据积累优势，预测该地区对长期护理资源的需求量，如护理人员数量、床位数、辅助器具数量等，对这些进行可靠的预测，尽可能地避免长期护理资源的不足或者过剩，进一步优化长期护理资源的配置，促进长期护理资源整合。

（二）专业的运营和风控能力

商业保险公司具备丰富的保险业务运营管理经验，可以充分发挥保单管理、资金结算、系统建设、控费机制等方面的经验，做好长期护理保险经办服务。例如，在控费机制上，借鉴保险理赔、风险审查、客户服务等经验，可以为长期护理保险建立动态风险管理机制，保证长期护理保险基金的安全性，提高长期护理资源的利用效率。在长期护理服务提供上，利用商业保险公司已有的线上、线下服务体系和服务网络，拓展和延伸长期护理资源网络，促进长期护理资源整合。在健康管理业务上，开展健康管理的过程，同样需要商业保险公司去整合护理资源，为客户提供早期预防—中期治疗—后期康复全流程的优质服务，在这样一种能力的积累下，商业保险公司来整合长期护理资源就有了更多的经验支持，在整合长期护理资源的能力上也具有更大的优势。

（三）较高的资源配置效率

商业保险公司在人才队伍建设、管理和培训体系方面具有专业化和系统化运作的优势，可以根据社会对长期护理资源的需求量，以及经办长期护理保险的工作量，灵活配置人员、网点、硬件或信息系统建设支持，可以有效解决人员编制、信息系统等服务供给不足的问题。相较于社会保险经办部门，商业保险公司经办长期护理保险，可以避免人力资源不足的问题。同时，商业保险公司市场化的特征，使其在经办长期护理保险过程中资源配置效率更高、服务流程更优化。另外，客户体验对于商业保险公司来说，是影响其发展的一个至关重要的因素。商业保险公司在经办长期护理保险过程中，为了提高失能人员的满意度，让失能人员能享受到更优质的护理服务，商业保险公司更有动力去整合上下游资源，这样可以有效推进养老、护理、医疗等上下游资源整合，推动养老护理产业的长足发展。

因此，对于商业保险公司来说，在经办长期护理保险中的动力是与政府部门及其他社会相关行业共同解决社会事务，政府发挥“裁判员”的作用，监督长期护理保险的运作，商业保险公司作为“运动员”，实际经办长期护理保险，从而形成良好的社会责任感，承担相应的社会责任。并且，在这个过程中，还能发挥商业保险公司自身的职能和专业优势，让失能人员得到更好的长期护理服务，促进长期护理保险的可持续发展。

第八章　长期护理保险制度社商合作优化的设计与路径

基于试点城市发现的问题，长期护理保险制度社商合作模式有序运行，就需要清晰界定行政、经办和商业保险公司的职责边界。对于政府而言，主要职责聚焦于政策、标准、监管等规则的制定。对于经办机构而言，除了履行参保缴费、保险关系管理、资金拨付等职责外，还要对商业保险机构的履职进行监管和考核。商业保险公司作为长期护理保险部分业务的承办机构，主要负责政策宣传、待遇支付、服务机构监管、档案管理、系统建设等。本章对于长期护理保险社商合作的优化提供思路，并从公共部门、商业保险公司、社会三方面提出优化建议。

第一节　长期护理保险社商合作的优化思路

一、合理把握社商合作范围

由于制度视角不同，我国试点地区长期护理保险社商合作中商业保险公司参与范围、参与程度均不同，如何合理划分合作范围，是必须要考虑的问题。首先，在监管到位的同时，政府机构要进一步放权，给予商业保险公司更多的职能。政府与商业保险机构之间要建立基于平等互惠的“公私合作伙伴关系”，长期护理保险服务给付的特殊性和失能等级评定的复杂性决定了这项工作的艰巨性和困难度。医保机构在承担巨量医保经办工作的同时难以兼顾长期护理保险的经办服务，将长期护理保险经办业务委托有资质的商业保险公司，不但可以减轻人力、物力、财力方面的负担，而且商业保险机构具有专业经办队伍和先进经办管理经验，具有不可比拟的市场经营优势，政府管理部门或者医保机构只需扮演好政策制定者与监督者的角色。其次，在引入商业保险机构的同时，要充分考虑市场竞争机制的作用。政府管理部门要采取激励措施鼓励各类商业保险公司积极参与竞标，多元的经办主体之间形成充分竞争，在避免一家独大的同时又能提升经办效率。

二、科学布局内外监管

长期护理保险服务给付的特性，以及制度的公益性都要求政府部门加强对经办主体及经办流程等的监管。首先，要完善行政管理部门的内部监管机制。单独依靠医保机构的业务监管显然不够，因此，可探索成立政府部门间的监督评估管理机构，主体可包括医保机构、民政部门及国家金融监督管理机构等，科学制定专门的监督程序与监督机制，形成稳定运行的长期护理保险社商合作监管制度。这样一来，不但能减轻单独部门监管的压力，同时也能充分发挥集体监管的专业优势。但是，在这个过程中需要注意监管部门间的职责定位和协调共同。其次，要探索发挥外部监管的可能。积极探索高校、科研机构等第三方监管方式，一方面，无利益勾连的第三方机构具有更专业的监管技能，可能给出更公平公正的监管结果，另一方面，外部监管也能有效弥补政府内部监管的弊端与漏洞。通过合理布局内外监管机制，确保商业保险公司职权扩大的同时不会单纯逐利，使之保证市场营利性与社会公益性的平衡。

三、建立长效合作机制

从目前的试点情况来看，长期护理保险的平稳运行关键在于社商合作机制中商业保险公司的积极性，因此，需要建立激励性的长效合作机制。医保机构，以及负有政策制定、监督管理职能的相关行政部门在加强制度风险控制的同时可提升商业保险公司积极性。而激励性机制的讨论焦点在于商业保险公司对长期护理保险基金所拥有的权限和盈利方式两个方面。在青岛委托代理模式下，商业保险公司权限仅仅触及基金管理，盈利方式源于相对固定的委托管理费用，海淀的补贴经营模式扩大了商业保险公司的权限，商业保险公司的盈利除政府补贴外，还源于基金增值收入。两相比较，后者对商业保险公司的激励性更大。因此，可从扩大商业保险公司职权和明确盈亏两方面着手。首先，在前述监管机制的完善下，政府部门逐步放权，给予商业保险公司更大的经营自主性，这与行业发展趋势亦是一致的。其次，要明确商业保险公司盈亏原则，商业保险公司在“有利可图”前提下，才能激发其合作积极性。无论选择何种合作方式，以上方面均是必须考虑的。

第二节　长期护理保险社商合作的对策建议

一、政府部门方面

（一）加强监督管理力度

在监管上，政府应该加大对长期护理保险制度全流程的管控，不仅要有长期护理保险制度管理部门的内部监督，也要有外部的审计考核，并应及时公示长期护理保险制度的运营状况，方便民众参与监督流程。为了对长期护理保险制度的发展情况有全局的把握，形成有效的监督管理机制，政府部门还应该注重信息化系统的建设，对长期护理保险制度的运营数据进行科学管理，及时把握长期护理保险制度的经营情况，引导长期护理保险制度的发展。

通过与第三方机构合作、充分放权，以及对长期护理保险制度的信息化建设，有助于进行精细化管理，提升管理效率，形成有效的监管机制，保障失能失智群体的权益。

针对社商合作关系中，公私双方目标冲突有碍制度运行的弊病，要实施监管和支持并重的策略。加强监管，要防止私营部门因为私利而损害公共利益的情况出现。加强监管，需要各个部门相互配合，形成监管合力。人社部门、财政部门及保险监管部门要对参与经办业务的商业保险公司加强行业监管，确保商业保险公司按照委托合同履行义务。医保部门和长期护理保险经办机构应协力加强定点护理机构服务质量监督和基金安全保障，制定一套完善的考核评价体系，通过考核结果与护理费用结算支付挂钩的方式，规范护理机构行为，提高护理服务质量和护理对象满意度。

（二）加强三方合作与沟通

作为委托经办机构，商业保险公司有责任和义务对协议照护服务机构在照护服务情况、资金流向等方面进行监督管理，但协议照护服务机构的配合度较低，这使得商业保险公司无法有效行使监督管理权。建议商业保险公司组建专门的工作队伍和政府经办人员一起对医疗行为进行管控，该举措可大幅降低医疗机构不合理医疗费用支出，加强商业保险公司、政府及照护机构三方之间的合作与沟通。

从政府的角度讲，一是由政府牵头，组织保险行业协同建立长期护理的发生率数据库，并在保险行业内建立共享机制，为商业保险公司提供稳定可靠的精算数据来源；二是重视商业保险公司的作用，充分认识单靠政府财政补贴无法持续支撑老龄化下长期护理需求与日俱增的状况，要看到商业保险公司在服务网络、人才队伍、专业能力、信息技术等方面的优势，鼓励其参与长期护理保险经办服务，并通过财政支持、税收优惠、制定具体落实细则等手段，提高商业保险公司参与护理服务提供的积极性，刺激消费者购买长期护理商业保险的意愿等，推动长期护理商业保险发展，减轻政府养老护理负担；三是鼓励商业保险公司开发和推广长期护理商业保险产品，与长期护理社会保险相结合，作为其补充，满足不同参保群体的个性化需求。制定完善专门的法律法规，督促其完善保险条款，从政策制定者的角度规范保险市场，维护各方的利益安全。

（三）构建激励约束机制

对于参与经办的商业保险公司和提供服务的照护机构，增加声誉评估管理；对于提供优质服务的单位，提出表扬并给予额外补贴；针对服务质量不达标、弄虚作假的单位，提出批评并进行公示。政府要在政策上给予社商合作的支持与鼓励，让商业保险公司看到与政府进行合作是响应国家政策要求，是一件利国利民，又可以争取政策优势，促进自身发展的好事。在国家政策的支持下，商业保险公司与国家社会医疗保险体系的合作才能更加有保障，更加顺畅。比如，政府可以为合作的商业保险公司提供政策优惠，降低一定比率的保险费率，按照年度给予合作的商业保险公司一些政策补贴，通过这样的调控方式来调动商业保险公司参与二者融合的积极性。

建议在承办机构的准入、日常管理、年度考核等方面明确作出规定，针对未能按要求完成承办工作的，建立退出机制。在参保登记、失能评估、护理服务、审核监管等重要方面，应当建立统一的经办流程操作规范、工作标准，规范化管理承办工作，提高承办工作质量。

（四）加强支持力度

政府要加强对商业保险公司和民营护理机构的支持力度，在经办层面除了给予商业保险公司固定的管理运营费用，还可尝试让商业保险公司参与基金管理运营，并承担盈亏的方式，使商业保险公司“有利可图”，以此提高商业保险公司参与积极性。在护理服务方面，政府不仅要为民营养老护理机构创造可供其发展壮大的良好政策环境和养老配套设施建设，还应建立相应的考核评估与奖惩机制，加强护理机构相关人员培训，强化其社会责任感和服务意识，从根本上提高护理服务质量。

由于商业保险公司经办长期护理保险可能会造成经办领域出现大型商业保险公司垄断，引发其服务质量下降的困境，而商业保险公司的参与对于照护的供给又具有积极社会意义，因此，政府应当加强对商业保险公司的引导工作，运用政策、税收和场地等补贴，也可以与当地卫生学校联合教学培养护理学专业学员，利用既有资源帮助商业保险公司培育专属照护功能部门。在具体运营环节，可以采取发放相应政府补贴和减免运营费用等方式，对商业保险机构照护部门进行专项扶持，以此来增加小型商业保险公司竞争性，防止一元垄断主体出现，也能丰富养老服务多元化供给，保证竞争市场的活力。

（五）明确各方功能定位，确保运行机制顺畅

各地区可结合经济发展水平、医疗资源情况、经办队伍力量等因素，合理选择承办模式。并根据委托承办内容，建立医保经办机构与承办商业保险公司权责对等的承办机制，明确具体承办要求。

要界定医保经办机构与承办商业保险公司的职责范围。医保经办机构作为长期护理保险的重要责任部门，建议在制度设计、机构准入、协议管理、审核检查等方面牵头负责经办工作。适当委托承办商业保险公司协助开展待遇申请、审核检查、档案管理、信息化建设等辅助性工作。同时，建立长期护理保险承办“不可为”清单，明确商业保险公司承办责任和对应权利，激发商业保险公司主动作为的动力。

随着长期护理保险制度的深入，多头管理、权责不清的现象会严重威胁运行机制的通畅。为提高长期护理保险制度的有效性，保证制度高效运行，必须明确各部门责权，完善商业保险公司与政府公共部门的关系。作为社会保障体系的重要组成部分，长期护理保险应由人社部门统筹管理，各级人社部门承担直接管理责任，其他相关部门必须在人社部门的统一领导下协同管理。地方可探索建立“长期护理保险管理中心”，抽调相关部门人员协同办公，统筹监管职能，形成监管合力。另外，政府要处理好与商业保险公司和护理机构的关系，优化公私合作关系。长期护理保险制度中的社商合作模式还处于探索阶段，合作双方必须明确各自功能定位，政府做好“主导者”和“监管者”角色，商业保险公司做好“经办者”角色，明确经办内容和业务，护理机构做好“供给者”的角色，接受政府部门和经办机构的监管，做好护理服务供给工作。公私部门各司其职，相互配合才能确保长期护理保险制度有序运行。

（六）提高运行管理效率，完善经办管理

在经办管理方面，政府主管部门一方面要严格审核商业保险公司的经办管理能力，另一方面要组织经办管理人员参与相关培训，提高业务能力，同时还可组织成立项目组，实地考察学习先进地区经办管理经验。参与经办的

商业保险公司要抓住机遇，加强自身能力建设，培养一批专业精炼的专业人员，优化业务经办流程，从根本上提升经办管理能力。

管理责任方面，政府首先要明确管理责任，出台细致的管理条例，要规定相关部门主要负责的内容，杜绝主体不明、责任不清的情况。目前，我国由医疗保障局主管长期护理保险的发展，由医保服务中心负责日常的经营管理，但长期护理保险与医疗保险在参保人群、报销机制上都有一定的差别，医保服务中心参与长期护理保险的日常管理容易分身乏术，无法实现精细化管理。因此，应该将长期护理保险的管理职责从医保体系中分化出来，设置长期护理保险服务中心负责日常管理，有利于明晰工作目标。

在管理方式方面，政府应该大胆放权，同时与商业保险公司等第三方机构加大合作力度。我国有着广袤的国土面积，各地之间的经济发展水平有很大的差别，给予地方政府一定的自由度，增加地方的管理权限，可以探索出更适合当地的长期护理保险模式。当前社会行业分化趋势明显，对于细分市场，政府大包大揽的管理模式不再可行，而商业保险公司有着丰富的保险基金投资管理和保险事务运营经验，由商业保险公司参与长期护理保险基金管理、失能评估流程等，可以提升长期护理保险制度的管理效率。

在经办管理方面，政府主管部门一方面要严格审核商业保险公司经办管理能力，另一方面要组织经办管理人员参与相关培训，提高业务能力，还可组织成立项目组，实地考察学习先进地区经办管理经验。参与经办的商业保险公司要抓住机遇，加强自身能力建设，培养一批专业精炼的专业人员，优化业务经办流程，从根本上提升经办管理能力。

二、商业保险公司方面

（一）加大政策宣传和解读力度

政策宣传和解读是商业保险公司受托经办长期护理保险业务之一，做好长期护理保险政策宣传和解读，让更多的失能人员享受到这一政策福利，是衡量商业保险公司经办服务能力的标准之一。因此，商业保险公司要加强长期护理保险政策的宣传与解读力度。加大长期护理保险宣传力度，商业保险公司可以联合社区劳动保障工作站，进一步深入社区、街道进行宣传，对老年人进行集中的讲座宣讲，使参保人员对政策有更深入的认知。在宣传方式上可以多样化，可以采取拍摄视频、制作漫画等简单易懂的形式，通过电视、微信等网络渠道进行宣传，扩大宣传覆盖面。在宣传过程中，要注意政策解读的真实性和准确性，消除参保人员对商业保险公司的误解，让社会公众更好地知晓、理解长期护理保险这一新的社会保障福利，为长期护理保险的健康发展营造良好的舆论环境。另外，要加大政策落实的力度，真正使失能人员享受到政策红利。

（二）创新服务方式，提升信息化水平

在经办管理工作中商业保险公司也要创新服务方式，帮助政府建设信息化系统搜集长期护理保险数据，完善失能评估指标。在互联网迅速发展的时代，高效的经办管理离不开信息网络系统建设。首先，加快基本医疗保险、商业保险公司、协议照护服务机构，以及其他行业领域信息平台的信息共享和互联互通，创建多方共享的长期护理保险信息平台。通过该平台，商业保险公司可实时获取失能人员基本情况，实现对协议照护服务机构的照护服务情况的过程监管。其次，加强无纸化办公建设，实现数字化经办，实现受理、审核、费用结算、监管等经办业务线上线下的有机融合，提升经办效率。最后，加强信息保障，严格把控照护服务评价、参保人员举报投诉等信息的共享，在确保信息安全性的情况下，实现委托经办机构、长期护理保险失能人员及家属、协议照护服务机构三方相互监督，相互制约。

加强信息系统建设。从基本医疗保险经验看，医疗费用智能审核系统、“一站式”结算系统等信息系统，不但极大地提升了新农合与大病保险的经办效率，还有效防止了医保欺诈等道德风险的发生，减少医保基金浪费。加强长期护理保险系统建设应考虑以下 3 个方面：第一，加快长期护理保险信息系统建设，推广线上服务平台，运用智能化提高经办效率，优化业务经办流程，实现经办管理的专业化和智能化。第二，加快长期护理保险信息系统与医保信息系统和协议照护服务机构信息系统的互联互通。第三，加强在智能监控管理方面的信息系统建设，实现对失能评估、照护情况等环节全方位

的监控。

（三）充分发挥商业保险公司的专业优势

在市场的经营主体方面，对于商业保险公司而言，要积极加入新兴领域，提高服务能力。商业保险公司要积极参与政府长期护理保险经办工作的招标，这有利于商业保险公司掌握最新的长期护理保险数据。

在承办长期护理保险过程中，应基于人身险运营平台，为参保者提供一站式健康管理服务，将长期护理保险由单纯的事后被动经济补偿，转变为“健康管理+风险补偿”的主动综合保障，以此降低长期护理风险发生概率。充分发挥其市场优势，通过构建专业护理服务团队，筛选高质量护理服务供应商，将长期护理保险补偿方式从现金补偿转向服务补偿，向参保者提供高效便捷的护理服务。

发挥商业保险公司专业优势，离不开专业人才队伍建设。一方面，商业保险公司应该吸收精算、医学、护理等专业人才，壮大经办人员队伍；同时引进有经验的管理人员进行专业运营管理，避免道德风险和逆向选择的发生。另一方面，商业保险公司要加大对经办人员专业技能和综合素质的培训，提升工作人员业务技能和工作水平，建立专业、高效的长期护理保险业务经办队伍，提升长期护理保险经办效率。随着长期护理保险制度的推广，商业保险公司应加强与政府的合作，并结合经办过程中累计的基础数据，参与长期护理保险项目测算，为政府筹资提供数据支撑。

发挥商业保险公司精算优势协助政府合理定价。如新农合领域出现的江阴模式，可以借鉴江阴模式中的做法，太平洋保险公司江阴支公司作为受托经办方，充分发挥其专业优势积极参与新农合的缴费率和补偿标准的测算，协助政府拟订了合理的征缴补偿标准和办法。该举措不仅有利于降低基金透支风险，商业保险公司还可以利用相关的数据开发相应的保险产品，积极发挥商业保险对社会保险的补充作用。

不断完善长期护理保险制度运营体系，提高服务质效。商业性长期护理保险是商业保险公司的主要险种之一，经营体系较为完善。商业保险公司应发挥其在护理服务需求分析和护理等级评判等关键技术环节上的优势，直接为长期护理保险制度建设输入成熟经验和专业人才，积极投身到制度建设中来。

（四）创新产品与给付形式

随着老龄化程度的不断加深，在今后的发展中，仅靠政府主导的长期护理保险，无法满足参保群众多样化的照护服务需求。商业保险公司可以通过与政府合作，在获得全面详细的数据基础上，发展与长期护理保险相衔接的商业长期护理保险，通过提供专业化和多样化的照护服务吸引投保人，满足群众尤其是老年人的多样化需求。商业保险公司在产品内容上要根据不同人群的需求及购买力，提供更加个性化的服务，设计不同的保险金额和缴费金额，抓住下沉市场和高端市场的潜在客户。在保险条款设计上也要积极求变，商业保险公司要以充分照顾参保人的参保体验为目的进行完善，比如增加家庭成员长期护理保险产品共享的条款，从而方便家庭成员参保和续保。

结合国外经验，推出长期护理保险独立险种，同时探索长期护理保险作为保险产品附加险种捆绑出售的模式。商业保险公司应创新产品设计和种类，开发出不同的险种迎合不同社会群体多样化和高层次的护理需求。在产品开发方面，商业保险公司可以开始尝试发展团体长期护理保险产品，为大型企业提供员工福利保障计划，以更低的保费价格鼓励企业为员工购买该产品作为企业给予员工的福利。这不仅能提高企业的生产率，也能在一定程度上解决人口老龄化的问题，有利于长期护理保险市场的开发。

给付的方式方面，商业保险公司应改变传统单一以现金给付的方式，向服务给付或“现金+服务”相结合的给付方式转变，以此增强抵御通货膨胀的能力，避免参保者因承担通货膨胀而产生的护理压力，使长期护理商业保险真正能够保障参保者的护理需求。商业保险公司提高核保的能力和力度，将核保贯穿承担长期护理商业保险的全过程，保障投保人投保费率的公平公正，同时维护自身的经营安全。

（五）完善评估阶段道德风险防范机制

对于评估阶段失能人员道德风险防范机制的完善，首先，可以参考南通的制度设计：在评估人员正式展开评估工作之前，即前置调查阶段，对失能人员所居住区域内相关知情者进行走访调查，了解其实际情况。其次，在评估结论举报投诉机制上，引入奖励机制，当举报内容与真实情况相符时，给予举报者一定数额的现金奖励。最后，对于已评估通过的失能人员，委托经办工作人员在进行上门回访时，可根据日常生活活动能力量表对失能人员身体状况进行二次评估，注意将首次回访时间把握在评估结论生成的头两个月内，及时了解并掌握失能人员身体变化情况。

三、社会方面

民众要正确认识长期护理保险的功能。在实施过程中，社会上普遍对长期护理保险的认识不全面，很多老年人和家属都将长期护理保险和居家养老服务混淆，认为老年人到了 60 岁就可以申请工作人员来家里洗衣服，很多生活能自理的老人都在申请长期护理保险。目前，很多地区申请和享受长期护理保险的，服务内容大都为洗衣服，偶有烧饭服务。民众应认识到长期护理保险是要解决长期失能人员的护理问题。

对于长期护理保险的社商合作，我国当前仍处于探索阶段，取得的经验较少，在贯彻执行的过程中还存在一些问题，这就需要社会大众的支持与理解。认真厘清二者保障的范围，即使出现了冲突和矛盾也要冷静对待，共同寻找解决办法，避免将激烈的情绪发泄到照护机构及商业保险公司，导致不和谐的事件出现。只有全社会形成合力，共同支持、配合社会医疗保险与商业保险发挥作用，形成共识，接受并支持这种趋势，才能为二者更好地融合提供成长与成熟的机会，以更加科学、完善的运营体制促进我国医疗保障事业的健康发展。

第九章　社商融合视角下商业长期护理保险发展思路

社会长期护理保险普惠性原则注定了其无法满足不同层次人群的保险需求，而商业长期护理保险和其他险种的结合可以让不同人群享受到个性化、多样化、高水平、有弹性的服务。本章基于社商融合的视角论述商业长期护理保险发展的趋势，为建立多层次护理保险体系提供思路。

第一节　商业长期护理保险发展及问题

一、商业长期护理保险发展现状

2005年，我国商业长期护理保险刚刚起步，社会保障内容尚不包括护理费用，但我国老龄化的进程过快，老年群体平均寿命在不断延长，医疗护理费用大幅度上涨，同时居民家庭规模也逐渐缩小，传统的家庭养老已无法满足老年群体的需求，人们被迫改变养老护理观念，提前规划未来可能出现的失能护理风险。在这种社会经济背景下，我国商业保险公司开始拓展长期护理保险市场，设计出一些主险和附加险的护理保险产品。国内商业保险公司首次比较集中推出此类保险是在2005—2006年之间，台湾国泰保险公司在2005年初推出了“国泰康宁长期护理保险”，它是国内首款长期护理保险险种，但是该款保险保障范围窄，保险责任单一。具有全面保障功能的产品——“全无忧长期护理个人健康保险”是在2006年由人保健康推出，该款产品只针对老年失能人群，旨在为其提供长期护理保障，同时条款也涵盖了其他保障内容，增添了专业化的健康管理项目。

此后，除上述公司在原有产品基础上不断扩充产品类型和保障范围外，陆续有更多的商业保险公司开发销售长期护理保险产品。截至 2019 年，共有 21 家商业保险公司推出 100 余款长期护理保险产品，包括 5 家健康保险公司、13 家人寿保险公司、2 家养老保险公司和 1 家财产保险公司。因长期护理保险属于健康保险的一个分支，健康保险公司具有独特的专业和市场优势，目前在售的长期护理保险产品最多，是人寿保险公司长期护理保险产品的 2.8 倍。2015 年，安邦财险推出了“和谐一号护理保险（万能型）”，这是一款由财险保险公司参与设计的长期护理保险产品。截至 2024 年 8 月，经中国保险行业协会官网可查的开展商业长期护理保险业务的保险公司共计 41 家，包括 6 家专业商业健康保险公司，4 家养老保险公司，以及 31 家人寿保险公司。

（一）保险产品类型较为丰富

截止到 2024 年 8 月，市场上在售的商业长期护理保险产品共 139 款。其中，有一半以上的产品是由健康保险公司供给，共 87 款，占比 62.59%。在供给数量上比人寿保险公司与养老保险公司多 35 款。由此可见，虽然市场上参与商业长期护理保险的人寿保险公司占将近八成，而参与的健康保险公司数量并不多，仅占人寿保险公司的 1/6，可因其独特的专业和市场优势，仍在商业长期护理保险市场占据非常重要的地位。

表 9.1　我国在售商业长期护理保险产品类型表

保险分类	类型		承保方式		产品期限	
	传统型	新型	个人险	团体险	短期	长期
个数/款	127	12	105	34	31	108
占比	91%	9%	76%	24%	22%	78%

资料来源：中国保险行业协会官网。

由表 9.1 可见，传统的商业长期护理保险产品有 127 款，新型的商业长期护理保险产品有 12 款，占比 9%；从承保方式上来看，以团体作为承保对象的商业长期护理保险产品并不多，仅占在售产品的 24%，76%还是个人险为主；就保险期限来看，短期产品有 31 款，占比 22%，长期产品占比 78%，长期产品可以更好地满足居民老年后的护理需求，因此人们也更乐意去购买保险期限长的商业长期护理保险产品；在缴费方式上，有趸交和期交两种方式，因为期交的方式可以有效地减轻居民购买商业长期护理保险的保费压力，所以市场上的保险产品也多以期交为主。

现阶段我国商业长期护理保险产品的规范程度不断提高，保险条款也不断完善。这不仅更有利于消费者了解保险合同，而且还能增进消费者对相关产品的认可度。在长期护理需求的认定方面，当前保险行业基本上是以是否能够独立完成吃饭、洗澡、更衣、移动、如厕和上下床作为判断标准，绝大多数保险产品是以无法独立完成以上 3 项及以上活动，认定被保险人需要长期护理，在申请理赔之后，依据保险合同的具体规定，被保险人会得到相应的现金赔偿。

（二）缴费方式较为灵活

从缴费方式来看，我国商业长期护理保险的缴费方式灵活，包括趸交、年交、季交和月交等。国泰人寿保险公司推出“国泰人寿康顺长期护理保险”产品，其缴费方式可选择季交、年交、月交和半年交。在各类险种中，具有投资性质的保险产品因其保险期间较短，其缴费方式设置为趸交，而传统型护理险种设有趸交和期交两种缴费方式。缴费方式灵活可以让消费者根据自身的经济状况自由选择，经济状况较好的消费者可以选择趸交的方式，一次性支付完保费，省力省心；经济状况一般的消费者可以选择期交的方式，实现经济收支的缓冲。同时，若购买的保险产品的保险责任包含保费豁免的责任时，可以在保险期间发生保险事故后享受保费豁免的福利，不用再继续交付保费，直到保险期间结束为止。

（三）保险期间类型多样

从保险期间来看，目前保险市场上在售的长期护理保险产品保险期间包括终身、定期、至被保险人达到特定周岁和至保险责任终止日。其中保险期间为终身和定期范围的护理保险产品多为传统型保险产品，例如，瑞华健康保险公司推出的“瑞华颐享无忧长期护理保险”，其每日福利金给付限额最低 300 元，最高 3 000 元，可选择累计护理天数 1 080 天或 2 160 天或 3 240 天。而投资型组合保险的保险期间多为至被保险人达到特定周岁和至保险责任终止日，例如，人保健康“康利相伴个人护理保险（万能型）”和昆仑健康“鑫福来长期护理保险产品计划（万能型）”，这类保险产品保费大多数采用趸交的缴费方式，且组合形式多样。附加险和团体险的保险期间为定期，保险期间为一年，附加险不单独进行销售，主要附加于主险产品中进行销售，其保费相较于主险费率较低，到期后可选择是否续保且无需再次经过审核。团体险的投保范围包括政府部门、企业、事业单位等法人组织团体，以团体的形式集中进行投保。

（四）保险责任内容丰富

从保险责任来看，商业长期护理保险的保险责任内容丰富，包括长期护理保险金、老年护理保险金、老年关爱保险金、疾病身故保险金和意外身故保险金等。其中长期护理保险金和老年护理保险金的区别在于，前者是在保单周年日之前发生护理风险，保险公司按照基本保额的百分比给付保险金，而后者是在保单约定的特定周岁之后（含特定周岁）发生失能事故，则保险公司开始给付保险金。老年关爱保险金是护理保险条款的一大创新，这种保险金主要针对在保单周年日到期时未发生失能护理的群体，保险公司就该类群体进行比例给付保险金，体现了保单的人性化，提高了此类群体的满意度。疾病身故保险金和意外身故保险金给付条件是以疾病和意外为划分标准，在进行给付时会扣除已给付的老年护理保险金。除此之外，有的护理保险产品的保险责任还包括保费豁免的内容，在保险缴费期间，若被保险人丧失日常生活能力并持续至观察期结束后仍符合该状态的，豁免以后的各期保险费，以减轻被保险人的保险费负担。国泰人寿保险的“新松柏长期看护终身寿险”的保险责任除以上常见的责任以外还包含丧葬费用保险金，目前所售的类似险种中包含这项保险责任产品甚少。

（五）给付形式以现金为主

从保险金的给付方式来看，大多数的商业长期护理保险产品采用现金给付的形式，在等待期结束后，被保险人被指定的评估机构确认丧失了以下定义中的“6项日常生活能力（进食，洗澡，穿衣，上厕所，上下床和移动）”中的4项或全部能力，长期照护的状态持续并符合此标准，保险公司将以约定的方式承担长期照护责任，在保险责任范围内，按照保额的百分比向被保险人进行保险金给付。昆仑健康推出的“鑫福来长期护理保险（万能型）”，其长期护理保险金的给付，按照观察期结束之日合同的保单账户价值的比例给付长期护理保险金，该保险合同终止。

我国长期护理保险出现较晚，并且在保险市场上销售的时间较短，消费者对其了解甚少，护理保险的市场现实需求不足，而各保险公司此业务销售规模相对于其他险种来说较小。各大保险公司在设计长期护理保险时会考虑此产品的成本和风险。如果保险公司没有准确把握消费者的需求，投入市场后消费者对该产品接受程度低，公司的财务和声誉压力将会受到影响。这可能会造成保险公司无心去开发此类产品，导致保险市场上该险种的种类较少，使得该险种的需求者可选择空间变得窄小，无法匹配到适合自己的保险产品。近年来，保险市场停售的长期护理保险产品数量很多，例如，富德生命人寿“生命至康长期护理健康保险”、太平人寿保险有限公司（以下简称“太平人寿”）“太平乐享人生团体长期护理保险”和国泰人寿“国泰康宁长期看护健康保险”等。

二、商业长期护理保险发展存在的问题

（一）代际互惠观念影响，保险认知度低

部分消费者认为如果子女为父母购买长期护理保险就是逃避赡养老人责任，是不孝顺的表现。这种思想与偏见，一定程度上阻碍了人们对长期护理保险产品的需求，同时给长期护理保险的宣传与推销增加了难度，不利于保险业的发展。同时，对年纪大的人们来说，他们希望在年老生病或生活不能自理时，自己的儿女们能亲自照顾他们的起居，不愿接受专业护理机构的照顾。

（二）保险费率较高，纯保障型产品较少

由于长期护理保险保障范围的特殊性，目前保险市场在售的产品费率相对较高。以中国人保健康公司的“美好生活个人长期护理保险（2018）”为例，该款保险产品的保险期为终身，被保险人的年龄从 18 周岁到 60 周岁。若被保险人在 18 周岁投保此款保险，交费期间为 30 年交，保险金额为 10 万元，男性每年需要交 4.9 万元，而女性则需要交 4.7 万元。如果缴费期间选择趸交的话，保费一次性交付更多。对于中等收入家庭来说，这种缴费方式可能会带来一定的经济压力。保险价格太高是阻碍人们购买商业长期护理保险的主要原因之一。我国目前保险市场的商业长期护理保险产品存在较严重的“重理财、重储蓄、弱保障、弱服务”的问题。根据 2017 年中国长期护理调研报告的统计数据，在接受调查的人群中，约 11%的人表明自己持有有效的商业长期护理保险保单。然而，在剔除带有现金返还功能的储蓄型及理财型产品后，保障型商业长期护理保险的人群覆盖率大幅下降至 5%以下。保险市场中常见的是中短期、储蓄或理财功能显著的护理保险产品，而老年失能护理风险的保障功能不断弱化。

（三）给付形式单一，保险市场存在替代品

我国在售的商业长期护理保险产品，其给付方式只有现金给付一种，其给付方式包括费用补偿和定额给付，费用补偿是以被保险人在保险期间发生保险事故的实际费用为标准进行给付。而定额给付是保险公司在合同中规定给付比例，在被保险人达到领取保险金条件时，保险公司根据规定的给付比例给付保险金。从经济学角度上来看，保险费率对保险需求的边际效用为负值，若保险费率过高，在一定程度上会减少消费者的保险需求，转而寻找此类保险产品的替代品。

医疗保险和护理保险在保险的保障方面的重合度较高，均是支付因病、因残失能而带来的护理及康复费用。目前，我国人寿保险和健康保险产品种类多样，在保障范围、给付方式和缴费额度方面与长期护理保险存在替代作用。

第二节　探索建立多层次护理保险体系

一、加强商业长期护理保险和其他险种的结合

社会长期护理保险的保障水平比较低，其普惠性原则注定了社会长期护理保险无法满足不同层次人群的保险需求。而商业长期护理保险和其他险种的结合可以让社会不同人群享受到个性化、多样化、高水平、有弹性的服务。

当前，商业长期护理保险是由个人自行购买，并没有相关的补贴优惠，许多人之所以没有为自己配置商业长期护理保险就是因为高昂的保费。而商业长期护理保险和其他险种的结合，可以在一定程度上缓解保费高的问题。现阶段，很多保险公司都在探索“以房养老”的新型保险模式，将房产的价值与长期护理保险的保费相挂钩，为长期护理保险融资提供了一个新的思路。

商业长期护理保险还可以和养老保险产品相挂钩。比如商业长期护理保险可以直接对接养老社区，在投保人发生失能情况前，由保险公司对投保人进行健康咨询和健康服务干预，尽可能减少失能发生的可能性；在投保人失能情况发生后，保险公司可以根据投保人实际的身体情况制定合适的护理方案，尽可能控制护理费用的支出。

二、鼓励社商保险深度融合

社会长期护理保险和商业长期护理保险的深度融合是实现“健康中国”目标的有力保障，如何推动社商保险的深度融合是全社会需要思考和探索的关键问题。政府应该进一步厘清社会长期护理保险和商业长期护理保险的关系，明确社会长期护理保险的保障范围，及时引入商业长期护理保险来补充社会长期护理保险无法提供保障的部分。政府可以考虑社会保险经办机构作为销售商业长期护理保险。

三、做好长期护理保险宣传工作

随着我国经济持续发展，社会保险体系下的长期护理保险存在一定的局限性，难以满足居民更高层次、更多元的护理保障需求。商业长期护理保险作为社会保险长期护理保险的重要补充，能够通过灵活的保单设计较好地满足群众多层次的护理需求、提升整体保障能力，成为多层次医疗保障体系的重要组成部分，为长期护理保险健康有序发展提供基础性的支撑和有力支持。

所以，要加大商业长期护理保险的宣传力度，作为产品的供方，应做好充分准备，制定推广计划，采取多元的方式进行宣传，如开展健康讲座、进社区宣传等帮助提高相关知识的普及率，刺激市场需求。并且要完善长期护理保险产品的条款设计，在宣传时重点强调其护理保障功能，厘清、界定与现有医疗保险之间的差别，使消费者清楚知道其与现有长期护理保险的区别，增加消费者的购买意愿。

四、建立多层次护理保险体系

目前在售的商业长期护理保险的费率较高，市场的有效需求不足，保险公司参与度较低。针对发展中存在的此类问题，保险公司应降低成本，增加运营效益，可以通过大规模连锁的方式降低养老护理机构经营管理成本，在管理中，引入人工智能等先进技术降低运营维护成本。除此之外，应借助于社会保险进行成本覆盖，社会长期护理保险由政府主导，覆盖范围广，但出于国家的财政压力的考虑，其仅仅满足失能老年群体最基本的护理需求。与此相比，商业长期护理保险则有其独特的优势，首先投保者可以根据自己的需求来购买适合自己的产品，其次该产品有保障范围广，以及设计比较灵活的特点，可以满足失能老人的个性化需求，最后商业公司有多样化的融资渠道，且在精算和风险控制方面专业性较高，所以商业长期护理保险是长期护理保险市场不可或缺的一部分。因此，我国在探索构建长期护理保险路径中，应从两者的融合入手。

鉴于商业长期护理保险的保费相对昂贵，对于中等收入家庭来说，可能无力购买此类保险，难以转化为有效需求。目前我国保险公司参与开发长期护理保险险种的意识不够强。如果长期处于这种状态，可能会使越来越多的商业保险公司退出长期护理保险市场，那么未来的老年失能群体的护理负担便会落在政府的肩上。而此时政府若不给予一定的政策和财政支持，则会进一步导致保险公司的商业长期护理保险无人问津，久而久之，便会形成恶性循环。

政策性保险性质实际上是政府与商业保险机构进行长期博弈的一种关系。因此，国家应该对购买长期护理保险的企业或个人实行税收优惠政策，其保费优惠部分在纳税之前的收入中扣除。除此之外，综合商业长期护理保险和社会长期护理保险的各自特点，政府可以与保险公司合作，设置长期护理保险保费的支付界线或支付比例，对超过界线或比例的保费政府给予被保险人一定的补贴。或者政府对开展商业长期护理保险的保险公司给予财政上资金支持，进而促使商业长期护理保险的保费相对降低，提高保险公司参与度及拓宽护理市场的积极性，同时刺激更多的消费者有能力并愿意主动购买商业长期护理保险，从而减轻国家对年老失能的群体照护负担，达到政府和保险公司共赢的状态。

探索建立“社会长期护理保险为基础、商业长期护理保险作补充”的制度体系发展定位。鼓励商业保险公司结合社会长期护理保险的发展适时引入多层次、多样化的商业护理保险产品，如增加事前预防、健康管理类护理服务，个性化制定中、高端护理服务，满足不同人群需求，补充社会长期护理保险保障范围的缺口。以委托商业保险承办长期护理保险为契机，探索通过“政商合作”的模式，开发“政商合作”的新型商业长期护理保险产品，构建多层次长期护理保险体系。

综上，我国长期护理保险制度实施以来，各试点地区的积极探索为长期护理保险发展奠定了良好基础，取得了积极成效，但也存在一些风险和挑战。建议在筹资机制、服务体系、待遇保障、信息化等方面着力，推进顶层设计，早日建成覆盖全民的长期护理保险制度，多措并举扩大制度覆盖范围和受益面，积极应对我国老龄化社会趋势，让广大人民群众共享制度福泽、共享改革发展红利。

第三节　人寿保险与商业长期护理保险责任转换业务探索

一、转换业务背景分析

为推动保险行业发挥专业能力，丰富保险产品供给、加快发展商业长期护理保险，2023 年 3 月印发了《中国银保监会办公厅关于开展人寿保险与长期护理保险责任转换业务试点的通知》（银保监办发〔2023〕33 号）。2023 年 5 月 1 日起开展人寿保险与长期护理保险责任转换业务（以下简称转换业务）试点，试点期限暂定两年。《中国银保监会办公厅关于开展人寿保险与长期护理保险责任转换业务试点的通知》（银保监办发〔2023〕33 号）期望通过存量寿险产品开展转换业务，短时间内提升长期护理保险供给能力，缓解失能人群护理费用压力，同时增强人民群众对长期护理保险的理解和认识，推动行业为进一步发展长期护理保险积累经验。

转换业务是指人身保险公司根据投保人自愿提出的申请，将处于有效状态的人寿保险保单中的身故或期满给付等责任，通过科学合理的责任转换方法转换为护理给付责任，支持被保险人在因特定疾病或意外伤残等原因进入护理状态时，提前获得保险金给付。

老年人口数量不断增加的同时，失能人员平均经历的失能期也在增长。根据中国疾控中心研究估测，失能老人平均经历失能期在 2030 年将增长到 7.44 年。人口老龄化程度加深和平均失能期增长对社会经济和民生都将产生严重的影响，如养老、医疗保健、失能保障等方面的压力将会不断加大。随着我国人口老龄化加速，老年人对长期护理保障的需求在大幅增长。

但目前针对老年人的长期护理保障明显不足。在现阶段人民群众长期护理保障需求增长、商业长期护理保险供给不足的情况下，充分利用存量寿险产品开展转换业务，能够在短时间内有效提升长期护理保险供给能力，缓解失能人群护理费用压力，同时也创新了保险服务的内容和形式，有利于增强人民群众对长期护理保险的理解和认识，推动行业为进一步发展长期护理保险积累经验。

二、转换业务必要性分析

（一）社会长期护理保险的困境

我国2016年和2020年的两次长期护理保险制度试点是在社会性长期护理保险方面的探索。从目前试点的情况来看，切实减轻了失能人员和家庭的负担，推动了养老服务市场的发展，取得了一定的成效，但也暴露出一些问题。一方面是资金筹集较为困难，且筹资渠道普遍单一。各试点城市的长期护理保险资金对医保基金较为依赖，但这只是探索阶段不增加社会保险总费率的一个变通过渡方式，并非长久之计①。另一方面，社会性长期护理保险也仅能提供兜底性、基础性和普惠性的服务等，难以满足不同层次人员的需求。此时，商业性长期护理保险可以发挥业务优势，开发多样化、高水平、有弹性的保险产品，作为社会性长期护理保险的重要制度补充，可以在一定程度上缓解失能引发的社会风险。

转换业务可有效提升长期护理保险供给能力，为解决我国长期护理体系筹资困境、健全多层次社会保障体系、推动人民共同富裕探索一条新的道路。

从国际经验看，利用人寿保险的存量准备金开展转换业务，不仅可以满足人民群众差异化、个性化的长期护理保障需求，也是在短时间内增加商业长期护理保险供给的有效路径，创新了保险服务的内容和形式，有助于增强人民群众对长期护理保险的理解和认识。

（二）筹资方面的需要

从筹资方面来看，无论是社会性长期护理保险还是商业性长期护理保

① 孙鹏娟，高秀文．人口老龄化背景下中国长期护理保险试点的主要实践模式比较和思考［J］．中国医疗保险，2020（2）：11-15.

险，在我国目前的发展水平都比较低，难以满足当下和未来对长期护理资金的需求。同时，从资金是长期护理服务发展保障的角度来看，低水平的长期护理保险体系也阻碍着长期护理服务的发展，出现以下问题：

第一，社会性长期护理保险供给不足。如前文所述，2016 年与 2020 年两次长期护理保险制度的探索取得了较为丰硕的成果，但也发现一些问题。首先是社会性长期护理保险试点覆盖人群规模小，受益人群少。国家医保局数据显示，截至 2022 年底，长期护理保险参保人数 1.69 亿人，仅有 12.0%的人群享受到社会性长期护理保险的保障，保险的覆盖和受益范围还需要扩展；其次是试点城市的长期护理保障在身份、城乡、代际上仍存在不公平，各地筹资机制和筹资标准差距较大，资金来源也存在并未真正落实等诸多问题，没有达到政策的初衷。①

第二，社会性长期护理保险的目的是实现基本公共服务均等化，建设覆盖全体老年人、权责清晰、保障适度、可持续的基本养老服务体系。“基本”“均等”两个概念体现出政府提供的是基础性、普惠性、兜底性的长期护理保障服务，难以满足多样化、差异化的需求，社会需要多样化、多层次的保障产品。转换业务试点政策的推出，失能人员提前获取保险金，直接缓解费用压力，并通过消费的提升为长期护理服务供给注入发展资金。同时，引导人身保险公司参与长期护理服务供给和基础设施建设，有助于促进护理市场的发展。

（三）商业长期护理保险产品规模小

从商业性长期护理保险产品本身来看，呈现出规模小、产品价格高、保障功能弱、产品特色不明显等特征，而且其投保条件严格，一些中老年人，尤其是迫切需要长期护理保险的人由于投保限制，无法购买或需要支付较高的成本才能购买长期护理保险。从商业性长期护理保险产品供给的角度来看，截至 2022 年 6 月，我国只有 41 家保险公司在销售商业性长期护理保险

① 潘萍，覃秋蓓．中国长期护理保险制度模式选择与发展路径［J］．西南金融，2022（2）：89-100.

产品，产品数量114款，在当前整个健康险市场近5 000款产品中，商业性长期护理保险产品占比不足2%。究其原因，除失能等级的评定困难外，还有就是长期护理经验数据不足，导致很多人身保险公司对长期护理保险难以定价。因此，相比其他寿险或健康险，商业性长期护理保险的产品供给也面临困境。

因此，无论是从社会性长期护理保险还是商业性长期护理保险的角度看，都需要通过转换业务拓展长期护理体系筹资渠道，快速提升商业性长期护理保险的供给能力，发挥商业保险经济“减震器”、社会“稳定器”的功能。

三、转换业务可行性分析

（一）政府已经通过出台文件为转换业务试点做好前期准备

2019年，国家卫生健康委等12个部门联合发布《关于深入推进医养结合发展的若干意见》（国卫老龄发〔2019〕60号），针对寿险与长期护理保险转换业务，研究引入寿险赔付责任与护理支付责任的转换机制。2020年，印发了《中国银保监会 发展改革委 教育部 民政部 司法部 财政部 人力资源社会保障部 自然资源部 住房城乡建设部 商务部 卫生健康委 税务总局 医保局关于促进社会服务领域商业保险发展的意见》（银保监发〔2020〕4号），该意见提出支持被保险人在失能时提前获得保险金给付，用于护理费用支出，为人身保险公司参与转换业务做了政策引导。

（二）商业保险公司已经为参与转型业务试点做好必要准备

部分人身保险公司全面参与了政府主导的长期护理保险的经办管理，助力多地形成自己的模式，并不断迭代商业性长期护理保险产品。另外，人身保险公司也已经在险种转换和保单增值服务方面进行了探索。例如，部分保险公司在重疾险合同中设置年金转换权，规定被保险人在年满一定年龄后可以将合同的现金价值全部或部分用于购买年金保险。因此，人身保险公司在转换业务方面已经具备了一定的经验和能力。

（三）转换业务有效助力我国长期护理服务体系建设

一方面，转换业务通过提前释放寿险准备金，为长期护理服务提供资金支持，可以促进各类养老护理服务的数量增加和质量提升。通过保单贴现法，保险公司可以为已进入约定护理状态的投/被保人提前给付保险金，满足失能人员的长期护理需求，促进长期护理服务的发展。另一方面，人身保险公司可以研究不同的服务需求，增加其保险金的理赔方式，促进不同形式的长期护理服务的升级和推广。此外，政府鼓励保险公司和金融机构作为投资主体开办护理服务机构，为我国护理市场的发展提供助力。

四、转换业务实践探索

早在2020年，印发的《中国银保监会 发展改革委 教育部 民政部 司法部 财政部 人力资源社会保障部 自然资源部 住房城乡建设部 商务部 卫生健康委 税务总局 医保局关于促进社会服务领域商业保险发展的意见》中就已提出，“研究建立寿险赔付责任与护理支付责任转换机制，支持被保险人在失能时提前获得保险金给付，用于护理费用支出。”

原银保监会组织行业力量对转换业务的可行性进行了充分论证，研究明确了一系列要求，并体现在《中国银保监会办公厅关于开展人寿保险与长期护理保险责任转换业务试点的通知》（银保监办发〔2023〕33号）中。该通知分为正文和附件《人寿保险与长期护理保险责任转换业务规则》两部分，正文明确了转换业务的定义和方法，开展试点的时间和机构，并对参与试点的机构提出内部经营、风险控制、消费者权益保护等方面的要求。《人寿保险与长期护理保险责任转换业务规则》突出对转换业务流程的规范，规定了两种转换方法下的适用产品、人群范围、护理状态判定条件、操作流程、精算规则和产品备案等内容。具体来看：一是根据被保险人是否进入护理状态，分别设计了保单贴现法和精算等价法，满足多样化的护理保障需求。二是选择个人普通型人寿保险开展试点，投保人和被保险人易于理解，护理给付金额方便计算。三是将特定疾病和意外伤残作为护理状态基本判定条件，既考虑到行业有统一的标准，又能有效覆盖失能人群，易于操作。同时，鼓励人身保险公司结合自身的风险控制能力，对上述基础判定条件进行扩展。四是鼓励人身保险公司在开发普通型人寿保险新产品时，在保险条款中，增加使用保单贴现法进行责任转换的内容，提高长期护理保障供给能力。

原银保监会要求，经营个人普通型人寿保险的人身保险公司，按《中国银保监会办公厅关于开展人寿保险与长期护理保险责任转换业务试点的通知》（银保监办发〔2023〕33 号）要求设计试点方案，向其报送试点方案，并完成相关产品备案后即可参与试点。同时，该通知也明确要求参与试点的人身保险公司应当建立转换业务运营体系及内部管理机制，加强业务培训和合规性考核，做好数据积累分析、信息披露和试点进展报告。

原银保监会有关部门负责人回答记者提问时指出，下一步，银保监会将密切跟踪试点开展情况，规范业务经营，加强监督管理，切实维护保险消费者合法权益。同时，银保监会将及时总结试点经验，健全监管制度，研究扩大转换业务适用的产品范围，推动转换业务稳健发展，引导人身保险业为积极应对人口老龄化国家战略贡献行业力量。

人保寿险于 2023 年 6 月 2 日发文称，公司特别制定了保单贴现法护理责任转换方案，未来还将继续研究并适时推出精算等价法护理责任转换业务，并扩展更多适用的寿险产品。于 2023 年 5 月 30 日，太平人寿也表示，第一时间报送试点方案，并在全国范围启动长期护理权益转换，以及相关产品开发工作。当前已有多家险企在其官方网站“公开信息披露”专栏“专项信息”下设了“人寿保险与长期护理保险责任转换”子模块，向社会公众披露可申请转换业务的人寿保险产品名称、条款及适用的责任转换方法，以及保单贴现法下保险金折价给付的计算方法、必要假设和给付金额表，精算等价法下转换说明书、转换后的长期护理保险产品名称及条款。

截至 2023 年 6 月，我国已有 14 款产品可申请转换业务。具体来看，中国人寿有 3 款寿险产品，转换方法为保单贴现法；太平人寿有 7 款产品，转换方法为精算等价法；人保寿险有 4 款产品，转换方法为保单贴现法（表 9.2）。

表 9.2　寿险与长期护理保险责任转换业务试点产品

保险企业	可转换产品	转换方法
中国人寿	国寿祥瑞终身保险	保单贴现法
	祥瑞还本终身保险	保单贴现法
	国寿福终身寿险（2021 版）	保单贴现法
太平人寿	太平岁寿年丰终身寿险	精算等价法
	太平至尊恒享终身寿险	精算等价法
	太平岁有余庆终身寿险	精算等价法
	太平臻享金生终身寿险	精算等价法
	太平岁悦添富终身寿险	精算等价法
	太平臻爱金生终身寿险	精算等价法
	太平美好金生终身寿险	精算等价法
人保寿险	人保福终身寿险	保单贴现法
	人保福 2021 终身寿险	保单贴现法
	人保福 2020 终身寿险	保单贴现法
	卓越世家终身寿险	保单贴现法

保单贴现法和精算等价法为责任转换的两种不同的方式。保单贴现法适用于申请办理转换业务时已进入约定护理状态的被保险人。该方法下，人身保险公司将原本在身故等保险责任发生时才能给付的保险金，通过保险金折价的方式提前给付给被保险人。

精算等价法适用于申请办理转换业务时尚未进入约定护理状态的被保险人。该方法下，人身保险公司将人寿保险的部分保单价值转换为长期护理保险的保单价值，并以转换后的长期护理保险保单价值计算长期护理保险保额；在办理转换业务后，如被保险人进入约定的护理状态，人身保险公司按转换后的长期护理保险保额进行给付。

寿险与长期护理保险业务转换模式与试点工作对于提高我国长期护理保险供给能力是一种有效手段，为解决市场参与复杂问题提供了新的思路。

随着社会的发展和各主体参与公共事务意识的提高，未来还将出现更多适合当前社会发展现状的模式创新，让中国式现代化建设成果更多更公平地惠及全体人民。

第四节　生存护理年金产品探索

生存护理年金因其宽泛的保障内容和宽松的承保条件，能针对性地解决我国商业护理保险现存的问题。这部分将介绍生存护理年金及其功能。

一、生存护理年金与长期护理保险的区别

生存护理年金也称终身护理年金，是一款将年金保险和长期护理保险的优点融合在一起的连结保险产品，最早由 Murtaugh 等学者在 2001 年提出。从保障对象来看，保险人不会严格筛选被保险人的身体状况，一定程度上允许被保险人罹患可能加剧失能风险的疾病，甚至允许已经处于轻度失能状态的人群投保；从给付特征来看，终身护理年金本质上是一款额外附加长期护理保险责任的终身年金产品；从保险责任来看，当投保人缴纳足额保费后，只要被保险人生存至指定年龄，就可以连续获得现金给付，直至被保险人死亡，给付金额的大小由当期保单年度下被保险人的健康状况决定。简而言之，终身护理年金可以理解为被保险人不仅能够在处于健康状态时获得基本养老保障金，而且在其进入失能状态时还可以根据失能严重程度不同获得额外失能给付金的一种综合商业保险产品。

终身护理年金能够有效汇聚长寿风险和失能风险，并通过共享风险来降低保险公司的风险承担，实现风险对冲，从而降低总的承保风险。长寿风险是指保险持有人可能因为寿命延长而需要长期护理的风险，而失能风险是指因为意外事故或疾病而导致无法自理的风险。相较于独立的年金保险或长期护理保险，终身护理年金将这两种风险结合在一起，使保险公司能够更准确地评估和定价风险。此外，终身护理年金还能够一定程度上降低逆选择风险。逆选择是指保险市场上由于客户群体的不同风险特征而导致保费定价不准确的情况。由于终身护理年金合并了长寿风险和失能风险市场，保险公司能够更好地管理风险，减少被保险人故意隐瞒或选择性购买保险的可能性。

生存护理年金是不同于长期护理保险的一款产品，具有前者不具备的功能，除年金保险没有体检要求外，其余保险产品都要求被保险人应身体健康才可投保，否则将拒保。生存护理年金具有宽松的承保条件，如 Jason Brown① 等人在研究中发现，生存护理年金可以将身体已经出现日常生活活动失能的人，或有严重疾病史（如中风等）的人纳入保险保障范围内，而这是目前其他已有保险产品不能做到的。此外，虽然已有的部分长期护理保险组合也包含生存给付，但是这种给付是一次性给付，领取条件十分苛刻，如中国人保健康公司的“长期护理个人健康保障计划”规定，当被保险人年满 100 周岁仍然存活时，可按保险金额的 8%领取生存给付保险金。这种一次性给付与生存护理年金的按年金方式给付也有所不同。绝大部分老年人很难领取到这笔生存给付金，即使能够领取，在 100 周岁之前也只有护理保障而没有年金给付的保障，但生存护理年金可以按月或按年提供年金给付保障，解决了老年人的养老问题，且领取的年金给付也能够用于购买护理服务，是被保险人可以灵活支配的，给了被保险人更多的选择空间。这是生存护理年金区别于其他已有保险的另一个重要特征。

二、生存护理年金的特点及功能

（一）生存护理年金的特点

生存护理年金是在被保险人生存至一定年龄或时期后，定期给付生存保险金，当被保险人发生失能后，额外再给付护理保险金的一款保险产品，其保险期间为被保险人达到一定年龄或时期后的整个生存时期。生存护理年金是将年金保险和长期护理保险结合的一款保险产品，该种保险方案最早由 Murtaugh② 等人提出，该产品的设计思路是通过放宽承保条件，将身体健康与较不健康的群体共同纳入保险保障范围，以达到扩大保障范围、降低保险

① Brown J, Warshawsky M. The life care annuity: A new empirical examination of an insurance innovation that addresses problems in the markets for life annuities and long-term care insurance [J]. Journal of Risk and Insurance, 2013, 80 (3): 677-703.

② Murtaugh C M, Spillman B C, Warshawsky M J, et al. In sickness and in health: An annuity approach to financing long-term care and retirement income [J]. Journal of Risk and Insurance, 2001, 68 (2): 225-253.

费率和降低逆选择的作用。因此，其在保险方案设计上区别于其他相似产品，具有以下特点：

1. 承保条件宽松，群体风险类别多样化

众所周知，长期护理保险因为人体失能规律的特殊性和高风险性，该款保险产品的承保条件向来都较为苛刻，那些身体健康状况较差的群体往往会被拒绝承保而不能享受护理保险的保障。为了解决这一问题，Murtaugh① 在设计生存护理年金方案时提出，要放宽承保条件以将那些健康状况较差的群体也纳入保障范围内，并对保障范围内的群体实行统一定价，其保费被称为综合保费，而不实施差别费率的方法。在后续研究发展中，在某些国家和地区（如美国、澳大利亚），该款产品甚至能够承保已经轻微失能的群体。②我国虽有一些长期护理保险的组合型产品也提供生存给付，如人保健康的“全无忧长期看护个人护理保险（2019）”，但这些产品都规定只有身体健康的人才能作为被保险人参保，并且这种生存给付是一次性给付，被保险人需要达到一定年龄（如100周岁）才可领取，领取条件十分苛刻。我国目前还没有严格意义上的生存护理年金保险。

宽松的承保条件能够将身体状况健康、良好、一般和较差的群体都纳入保险保障范围内，群体风险具有多类别的特征。这是该款保险区别于其他保险产品的本质特征。保险的本质是风险的集合与分散，是将风险相同的群体纳入同一保障范围中，以实现风险的转移与分散。因此，保险公司会控制承保条件，对不同风险的群体收取不同的保费。但生存护理年金将一定程度内不同风险的群体都纳入保障范围，收取统一的综合保费。这种做法似乎违背了保险经营的风险同质性原则，风险不同质往往会导致风险状况良好的群体所交保费超过实际面临的风险，风险状况较差的群体所交保费又小于自身的风险，这就导致保费与风险不匹配，对风险状况良好的群体是不公平的。但

① Murtaugh C M, Spillman B C, Warshawsky M J, et al. In sickness and in health: An annuity approach to financing long-term care and retirement income [J]. Journal of Risk and Insurance, 2001, 68 (2): 225-253.

② Brown J, Warshawsky M. The life care annuity: A new empirical examination of an insurance innovation that addresses problems in the markets for life annuities and long-term care insurance [J]. Journal of Risk and Insurance, 2013, 80 (3): 677-703.

是，在生存护理年金保险中，只要群体的预期寿命和预期健康寿命满足一定的规律，便能够避免这种情况。

2. 风险中和，整体风险较小

生存护理年金同时提供年金保险保障和长期护理保障，这两种风险往往是相冲突的。一般而言，对于某一个体，如果其身体状况越健康，其预计生存时间也就越长，面临的长寿风险也就越大；但是，从失能的角度来看，该个体失能的概率就越低，且失能持续时间也就越短，也就是失能风险越低。反之，当某一个体的身体健康状况越差，其预期寿命也就越短，长寿风险越小，但其失能的概率往往就越大，失能持续时间越长，其面临的失能风险也就越大。这种将年金保险和长期护理保险结合的方式，使得被保险人在多领取生存年金给付的同时，所领取的护理给付年金相应减少；如果被保险人少领取了生存年金给付，相应的其能领取的护理给付也有所增加，这样就能够有效地中和被保险人面临的长寿风险和失能风险，避免某一风险过于突出，整体风险相比于单独风险较小，也更可控。

（二）生存护理年金的功能

生存护理年金能够扩大保障范围，降低保险费率，还具有减少逆选择的作用。该产品设计方式已被 Jason Brown、Vidal Melia 和 Hieber 等人证实有效。理论上，生存护理年金能够用于解决现阶段我国商业长期护理保险存在的部分问题。

1. 扩大保障范围

商业长期护理保险在被保险人失能后给付护理保险金，以使被保险人失能后的生活水平能维持在一定水平。失能风险在不同的年龄段表现出不同的特征，但研究发现，60 周岁之后的失能概率较之前会急剧上升。[①] 因此，高年龄段的人群是商业长期护理保险需求最旺盛的群体。但是，这部分人中有相当一部分很可能会被严苛的承保条件而不能参保。除此之外，年龄的限制也缩小了商业长期护理保险的消费群体。许多商业长期护理保险比较发达的

① 魏华林，何玉东．中国长期护理保险市场潜力研究［J］．保险研究，2012（7）：7-15.

国家都将该产品的投保年龄设置为 18—99 岁，而我国目前此类保险产品的最高投保年龄是 65 周岁（鑫福来长期护理保险产品计划）。为了风险控制和经营稳定，保险公司对投保年龄进行限制无可厚非，但将投保年龄设置为 60 或 65 周岁，便丧失了最有购买需求的消费群体，这也是商业长期护理保险主要面向的消费群体。这种做法对于提高业务规模、扩大保障范围是极为不利的。

如上文所说，生存护理年金区别于其他相似保险产品的本质就在于该种产品降低承保条件，使得那些健康状况较差的群体也能被纳入保险保障范围内，而这类群体往往会被其他护理保险拒保。这样，之前会被拒保的部分群体也能够享受到护理保险保障，扩大了保障范围。如此一来，不仅能提高相同年龄群体的可投保人群数量，也能够将可投保年龄限制提高至 60 或 65 周岁及以上。投保年龄限制放松以后，潜在的消费者数量便增加了，有利于扩大商业长期护理保险的需求量，使真正有护理需求的消费者得到护理保障。

2. 降低保险费率，扩大保险需求

长期护理保险因为承保风险的特殊性，保险费率普遍较高。根据测算，以 30 岁男性为例，在基本保额超过 10 万的情况下，假设采用期交的方式，每年平均需要缴纳保费的也要达到 1 万元以上，① 已经接近人均可支配收入的三分之一。并且，随着年龄的增长，投保的保费也随之上升，从 41 周岁到 50 周岁之间，被保险人能选择的最大交费期间缩短至 20 年，而从 51 周岁到 60 周岁之间，被保险人能选择的最大交费期间仅为 10 年，此时年交保费金额更加巨大。昂贵的保费对许多家庭来说是沉重的经济负担，是导致商业长期护理保险业务难以发展的重要原因之一。

生存护理年金的被保险人群体的健康状况不同，那么他们的生存期间和失能期间也会有所不同。一般而言，健康状况良好的群体生存期间更长，失能时间更短，健康状况较差的群体生存期间更短，失能时间较长。由于年金给付贯穿至被保险人年老后的整个生存期间，护理给付只发生在失能期间，

① 贾晓芮．我国长期护理保险产品的研究与改进［D］．天津：天津财经大学，2017.

所以，虽然后者领取的失能保险金较前者更多，但是整体来看，身体健康的被保险人领取的保险金应高于身体较不健康的被保险人，且两者健康状况差异越大，保险金的差额就越大。根据中国健康与养老追踪调查和中国老年健康影响因素跟踪调查的数据，在65岁之前，身体相对健康的人数都远大于身体相对不健康的人数，即大部分居民身体较为健康。所以，占据主体的这部分人群的保费会高于其他人群。由于生存护理年金采用综合保费的方法，和保费相对较低的群体平均之后的综合保费也会低于健康群体本应缴纳的保费，这样就起到了降低保险费率的作用。

如前文所述，高昂的保费减少了居民对长期护理保险的需求。当多数群体所需缴纳的保费下降后，居民对于长期护理保险的需求也会增加，从而有利于该险种的发展。

3. 降低逆选择问题

年金保险和长期护理保险都面临着突出的逆选择。预期寿命高的人更倾向于购买年金保险，导致年金保险费率上升；而身体状况较差的人会更愿意购买长期护理保险，也使得护理保险费率增加。逆选择最终会将风险状况良好的群体排挤出保险市场，不利于市场的发展，也会给保险公司带来巨大亏损。生存护理年金具有降低逆选择的功能。由于长寿风险和失能风险相互冲突，长寿群体的失能风险一般较小，失能风险高的群体往往不长寿，失能护理年金中和了两种风险，也使各健康状况群体的实际所需缴纳保费更加接近，有利于降低逆选择问题。

4. 降低易被替代性

根据上文分析，我国商业长期护理保险给付形式单一，大多采用定额给付的方式，在保障方面和年金保险相似，所以人们经常会放弃护理保险选择购买年金保险。生存护理年金同时包含了年金保险和护理保险，购买一种保险便可享受两种保障，使消费者不用再面临二选一的抉择。因为保险公司对每种产品都设有最低投保金额，如果单独购买两种产品价格就会比较高，若购买生存护理年金保险则最低投保金额相较前者会降低，再加上该款保险费率也更低，价格会降低不少，有利于降低年金保险对长期护理保险的替代性作用。对于那些健康状况较差、保费更高的群体来说，生存护理年金的承保条件宽松，使容易被其他护理保险拒保的这部分人群也能享受护理保险保障。且因为这些人健康状况较差，预期寿命较短，购买年金保险的动力不足，再加上年金给付也能用于保障护理需求，故该款产品也能降低长期护理保险的易被替代性。

综上所述，理论上生存护理年金保险能够扩大保障范围，降低保险费率，还具有降低逆选择问题和增加保险需求的功能，能在短期内解决我国商业长期护理保险存在的种种问题。因此，保险公司可以研究推广生存护理年金保险，以满足我国居民的养老需求和护理需求。

三、生存护理年金的可行性论证

由上可知，宽松的承保条件是生存护理年金区别于其他同类型保险产品的显著特征，这也是生存护理年金可能具备降低保险费率、扩大保障范围和降低逆选择的原因。宽松的承保条件允许那些风险明显高于健康群体的人也能享受到保险保障。因此，风险便由这些风险差异较大的群体共同分担，得到的生存护理年金的综合保费就是不同风险群体保费的加权平均数。乍一看这种做法会导致风险较低的群体缴纳较高的保费，但在生存护理年金的情况下，这种做法从理论上是可行的。

生存护理年金的给付包括生存年金给付和失能护理给付。一般而言，身体健康的人预期寿命长，预期失能时间短，领取的生存年金给付多，失能给付少；身体较不健康的人正好相反，这类人群预期寿命短，预期失能时间长，领取的生存年金给付少，失能给付多。由于保费是预期给付金的现值，生存年金给付持续在被保险人达到一定年龄或期限后的整个生存期间，而失能护理给付仅在被保险人处于失能状态时才进行。因此，生存年金给付占全部给付的主要部分。当群体的长寿风险变化高于失能风险变化，也就是因预期寿命加长使生存年金给付增加的部分大于因失能时间缩短使护理给付减少的部分，这时身体越健康则总体风险越高，反之则总体风险越低。只要满足这种条件，风险高的群体便是身体健康的群体，风险低的群体则是身体较不健康的群体。根据上面的分析，身体较不健康的群体就会缴纳更高的保费，而这些群体本来是会被长期护理保险拒保的，这就相当于身体状况较差的群体额外花钱购买原本不能购买的保险保障，而身体健康的群体就会缴纳更少的保费。

四、产品条款初步设想

（1）投保年龄。投保年龄区间是承保的重要条件，通过设定较低的投保年龄区间，保险公司可以实现快速筛选潜在失能人群。目前市场上多数含长期护理责任的保险产品投保年龄区间基本为 70 岁及以下，年龄段为 70—80 岁的潜在高失能风险老年人被拒之门外。事实上，根据 2018 年中国健康与养老追踪调查调研数据，我国 70 岁及以上失能率高达 9.86%，远超于 60—70 岁人群，应为长期护理保险的主要保障对象。若投保人未在 70 岁之前对养老与护理需求进行合理规划，70 岁之后即使处于健康状态也无法获得保险保障，从而陷入失能风险裸露的处境。基于这一事实，产品可以将投保年龄区间设定为 60—80 岁，提高投保年龄区间上限，从而为养老与护理规划意识较弱的健康或轻度失能群体提供失能风险保障。

（2）保险期间。依据定义可知，终身护理年金可为被保险人持续提供保险给付直至死亡，实现终身保障。然而，由于 80 岁至 100 岁的高龄失能公开数据样本量偏少，无法精准确定失能转移概率和预期寿命。因此，在原有终身保障的基础上，同时结合当前我国预期寿命和医疗水平发展速度，将保障至 85 岁设定为保障可选项。在数据有限的情况下，确定 85 岁作为末期给付年龄，不仅可以为预期寿命仅为 78.2 岁的被保险人提供相对充足的保险保障，同时还能帮助保险公司确定给付的上限，以防范长寿带来的给付风险①。

（3）保险责任。通常保险公司自行确定保险给付金额等相关设计，并没有统一的监管机构设定给付标准。为了更好地满足保险人对护理产品的需求，产品在设定护理费用时主要参考以往经验，并选择适当的给付金额。

当被保险人年满 60 岁后，即可领取 N 万元年金（具体年金还需要进一

① 荆涛，邢慧霞，何永平，等．长期护理保险制度对商业健康保险的影响研究——基于协调发展视角的分析［J］．价格理论与实践，2022（2）：36-42，140.

步测算)，期间每个保单年度的给付金额将根据被保险人的身体状况确定。在被保险人身体状况恶化进入轻度失能状态和重度失能状态时，相应的年度赔偿金额为 2*N* 万元或 3*N* 万元。如果被保险人去世，则给付结束，保单责任终止。

第十章 结论与展望

一、基本结论

本书以积极老龄化理论为研究视角，分析了我国人口老龄化的现状及医疗护理需求变化，剖析了7个试点城市颁布的长期护理保险政策的现状、特征，以及存在的问题，在借鉴德国和日本、美国、荷兰4个国家长期护理保险制度实践经验的基础上，从社商融合的视角出发，提出了中国长期护理保险制度的发展思路。上述研究的基本结论可以归纳为以下4个方面：

（一）老龄化将带来我国医疗护理需求变化

老龄化将带来老年护理需求增长。随着60岁及以上老年人口数量增加，尤其是65岁以上老年人比重持续上升，对医疗护理的需求总量大幅攀升。比如，日常生活照料、康复护理等需求增多，包括协助老人起居、饮食、排泄等，以及针对老年病、慢性病的康复护理服务需求不断增加。其中失能、半失能老人护理需求迫切，他们对长期、专业的护理服务需求强烈，包括专业的生活照料、医疗护理、康复训练等，且需要持续的护理支持。

（二）社会保险与商业保险两者相互融合

基本医疗保障建设引入公私合作模式不仅具有可行性，还具有无可比拟的优越性，其成功经验具有迁移性。长期护理保险引入商业保险机构社商合作的方式，遵循市场经济运行的一般规律，有利于实现资源的最优配置。

（三）大病保险为长期护理保险社商融合提供宝贵经验

在基本医疗保障领域引入市场竞争机制，创新公共服务及公共产品的供给模式，采取商业保险机构承办城乡居民大病保险的运作方式，实现公益性、商业性、公平性的有机统一，商业保险公司发挥专业优势，减少政府的行政成本，这些都为长期护理保险社商合作提供了宝贵经验。

（四）政府引入保险公司参与长期护理保险的经办管理

我国长期护理保险经办模式可直接划分为政府完全委托、政府购买、政府委托、政府经办（政府自办）4 种形式。在我国现有的试点中，运用完全委托方式的地区少之又少，以北京市海淀区为典型。政府定政策，商业保险经办并承担相应运营风险。政府购买模式中商业保险机构只拥有基础经办业务和失能等级评定权限，不参与基金收缴、基金投资经营管理和制度设计。政府委托型模式中，商业保险机构除了经办基础业务和失能评估外，还介入了基金管理的部分领域，遵循“基金管理、保本微利、有限风险共担，亏损次年调整”的原则。政府委托型模式已成为试点制度建立的范式，逐渐推广适用。上海 2021 年之前由经办机构负责经办，经办机构人力不足，受编制、人员招录等影响，上海长期护理保险制度的政策端也对之前的管理办法进行了更新，开始探索商业公司经办长期护理保险。总之，政府引入保险公司参与长期护理保险的经办管理，将“征、监、办”分离开来，不仅有利于完善长期护理保险管理运行机制，提升长期护理保险的运行效率和经办服务质量，还能有效发挥商业保险公司在风险管理、费用控制等方面的专业优势，强化经办机构的管控职责，有利于提高日常经营管理的工作效率。

二、研究展望

由于受到篇幅的限制，本书没有将互助保险、商业保险等其他长期护理保险形式进行深入分析。在以后的研究中需要关注其他长期护理保险形式，对多层次长期护理保险制度进行深入研究。本书基于 7 个城市的政策分析结果具有一定的局限性。在以后的研究中需要扩大研究范围，关注所有试点城市的发展进程。未来研究展望体现在以下几个方面：

（一）失能等级评估职责的承担主体

失能等级评定直接关系到参保人的权益，是长期护理保险经办中的关键点之一。失能等级评定中，商业保险公司可参与程序性工作，比如接受申请、评估的程序性安排、结果反馈等。具体的评估工作应该由独立的第三方评估机构组织开展，合格的失能等级评定机构应该由经办机构根据准入标准遴选确定。当商业保险公司需要承担一定财务风险时，建立独立的第三方评估机构的重要性将进一步凸显。因为，商业保险公司可能存在道德风险，有动力通过“严苛”的失能等级评估，让享受长期护理保险待遇的人群更少，从而获得更大的盈利空间。荷兰采取“有管理的竞争”的商业保险经办模式，并为此建立了独立的机构开展失能等级评定。委托第三方评定机构负责失能评定的具体业务有待进一步研究。

（二）照护服务机构遴选职责的承担主体

选择有资质的照护服务机构为符合待遇享受资格的参保人提供高质量的照护服务是长期护理保险经办中的另一个关键点。照护服务机构遴选的标准由政府制定，但遴选合格服务供应商的权限可以交给商业保险公司，并接受行政和经办机构的监管。因为，服务质量是商业保险公司参与长期护理保险经办业务竞争的核心所在，由其承担遴选职责，有利于激励商业保险公司强化对照护服务机构服务质量的监管，从而为被照护者提供高质量的照护服务。

参考文献

[1] 荆涛，阎波，万里虹. 长期护理保险的概念界定［J］. 保险研究，2005（11）：4.

[2] 魏华林，林宝清. 保险学［M］. 北京：高等教育出版社，2011：176.

[3] 韩振燕，梁誉. 关于构建我国老年长期护理保险制度的研究——必要性、经验、效应、设想［J］. 东南大学学报（哲学社会科学版），2012，14（3）：38-42，126-127.

[4] 李兵. 我国构建长期护理保险制度的可行性与必要性探讨［J］. 改革与战略，2015，31（3）：63-66.

[5] 曹信邦. 中国长期护理保险制度构建的理论逻辑和现实路径［J］. 社会保障评论，2018，2（4）：75-84.

[6] 刘月. 我国长期护理保险制度发展研究［J］. 西南金融，2021（9）：52-64.

[7] 余紫君，赵晨悦，褚淑贞. 中德长期护理保险制度对比及对我国的启示［J］. 医学与社会，2019，32（5）：67-71.

[8] 苏健. 德国长期护理保险制度：演化历程、总体成效及其启示［J］. 南京社会科学，2019（12）：67-73.

[9] 崔仕臣，林闽钢. 日本和韩国长期护理保险发展的比较研究及中国的选择［J］. 当代经济管理，2020，42（1）：92-97.

[10] 华颖. 国际视野下的中国长期护理保险政策选择［J］. 学术研究，2021（7）：91-97，188.

[11] 郭金龙，李红梅. 人口老龄化加速迫切需要扩大我国长期护理保险试

点——基于我国 28 个长期护理保险试点方案的比较与思考［J］. 价格理论与实践，2021（7）：34-38.

［12］郝恬然，李颖. 我国长期护理保险试点方案比较研究——基于内容分析法［J］. 中国卫生政策研究，2021，14（7）：41-47.

［13］戴卫东，汪倩格，朱儒城等. 长期护理保险试点政策的特征、问题与路径优化——基于两批 29 个国家试点城市政策的比较分析［J］. 中国软科学，2022，382（10）：41-50.

［14］王璐，何梅. 首批长期护理保险试点城市实施方案及实施效果比较研究［J］. 中国初级卫生保健，2021，35（9）：7-9.

［15］周四娟，原彰. 我国长期护理保险失能等级评定量表的比较研究——以 15 个试点城市为例［J］. 卫生经济研究，2021，38（8）：59-62.

［16］何世英，戴瑞明，王颖，等. 我国长期护理保险试点地区筹资机制比较研究［J］. 中国卫生资源，2019，22（1）：28-34.

［17］周磊，王静曦. 长期护理保险资金筹集和待遇支付政策探讨——基于全国 15 个试点城市实施方案的比较［J］. 财经问题研究，2019（11）：89-97.

［18］黄长沙，翁昱岑，陈旻. 长期护理保险制度覆盖城乡居民的参保筹资路径选择：基于晋江个案研究［J］. 中国卫生经济，2021，40（12）：9-13.

［19］胡先颉. 广州市长期护理保险制度实施效果研究［D］. 武汉：中南财经政法大学，2020.

［20］宋学红，彭雪梅，崔微微. 社会资本影响农村长期互助护理保险参与意愿吗——来自江苏淮安市调查数据的经验发现［J］. 财经科学，2022，412（7）：47-61.

［21］陈奕男. 长期护理保险财政补贴方案优化研究——基于上海数据的模拟［J］. 地方财政研究，2021，204（10）：80-91.

［22］陈凯，赵娜，焦阳. 职工长期护理保险筹资责任分担动态调整机制研究——以青岛市为例［J］. 运筹与管理，2022，31（3）：163-170.

［23］汤薇，粟芳. 中国长期护理保险不同筹资模式研究［J］. 财经研究，

2021，47（11）：34-48.
[24] 侯艳杰，王瑜，颜诗源，等. 长期护理保险对中老年人医疗服务利用、医疗负担及健康的影响——基于双重差分法的实证研究［J］. 中国卫生政策研究，2021，14（9）：35-40.
[25] 高旭瑶，乐章. 我国长期护理保险对中老年人医疗费用支出的影响研究——基于中国健康与养老追踪调查数据［J］. 新疆农垦经济，2022（2）：38-46.
[26] 李丹萍，夏佳怡，钱林义，等. 跨代连结型长期护理保险最优决策研究［J］. 保险研究，2022，409（5）：48-63.
[27] 华颖. 从医保个人账户兴衰看中国社会保障改革理性回归［J］. 学术研究，2020（4）：87-94，177-178.
[28] 刘钧. 社会保障理论与实务（第4版）［M］. 北京：清华大学出版社，2019.
[29] 刘芳. 德国社会长期护理保险制度的起源、动因及其启示［J］. 社会建设，2022，9（5）：52-65.
[30] 许敏敏，段娜. 美国长期护理保险：经验与借鉴［C］//2019中国保险与风险管理国际年会论文集，2019：842-850.
[31] 张心怡，赵海涛. 我国长期护理保险待遇给付制度优化研究——基于28个试点城市的比较分析［J］. 科学发展，2022（10）：96-103.
[32] 广州先行先试长期护理保险和高龄照护商业保险 已惠及近两万高龄失能老人“长”者有护“高”枕无忧［N］. 广州日报，2020-08-31.
[33] 王泽嘉毓，李怡栎，陈浩斌，等. 广州市长期护理保险定点服务机构空间分布特征及可达性研究［J］. 中国医疗保险，2023（2）：106-112.
[34] 姜红. 青岛市长期照护服务发展问题初探［J］. 青岛职业技术学院学报，2021，34（5）：1-4.
[35] 李佳. 中国长期护理保险制度财政负担可持续性研究——基于17种试点方案测算［J］. 社会保障评论，2020，4（4）：53-71.
[36] 杜天天，王宗凡. 我国长期护理保险筹资机制评价——基于29个长期

护理保险试点城市经验［J］. 卫生经济研究，2022，39（10）：10-15.
［37］谭睿. 中国老年人口失能状况及变化分析——基于第六次、第七次全国人口普查数据［J］. 卫生经济研究，2023，40（3）：6-11.
［38］王新军，李红. 家庭护理能改善失能老年人的心理健康吗？——基于CHARLS 面板数据的实证研究［J］. 山东社会科学，2020，303（11）：111-117.
［39］朱梅华，朱佩芳. 上海市花木社区居家养老护理员现状调查及分析［J］. 护理研究，2017，31（34）：4418-4419.
［40］植海珍，刘丹漫，谭玲，等. 广州市养老护理员素质提升的路径研究——以花都区为例［J］. 南方论刊，2021，361（10）：81-83，90.
［41］李凌，唐亚汇. 中国特色智库思想市场的供给侧结构性改革［J］. 河南社会科学，2017，25（3）：14-21.
［42］陈垦. 长期护理保险费率研究［D］. 杭州：浙江大学，2010.
［43］崔圆月. 社会医疗与商业保险的合作模式研究［D］. 北京：北京中医药大学，2019.
［44］康昊昱. 上海市商业长期护理保险发展模式研究［D］. 上海：复旦大学，2010.
［45］李新平，朱铭来. 基于转移概率矩阵模型的失能老年人长期照护保险缴费率分析——以天津市为研究对象［J］. 人口与发展，2019，25（2）：11-19.
［46］刘粲. 我国长期护理保险制度发展研究［D］. 北京：北京交通大学，2019.

附　录

附录一：长期护理保险失能等级评估管理办法（试行）

第一章　总　则

第一条　为加强长期护理保险失能等级评估管理，保障参保人合法权益，根据《国家医 保局财政部关于扩大长期护理保险制度试点的指导意见》（医保发〔2020〕37 号），制定本办法。

第二条　本办法适用于长期护理保险制度试点地区长期护理保险失能等级评估工作。

第三条　本办法所称失能等级评估，是指依据《长期护理失能等级评估标准（试行）》，对评估对象日常生活活动、认知、感知觉与沟通等方面的能力丧失程度的分级评估。依本办法作出的评估结论是长期护理保险基金支付待遇的必要依据。

第四条　失能等级评估管理应遵循公平公开、科学规范、权责明晰、高效便民的原则，不断提升评估管理专业化水平，促进评估行业发展，为参保人提供客观公正的评估服务。

第五条　国家医疗保障行政部门商财政部门拟定失能等级评估有关管理办法。国家医疗保障经办机构依据本办法制定经办规程，明确评估操作程序，拟定评估服务协议范本，指导地方做好失能等级评估相关经办管理服务等工作。

省级医疗保障部门负责指导统筹地区医疗保障部门，在本办法基础上，根据实际情况制定实施细则。统筹地区医疗保障经办机构负责具体管理工作的组织实施。

第二章　定点评估机构

第六条　长期护理保险失能等级评估机构实行定点管理。定点评估机构是指纳入统筹地区长期护理保险失能等级评估机构定点管理，依照有关规定对长期护理保险参保人开展失能等级评估的机构。

第七条　统筹地区医疗保障经办机构与定点评估机构签订评估服务协议，明确双方的责任、权利和义务。

第八条　定点评估机构应严格履行评估服务协议，加强内部建设，优化服务，提升人员素质能力，强化质量控制，确保评估质量和评估结论准确性。

第九条　定点评估机构不得同时承担依评估结论而开展的长期护理服务工作，不得同时承担长期护理保险经办工作。

第十条　鼓励支持发展独立的评估机构。暂不具备实施条件的，可依托医疗机构、劳动能力鉴定机构、商业保险机构等实施评估。随制度健全完善，逐步向独立的评估机构实施评估形式过渡。

第三章　评估人员

第十一条　评估人员是指符合一定条件，经专门培训合格，具体实施失能等级评估的专业人员。

评估人员包括评估员和评估专家。评估员负责采集评估信息，协助开展现场评估。评估专家负责开展现场评估，提出评估结论；承担复评工作；依据护理服务需求提出护理服务计划建议。

第十二条　评估员应具备以下基本条件：

（一）具备医学、护理、康复、心理、长期照护、养老服务与管理等相关专业背景，从事相关专业工作 2 年（含）以上；

（二）参加规范化培训并考核合格，掌握长期护理失能等级评估标准，熟悉评估操作要求；

（三）具有良好的职业道德和操守，在工作中能够做到遵纪守法、廉洁自律、客观公正，相关行业领域无不良信用信息记录。

评估专家除须具备上述第（二）项、第（三）项条件外，还应具有临床医学、护理、康复、精神心理等领域中级及以上职称和2年（含）以上相关工作经历。

第十三条　统筹地区医疗保障部门应建立评估人员库，完善档案制度，规范人员管理。定期组织考核，明确准入退出机制。

第十四条　统筹地区医疗保障部门应会同有关部门建立健全评估人员规范化培训机制，自行组织或探索委托第三方机构等组织做好评估人员培训，提升人员队伍专业化水平。

第十五条　评估人员应严格执行评估操作规范要求，独立、客观、公正地开展评估工作。与评估对象有亲属或利害关系的，应当回避。

第四章　评估标准

第十六条　国家医疗保障行政部门商财政部门制定全国统一的失能等级评估标准，明确评估量表、评估指标、等级划分等，并适时调整。探索建立评估结果跨部门互认机制。

第十七条　统筹地区医疗保障部门统一执行《长期护理失能等级评估标准（试行）》和《长期护理保险失能等级评估操作指南（试行）》。

第五章　评估流程

第十八条　失能等级评估流程主要包括评估申请、受理审核、现场评估、提出结论、公示与送达等环节。

第十九条　评估申请。评估对象或其监护人、委托代理人自愿向统筹地区医疗保障经办机构提出评估申请，提交相关材料。统筹地区医疗保障经办机构应建立方便群众办事的多元化申请受理渠道。

第二十条　受理审核。统筹地区医疗保障经办机构收到评估申请后，应及时对申请材料进行审核，反馈受理审核结果。

有下列情形的，不予受理失能等级评估申请：

1. 未参加长期护理保险的；

2. 不符合待遇享受条件的；

3. 发生护理服务费用不属于长期护理保险基金支付范围的；

4. 申报材料不全或提供虚假材料的；

5. 其他长期护理保险不予受理评估申请的情形。

第二十一条　现场评估。审核通过后，统筹地区医疗保障经办机构应组织定点评估机构开展评估工作。原则上应有至少 2 名评估人员上门，其中至少有 1 名评估专家。现场评估人员依据失能等级评估标准和评估操作指南，采集信息，开展评估。须有至少 1 名评估对象的监护人或委托代理人在场。

同时，可在邻里、社区等一定范围内走访调查评估对象的基本生活自理情况，做好调查笔录和视频录像，并参考医院住院病历或诊断书等相关资料，作为提出评估结论的佐证资料。

第二十二条　提出结论。现场评估人员可直接提出评估结论的，由现场评估人员提出评估结论。现场评估人员不能直接提出评估结论的，由定点评估机构组织评估专家依据现场采集信息，提出评估结论。

评估结论应经过至少 2 名评估专家的评估确认。

第二十三条　公示与送达。评估结论达到待遇享受条件对应失能等级的，定点评估机构和统筹地区医疗保障经办机构应当在一定范围内公示评估结论，接受社会监督。

不符合待遇享受条件的，或符合待遇享受条件经公示无异议的，定点评估机构出具评估结论书。统筹地区医疗保障经办机构向评估对象或其监护人、委托代理人送达评估结论书。

第二十四条　评估对象或其监护人、委托代理人应当积极配合开展现场评估工作。有下列情形之一的，评估终止：

1. 拒不接受失能等级评估信息采集的；

2. 无正当理由不配合失能等级评估的；

3. 其他原因导致失能等级评估终止的。

第二十五条　统筹地区医疗保障行政部门可根据失能等级确定评估结论有效期，其中重度失能等级评估结论有效期一般不超过 2 年。

第二十六条　统筹地区医疗保障经办机构应按照便民高效的原则，优化评估经办服务流程，明确办理时限要求，原则上评估结论书应在申请受理之日起 30 个工作日内送达。

第六章　其他评估情形

第二十七条　评估对象或其监护人、委托代理人对失能等级评估结论有异议的，可在规定期限内，向统筹地区医疗保障经办机构提出复评申请。复评原则上有不少于 2 名评估专家参加，参加初次评估的定点评估机构和评估人员须回避。复评结论为最终评估结论。

第二十八条　第三人对公示评估结论有异议的，可在公示期内向统筹地区医疗保障经办机构实名反映情况。反映情况基本属实的，统筹地区医疗保障经办机构组织复评。

第二十九条　参保人失能状态发生变化、与评估结论不匹配，评估结论出具满 6 个月的，可向统筹地区医疗保障经办机构申请重新评估。统筹地区医疗保障行政部门、经办机构通过抽查监督等途径，发现参保人当前失能状态发生变化、可能影响待遇享受的，统筹地区医疗保障经办机构应当组织重新评估。

第三十条　评估有效期届满前，统筹地区医疗保障经办机构应组织对需继续享受长期护理保险待遇的参保人进行重新评估。经评估符合待遇享受条件的，有效期届满后重新计算。

第七章　监督管理

第三十一条　医疗保障行政部门对定点管理、协议履行、评估实施等进行监督，完善智能审核和监控规则，强化智能监管。医疗保障经办机构加强对定点评估机构评估服务协议履行情况的日常核查，定期对定点评估机构作出的评估结论进行抽查。

第三十二条　定点评估机构及其工作人员、参保人发生违法违规行为造成基金损失的，属于法律、法规和规章规定范畴的，依法给予行政处罚。构成犯罪的，由医疗保障行政部门移送司法机关依法追究刑事责任。定点评估机构违反评估服务协议的，由医疗保障经办机构按协议约定处理。

第三十三条　医疗保障经办机构对协议履行、工作质量等情况定期开展考核评价，考核结果与评估服务协议续签、服务费用支付等挂钩。

第八章　附　则

第三十四条　加快全国统一的长期护理保险信息系统实施应用，推动评估全过程信息化。鼓励应用信息化、智能化手段，推动评估工作规范化、标准化。

第三十五条　推动加强行业自律，规范评估行为，促进行业规范和自我约束，引导评估行业健康有序发展。

第三十六条　本办法由国家医疗保障局负责解释，自印发之日起施行。

附录二：中国银保监会办公厅关于开展人寿保险与长期护理保险责任转换业务试点的通知

银保监办发〔2023〕33号

各银保监局，各人身保险公司，保险业协会：

加强失能老年人长期护理服务和保障，是实施积极应对人口老龄化国家战略的重要工作部署。为加快发展商业长期护理保险，创新保险服务模式，丰富保险产品供给，满足人民群众日益增长的长期护理服务和保障需求，银保监会决定开展人寿保险与长期护理保险责任转换业务（以下简称转换业务）试点，现就有关事项通知如下：

一、基本内容

（一）转换业务是指人身保险公司根据投保人自愿提出的申请，将处于有效状态的人寿保险保单中的身故或满期给付等责任，通过科学合理的责任转换方法转换为护理给付责任，支持被保险人因特定疾病或意外伤残等原因进入护理状态时提前获得保险金给付。

（二）责任转换方法包括保单贴现法和精算等价法。保单贴现法适用于申请办理转换业务时已进入约定护理状态的被保险人。该方法下，人身保险公司将原本在身故等保险责任发生时才能给付的保险金，通过保险金折价的方式提前给付给被保险人。精算等价法适用于申请办理转换业务时尚未进入约定护理状态的被保险人。该方法下，人身保险公司将人寿保险的部分保单价值转换为长期护理保险的保单价值，并以转换后的长期护理保险保单价值计算长期护理保险保额；在办理转换业务后，如被保险人进入约定的护理状态，人身保险公司按转换后的长期护理保险保额进行给付。

《人寿保险与长期护理保险责任转换业务规则》（见附件）明确了保单贴现法和精算等价法的适用产品和人群范围、护理状态判定条件、操作流程、精算规则、产品备案等方面要求。

（三）鼓励人身保险公司在设计开发普通型人寿保险产品时，在保险条款中增加使用保单贴现法进行保险责任转换的内容，为被保险人扩展提供长期护理保障责任。

（四）鼓励人身保险公司充分发挥专业优势，积极探索提供适合居家护理、社区护理和机构护理的给付方式，满足人民群众个性化差异化的护理保障需求。

二、试点期限和范围

（一）自 2023 年 5 月 1 日起开展转换业务试点，试点期限暂定为两年。

（二）经营普通型人寿保险的人身保险公司均可参与转换业务试点。

三、试点要求

（一）人身保险公司应当在充分评估本公司人寿保险产品特点、长期护理保险经营和服务能力的基础上，科学审慎选择责任转换方法，开展转换业务试点。鼓励人身保险公司使用保单贴现法开展转换业务试点，加大对失能人群的保障力度。

（二）人身保险公司应当根据本通知要求科学设计试点方案，向银保监会报送试点方案并完成相关产品备案后，即可实施。

试点方案至少包括以下内容：业务运营、客户服务、宣传推广和产品管理等方面支持转换业务试点的可行性分析，责任转换方法及适用的人寿保险产品，转换业务发展规划，操作流程、信息系统和内部控制等制度建设情况，转换业务相关内外勤人员培训和考核制度情况，提供护理服务情况，信息披露材料等。

（三）人身保险公司应当严格按照试点方案扎实做好各项准备工作，建立健全涵盖转换业务全流程的运营体系和内部管理机制，稳步开展转换业务试点，做好风险防控工作，并于每年 1 月 31 日和 7 月 31 日前向银保监会及其派出机构报送上年度和本年度上半年试点进展报告。报告应当包括业务开展、法律合规、风险管理和客户评价等方面情况及相关意见建议。

（四）人身保险公司应当坚持以人为本，从保障投保人和被保险人保单利益、满足被保险人护理需求出发，提供符合实际需求且可自主选择的转换业务。坚持便捷高效，确保申请办理转换业务的流程清晰、操作简便，提升保险金给付的办理时效。坚持合规经营，加强业务培训和合规性考核，对相关业务和产品开展消费者权益保护审查，扎实做好消费者权益保护工作。相关宣传材料应当由总公司统一制作，严格落实信息披露要求。使用保单贴现法开展转换业务的，应当在操作流程和宣传上严格区分保险金折现给付与退保；使用精算等价法开展转换业务的，应当严格遵守保险产品销售相关监管规定。

（五）人身保险公司应当在官方网站“公开信息披露”专栏“专项信息”下设“人寿保险与长期护理保险责任转换”子模块，向社会公众披露可申请转换业务的人寿保险产品名称、条款及适用的责任转换方法，以及保单贴现法下保险金折价给付的计算方法、必要假设和给付金额表，精算等价法下转换说明书、转换后的长期护理保险产品名称及条款。

（六）人身保险公司要做好经验数据积累和分析工作，为编制我国护理状态下的生命表、推动转换业务和商业长期护理保险长期稳定发展筑牢基础。

四、监督管理

（一）银保监会有关部门及派出机构要密切关注转换业务试点开展情况，及时发现试点过程中的问题和不足，指导和督促人身保险公司采取有效措施完善操作流程和内控制度，防范化解风险隐患。

（二）银保监会有关部门及派出机构要高度重视反映转换业务问题的投诉举报，及时调查核实，督促人身保险公司妥善化解矛盾纠纷，依法严肃处理夸大、不实宣传转换业务及监管政策，欺骗、误导投保人申请办理转换业务，混淆保险金折现给付与退保，私自印制宣传材料等侵害消费者合法权益的违法违规行为。

（三）银保监会将充分总结转换业务试点经验，研究扩大转换业务适用的产品范围，健全监管制度，推动转换业务稳健发展，引导行业不断丰富商业长期护理保险供给，为积极应对人口老龄化贡献力量。

附件：人寿保险与长期护理保险责任转换业务规则

中国银保监会办公厅

2023 年 3 月 20 日